MIL VIDAS VALEM MAIS DO QUE UMA

JEAN-PAUL BELMONDO

MIL VIDAS VALEM MAIS DO QUE UMA

Com a colaboração de
Paul Belmondo e
Sophie Blandinières

Tradução de LAVÍNIA FÁVERO

Texto de acordo com a nova ortografia
Título original: *Mille vies valent mieux qu'une*

Tradução: Lavínia Fávero
Projeto gráfico: Antoine du Payrat. *Foto*: © Raymond Cauchetier
Preparação: Mariana Donner da Costa
Revisão: Lia Cremonese

CIP-Brasil. Catalogação na publicação
Sindicato Nacional dos Editores de Livros, RJ

B389m

Belmondo, Jean-Paul, 1933-
    Mil vidas valem mais do que uma / Jean-Paul Belmondo; tradução Lavínia Fávero. – 1. ed. – Porto Alegre [RS]: L&PM, 2018.
    272 p. ; 21 cm.

    Tradução de: *Mille vies valent mieux qu'une*
    ISBN 978-85-254-3791-4

    1. Belmondo, Jean-Paul, 1933-. 2. Atores - França - Biografia. 3. Autobiografia. I. Fávero, Lavínia. II. Título.

18-51812   CDD: 791.43028092
                 CDU: 929:791.635-051

Meri Gleice Rodrigues de Souza - Bibliotecária CRB-7/6439

Copyright © Librairie Arthème Fayard, 2016.

Todos os direitos desta edição reservados a L&PM Editores
Rua Comendador Coruja, 314, loja 9 – Floresta – 90.220-180
Porto Alegre – RS – Brasil / Fone: 51.3225.5777

PEDIDOS & DEPTO. COMERCIAL: vendas@lpm.com.br
FALE CONOSCO: info@lpm.com.br
www.lpm.com.br

Impresso no Brasil
Primavera de 2018

Sumário

Prólogo 7

1. Madeleine ou a força de vontade 9
2. As forças livres 21
3. Um quê de palhaço 29
4. As artes, as letras e a felicidade 39
5. Não presta para nada – ou quase nada 47
6. Uma profissão de verdade 61
7. Saint-Germain-da-Alegria 87
8. Caminhos alternativos 105
9. Fracassos, festas e cinema 115
10. E então, Godard 127
11. Com tudo e a toda 141
12. Padre, sim. Mas sem igreja 151
13. Comparsas 165
14. Como um pai 177
15. Vida livre 187

16. Famoso 199
17. Mais seriedade 211
18. Lado a lado, no submundo 229
19. Não escreva a palavra "fim" 241

Agradecimentos 255
Quem é quem 257

Prólogo

Estas mil vidas passaram muito rápido, rápido demais, na mesma velocidade em que eu dirigia meus carros... Pude me contentar em vivê-las uma única vez, sem contá-las. Mas sou insaciável e, a esta altura da vida, tive vontade de retomar a estrada, mais devagar, em outro sentido. O de lembrar. Não de tudo, mas, provavelmente, do essencial, para pôr em palavras.

Desfrutar mil vidas mais uma vez, ao resgatá-las, pode até ser demais. Mas, no que toca à felicidade, a moderação é uma virtude vã.

Ainda tenho fome de vida. Como se fosse jovem.

E, se meu corpo já não me permite fazer proezas sem dublê, correr de Ferrari, realizar uma filmagem atrás da outra, representar um papel depois do outro, pelo menos não me impede de reviver tudo isso, como se fosse ontem, como se fosse hoje.

Meço, ao contar tudo a vocês, o quanto amei a jornada, o quanto a jornada foi feliz, louca, rica, repleta de amizade e de amor.

Desde cedo, cultivei a liberdade e a alegria. Talvez por ser filho da guerra, talvez porque meus pais me mostraram ambas e me permitiram abraçá-las, talvez porque eu tenha decidido construir minha vida com elas.

Certamente, tomei caminhos fortuitos, rompi padrões, desajustei ponteiros, irritei os clássicos, encantei os modernos. De fato, me enquadrar nas normas nunca foi uma opção para mim: as normas me rejeitavam. A escola me odiava, o Conservatório não guardou sequer um traço de minha passagem por suas paredes, que abalei às gargalhadas.

Preciso admitir que nunca fui muito acometido pela tragédia. A ponto de sempre ter tido dificuldade para chorar nos filmes e de, apesar dos dramas, das mortes cruéis que foram quase uma amputação, a vida ter me parecido leve e luminosa.

O cinema voltou seus holofotes para mim em 1960, e nunca mais saí debaixo deles. Jean-Luc Godard, com seu *Acossado*, selou meu destino, o destino que eu queria: ser um ator desejado, que os cineastas procuram, que o público ama, ser vários. Poder vestir todos os figurinos, interpretar uma miríade de papéis e explorar a condição humana. E, sobretudo, sobretudo mesmo, me divertir, brincar.

Porque o grande privilégio do ator é ter permissão para permanecer jovem. Continuar criança, fazer de conta, transformar a realidade em ficção prazerosa, desfrutar o presente, o novo.

Desta vez, reencontrei esse prazer aqui, aos 83 anos, dentro da minha própria pele. Ainda resta este texto para interpretar, para contar. Fui soltando, em grandes baforadas, o ritmo e a minha vida.

1

MADELEINE OU A FORÇA DE VONTADE

Com os joelhos vermelhos, escarlates como os tomates em sua cestinha, mamãe volta a subir na bicicleta. Tinha acabado de cair, pela quinta ou sexta vez, mas retoma sem pestanejar a luta corpo a corpo com a máquina. Seria preciso todo o exército alemão, mais os russos e os japoneses, para dissuadi-la de domar o único meio de transporte disponível naqueles tempos de guerra que nos privavam de tudo o que era essencial.

Mamãe não tem medo de nada, nem mesmo da guerra. Claro que não ia começar a ter com uma bicicleta.

Minha mãe é uma espécie de cavaleiro medieval de saias, uma amazona magnífica. Alta – pelo menos na minha percepção de menino de sete anos –, bonita, a ponto de ter feito figuração em um filme, e vivaz, muito vivaz.

Transbordo de admiração pela minha mãe e acho que meu pai acertou em cheio ao se casar com ela.

Gosto de imaginá-lo, dez anos antes, na Escola de Belas Artes, lançando um olhar tímido e doce para minha mãe e para sua habilidade nos traços, aceitando posar para ela em um ardente silêncio amoroso.

★

Madeleine se casa com Paul, Paul se casa com Madeleine, e os dois se tornam inseparáveis. Nem mesmo a convocação para a guerra que papai recebeu, passada por baixo da porta do apartamento da região da estação Denfert-Rochereau, em Paris, em uma manhã de setembro de 1939, será capaz de impedir os dois de ficarem juntos.

Porque a obstinação e o dinamismo de mamãe, a serviço de seu amor por meu pai, fizeram-na ir atrás dele, em direção ao norte da França. Ela o rastreou, alma gêmea da coragem, de pelotão em pelotão, de cidade em cidade, por todos os lugares possíveis e imagináveis.

Minha mãe percorreu, entre outras cidades, Boulogne-sur-Mer e Calais, onde eu e meu irmão, Alain, fomos encontrá-la, na companhia de minha avó e Charlie, seu companheiro.

Meu avô e seu pelotão haviam desaparecido nas trincheiras da Primeira Guerra Mundial, a de 1914-1918. Mais tarde, eu imaginaria que ele era o famoso soldado desconhecido que descansa debaixo do Arco do Triunfo.

Vovó era forte e não se permitira chorar. Charlie era médico e, por mais que minha mãe o detestasse, era melhor que minha avó tivesse alguém que cuidava de corpos do que corpo nenhum para cuidar dela.

A viagem foi uma comédia-pastelão pelas estradas congestionadas de uma França em guerra, a bordo de um luxuoso Hotchkiss, um carro da *belle époque* oportunamente criado por um fabricante de armas. Em cima do teto, vovó e seu novo companheiro colocaram colchões que faziam as vezes de colete à prova de balas gigante. Se um avião inimigo passasse por nós e nos metralhasse, achávamos que as balas ficariam presas nas camadas de lã.

Com essa pilha de camas em cima do nobre seis cilindros, ficamos com uma aparência bem fora do comum. E bem pouco discreta. No fim, acho que tivemos sorte de não ter chamado a atenção nem despertado o espírito de porco de algum piloto da Luftwaffe.

★

A bicicleta da minha mãe se transformou em um tanque de guerra. A miséria era generalizada, e duas pernas saíam mais barato do que a gasolina. Nossos estômagos se tornaram uma prioridade. Para satisfazê-los minimamente, todos os esforços são necessários. E minha mãe, que depois de algumas semanas preferiu que ficássemos em segurança a continuar seguindo os passos do marido, não os mede.

Nós nos instalamos no mato, não muito longe de Rambouillet, perdidos em uma casa que papai tinha no meio da floresta, nos arredores de Clairefontaine. Preciso admitir que, quando a carestia se instala, as vantagens do campo se multiplicam.

Além dos atributos românticos do verde, existem os práticos. As fazendas, dispersas nas imediações, provêm o mínimo essencial de que as pessoas precisam: carne, legumes, leite, manteiga e, de acordo com a época, frutas.

Mas é preciso buscar essas raras provisões, e a maioria delas ficava a pelo menos dez quilômetros de distância. A pé, minha mãe levava quatro horas. E não pensou duas vezes antes de encher os pneus da bicicleta de papai e utilizá-la, apesar de não ter nenhuma experiência no assunto além de ter observado as crianças andarem.

Ela tenta, mas todo início é difícil. Não raro, é ejetada do selim e atirada no chão, onde o cascalho arranca a pele das suas pernas. Mal sente a instabilidade da bicicleta, mas o desequilíbrio é completo. Coleciona quedas, porém o sorriso continua a alegrar seu rosto, apesar dos joelhos serem uma constelação de arranhões e machucados. Mamãe encara o desafio sem bufar, sem reclamar, sem desistir.

Graças à sua obstinação, matamos nossa fome. E, de quebra, absorvemos sua tenacidade e espírito de aventura. Era uma espécie de regra de ouro para ter uma vida livre: a força de vontade tudo alcança.

Alguns anos mais tarde, quando eu estava desanimado por causa do fracasso da minha primeira tentativa de ser ator, mamãe me disse: "Tenha força de vontade, filho. Com força de vontade, você consegue". E com coragem também.

Como se não bastasse estar sozinha em um imenso barracão perdido no meio da floresta com dois filhos pequenos, o exército alemão acabara de invadir a França e tinha se instalado em Rambouillet. Como se não bastasse, ela ainda escondeu no porão uma família judia, da qual cuidava em segredo.

Apesar disso, ela jamais se vangloria, em nenhum momento. Nem mesmo quando, depois da guerra, certos espíritos de porco criticaram meu pai, acusando-o de ter feito uma viagem para a Alemanha com outros artistas. Foi preciso da intervenção do general Charles de Gaulle, que condecorou meu pai com a Legião de Honra, para que aqueles abutres hipócritas calassem a boca.

Nunca ouvi minha mãe falar mal deles. E este foi mais um exemplo que ela nos deu: preferir a explicação verdadeira à crítica falsa.

Alguns dias depois, mamãe diminui a frequência das quedas. Mas não se torna uma fã do ciclismo. E, quando os dias voltam a ficar bonitos em Clairefontaine, ela nos deixa substituí-la na missão de "buscar provisões". Percorremos as fazendas, pondo os bofes para fora, apostando corrida, suados e ofegantes.

Na ida, pedalamos com afinco, para ver quem chega primeiro. Mas a volta é mais longa. Faz sol, os pássaros cantam, o trigo tremula. Em dupla, sozinhos na floresta, sempre há com que se divertir e, especialmente, o que comer. As frutas guardadas na traseira da bicicleta são perfumadas. E, como sou guloso, dificilmente resisto à vontade de mastigar. Como uma, duas, três, quatro ou mais. E sempre juro que a próxima será a última.

Somente quando chego em casa, com um pé apoiado no chão, os olhos voltados para o bagageiro, descubro a dimensão do meu delito. E me preparo para a gritaria. Mamãe, ao contrário do meu pai, se enfurece com as minhas travessuras, mas nunca me dá uma punição. Para azar dos cineastas que, mais tarde, quiseram me educar e fazer com que eu os respeitasse, apesar da minha independência.

A Primeira Guerra Mundial, na qual meu pai se alistou voluntariamente aos dezessete anos, abriu uma cova do tamanho de uma trincheira para enterrar o desejo de ser feliz. Papai perdeu três anos de sua juventude com o fuzil a tiracolo e mais alguns meses de quebra, porque ele tinha idade – vinte anos – para continuar usando a farda quando a paz foi completamente instaurada e os perigos foram suprimidos.

Bem, é claro que, comparadas à gravidade do horror que meu pai testemunhou, minhas travessuras lhe pareciam pequenas. Ele as achava quase divertidas. Ria-se delas.

Meus pais tinham uma vocação para a felicidade, que me legaram de bom grado.

★

Alguns anos depois, já estudo para ser ator e moro em um apartamento no mesmo prédio que meus pais. Tenho muitas oportunidades para flagrar os sorrisos indulgentes de papai quando descobre o quanto eu e meus amigos aprontamos.

Hospedo de boa vontade amigos atores quando precisam. Como Henri Poirer, que apodrecia em um quarto bastante insalubre, já que era a céu aberto: o teto deixava a chuva entrar, obrigando meu amigo a viver cercado de bacias. Já que Henri estava longe de ser o único artista jovem que vive na boemia e é um sola de vento, muitos se aproveitam da hospitalidade dos meus pais. Jean Rochefort, que não mora na rua, fica lá com frequência. Françoise Fabian passa todo o tempo na casa deles – menos as noites.

Cheguei a ponto de convidar algumas conhecidas que se prostituem nos bordéis da região de Les Halles, que acabam por criar um alvoroço na frente do prédio, assombrando os moradores.

O apartamento de três cômodos no segundo andar é bem amplo para nosso grupo de jovens empolgados, e as camas, bem grandes e confortáveis. Como de costume, o imóvel não tem sacada e é um pouco mal iluminado.

Dada a alta rotatividade de rapazes fogosos, não é raro eu perder a vez, o ralo do chuveiro entupir, e a casa ficar toda bagunçada. Porque, nessa época, ainda sou um mero amador da hotelaria, e não mantenho um registro rigoroso de quem ocupa os leitos e os quartos, a fim de evitar situações embaraçosas: um deita, no escuro, em cima de outro, porque acha que a cama está vaga; outro entra em um quarto já ocupado pelos arroubos de um casal... Essa última circunstância, não menos problemática, estimula minha inventividade e me compele a "pegar emprestado", em um canteiro de obras, um holofote que acende uma luz vermelha, sinalizando que é proibido entrar. Assim, é possível ficar de safadeza com toda a intimidade, sem correr o risco de ser interrompido por uma aparição surpresa.

O apartamento comunitário, como um verdadeiro falanstério, não prima pela limpeza e pela organização. Além disso, eu e os meus amigos não temos muito talento em matéria de discrição, e não posso garantir que nossos respeitáveis vizinhos nunca sofreram por nossa causa. É algo tão frequente, já que minha caridade em relação aos meus jovens colegas em situação precária é gritante, que minha mãe acaba por intervir, expulsando todos os meus amigos com uma eficácia digna de uma empresa de mudanças. E tudo isso em cerca de quinze dias. A cena provoca em mim um misto de alegria e culpa aguda.

Detesto deixar mamãe brava.

Eu amava tanto minha mãe que odiava contrariá-la e ver aquele sorriso magnífico, límpido e franco, que a tornava tão bonita, desaparecer do seu rosto.

Tento não fazer bobagens muito sérias, para não acabar com sua alegria. Não conto com nenhuma circunstância atenuante, já que a gentileza e a cabeça aberta dos meus pais não justificam nenhuma revolta de minha parte.

Quando algum motivo para reagir com autoridade se impunha, mamãe não deixava de fazê-lo. Era da sua natureza viva, dinâmica. E, além disso, precisava exercer seu papel de mãe. Mas não ficava zangada por muito tempo, estava sempre pronta a perdoar.

Por outro lado, esse traço angelical que a caracteriza não passa despercebido por meus colocatários saltimbancos do segundo andar. Eles esperam alguns dias depois de serem expulsos para subir até o quinto e bater na porta dela, com um buquê de violetas e pedidos de desculpas muito bem formulados e educados. Tocada, mamãe lhes dá um grande sorriso, com a severidade abrandada. E, já no dia seguinte, meus companheiros voltam para o segundo andar com suas trouxas.

E isso não incomoda muito minha mãe, na verdade, porque ela não deixa de abrigar quem tem menos sorte e menos condições do que nós.

Sempre tive consciência de meus privilégios, do quanto sou abençoado por fazer parte de uma família unida, amorosa e acolhedora. E, com certeza, mamãe também pensava assim.

★

Durante a guerra, minha mãe abriga uma família judia perseguida pela Gestapo. Leva comida e bebida para eles com uma discrição que me parece desnecessária, já que não percebo logo de cara que os alemães tinham montado acampamento em Rambouillet e imagino que eles sejam incapazes de enxergar através das paredes.

Ela decerto temia que a denunciassem: com razão. Nesses tempos problemáticos, nada é certo, e a confiança se mescla a uma prudência que poderia ser considerada, em outras circunstâncias, um "delírio paranoico".

As frondosas árvores da espessa floresta de Clairefontaine não mantêm a salvo, não mesmo. Todos compartilhamos o mesmo céu, que se torna uma mistura de cinza, preto e vermelho-sangue – onde os aviões se chocam. Os aliados e os alemães se digladiam em uma arena aérea, e nós ficamos nas arquibancadas, lá embaixo.

Meu pai se tornou prisioneiro de guerra. Isso, com certeza, preocupou mamãe, mas ela não demonstrou nenhum sinal de ansiedade, obstinada que estava a permanecer alegre e animada.

Felizmente, Paul Belmondo não era homem de se resignar ou aceitar passivamente o curso dos acontecimentos. Programou e executou sua fuga graças à ajuda de Valentin, um sujeito elegante que tinha um caminhão de uma empresa de construção. E foi assim que os dois conseguiram voltar para a França e chegar a Paris.

Essa aventura criou um laço tão forte entre os dois que nunca deixaram de se ver, até o dia em que meu pai morreu: 1º de janeiro de 1982.

A magia da reaparição do meu pai, magro e de olhos vidrados depois da sua longa ausência, me causou uma forte impressão. Minha mãe ficou exultante, sua felicidade estava completa. Mesmo assim, logo no dia seguinte, foi preciso tomar a decisão de deixá-lo partir para se esconder, de ficarmos privados de sua presença até a Libertação. Mas, graças a esse curto interlúdio, eu e meu irmão, Alain, ganhamos uma irmãzinha, Muriel, que nasceu nove meses depois!

E a família ganhou mais uma artista: ela se tornou bailarina, fez parte das companhias de Nancy e de Angers, além de ser professora do conservatório da Ópera de Paris. Uma noite bastou para gerar um terceiro filho. Meus pais não perdiam tempo quando resolviam se amar.

Depois que meu pai partiu, mamãe tem de enfrentar, grávida, as dificuldades cotidianas causadas pela guerra. É obrigada a abrir mão de papai.

Muito tempo depois, quando ele se foi, se viu de novo obrigada a viver sem o marido. Mas, fiel à sua força, ao seu temperamento otimista, que segue em frente sem ficar se prendendo indefinidamente ao passado, continua a aproveitar a vida, a se abrir para as oportunidades.

★

Como não pôde viajar quando era casada com meu pai, já que o trabalho de escultor não é portátil, minha mãe acabou viajando comigo, quando meu pai se foi.

Entre duas filmagens, sempre que posso, eu a levo para algum país distante. Fico encantado, toda vez, ao vê-la, vibrante e risonha, animada por uma curiosidade insaciável, pronta para descobrir tudo, conhecer tudo. Os lugares exóticos – frios como o Alasca ou quentes como o Caribe – são os que mais deixavam minha mãe maravilhada.

Os anos nunca conseguiram lhe incutir um pingo de rabugice. A velhice não corrompeu seu ímpeto nem erodiu sua energia diabólica. Ela adorava a velocidade e a intensidade.

E, ao contrário da maioria das pessoas que se aventuraram a sentar no banco do passageiro dos meus carros, na maioria esportivos, já que eu honrava a potência dos motores indo a toda velocidade, mamãe me pedia para acelerar mais. Ela gostava dessas sensações inebriantes. O ponteiro do velocímetro marcava 200 km/h, o que me parecia suficiente, mas não para minha mãe. Então eu pisava no acelerador e aumentava a velocidade em 10 km/h, feliz por satisfazer seu desejo pelo excesso, de ser cúmplice de suas ousadias. Mamãe ficava exultante, e eu dava risada.

Quando, depois dela, um amigo – normalmente tímido – entrava em um dos meus bólides e – depois de uma leve aceleração do motor – logo se arrependia de ter feito uma lauta refeição antes de embarcar, começava a soluçar, com o rosto branco, manchas amarelas, rogando a todos os santos, mesmo para os que não existem, suplicando para que eu não acabasse com sua vida, eu fazia uma homenagem mental, mas grandiloquente, à extrema nobreza de minha mãe.

Eu faria qualquer coisa para agradá-la e, como tinha certo talento para a palhaçada, ela com frequência ficava feliz.

Mesmo quando perdeu a visão, com idade avançada, e não pôde mais fazer nossas excursões para o exterior e nossos *rallies* improvisados pelas estradas da França – que, na época, estavam livres de radares e de policiais rodoviários –, continuou a viajar, sorridente. Eu ia visitá-la e lia para ela. Sem perder o tom, como se diz.

Confesso que posso ter exagerado um pouco na maneira de empostar a voz para reconstituir as imagens para minha mãe. Eu era um jovem aluno do Conservatório que, acostumado à amplitude dos teatros, falava alto demais nas primeiras vezes que estive em um set de filmagem, e revivia tudo para ela.

Queria que mamãe percebesse as expressões da minha boca. E que voltasse comigo lá para Clairefontaine.

2

AS FORÇAS LIVRES

O céu fervilha de tantos aviões, rastros brancos e relâmpagos. Como em uma cena de família entre deuses que resolvem disputar o direito de continuar nas nuvens. É, ao mesmo tempo, fascinante e apavorante de se ver.

Um chafariz monumental, bem visível no ar, se ergue a alguns quilômetros da nossa casa de Clairefontaine e faz as vezes de ponto de referência: de um lado, os aviões alemães investem contra fortalezas voadoras; do outro, os bombardeiros americanos, a caminho de Berlim.

Não é raro que os alemães façam nossos amigos engolirem uma derrota, traduzida em um terrível pirueta seguida de uma colisão e uma queda, com frequência fatal, na floresta de Rambouillet.

Adoro brincar de aventureiro e tenho esperança, do fundo do meu coração, que o acaso um dia leve minha bicicleta a encontrar um desses heróis abençoados, que certamente estará preso na carcaça de seu avião quase carbonizado. Eu poderei, então, realizar um ato de bravura e salvar sua vida, retirando-o de sua tumba de aço, além de cuidar do homem e de alimentá-lo todos os dias, em um abrigo escondido que construirei com galhos e folhagens. Ele recobrará suas forças aos poucos e logo ficará bom o bastante para falar e me contar todas as suas aventuras. Depois, quando tiver recuperado a saúde por completo, poderá até me ensinar a pilotar e a manusear uma pistola automática, um revólver ou fuzil-metralhadora. Ficaremos amigos, e o piloto pedirá, quando a guerra terminar, para que me concedam a Medalha Transatlântica por tê-lo salvado de um fim atroz. Meus pais ficarão bobos de tanto orgulho, e eu poderei dizer, tal qual um Guillaumet de calças curtas, saído das páginas de *Terra dos homens*, de Saint-Exupéry: "O que eu fiz – palavra – nenhum bicho, só um homem seria capaz de fazer".

Porém, jamais terei oportunidade de cruzar com um piloto americano vivo. O acaso nem sempre atende a nossas preces. Os pilotos abatidos no bosque desaparecem antes que eu tenha tempo de encontrá-los, salvos por outros heróis que, preciso reconhecer, são verdadeiros profissionais.

Os integrantes da Resistência estão acostumados com operações de sabotagem: são rápidos ao tirar o americano do avião e levá-lo para a segurança de algum esconderijo. Antes de resgatá-lo, tomam o cuidado de limpar o local, até que, com exceção de alguns galhos partidos e umas poucas moitas chamuscadas, não reste nenhum rastro do incidente.

De vez em quando, ficam alguns cartuchos esquecidos no chão, sob o sol, que com frequência são descobertos. Eu os procuro entre as folhas ou no meio das pedras e os guardo como tesouros de guerra, com os quais imagino a vida daqueles bravos que combatem entre as sombras pela libertação da França.

Posso ter conhecido poucos pilotos veteranos em carne e osso, mas mortos, encontro muitos. Minha avó materna, muito religiosa, confiou minha educação ao padre de Clairefontaine, e essa ligação com a Igreja me fará tomar conhecimento da morte. O padre me leva com ele regularmente para percorrer a floresta, procurar corpos de soldados abandonados. O abade Grazziani leva mais a sério essa missão do que seu chefe, lá no céu, deve exigir. É assim que nos ensina a ter respeito pelos mortos sacrificados no altar da nossa liberdade. Eu e os outros meninos aprendemos direitinho, apesar de, às vezes, sermos assaltados pela vontade de rir, de nervoso, de preferência nos momentos solenes, que exigem um comportamento bem diferente.

Para que aqueles americanos descansem em paz na sua sepultura, é preciso muito esforço e muito suor. O pior é levantar os corpos, pesados como um tronco de árvore, para colocá-los no caixão de madeira à espera. Sempre me pergunto como o abade faz para conseguir caixas daquele comprimento. Os sujeitos são, na sua maioria, altos, e prendo a respiração na hora de depositar os corpos. Será que as pernas não vão ficar para fora? Claro que não. Cabem perfeitamente.

Em seguida, é preciso cavar a cova, no quintal que fica atrás da pequena igreja de Clairefontaine. Um trabalho que se revela assaz penoso. Mesmo estando em quatro, somos apenas crianças, incapazes de cavar grandes volumes de terra de uma só vez. Mas o que nos motiva a fazer esse trabalho ingrato, repetitivo e sujo são os trocados que o abade Grazziani gentilmente nos dá.

Além, é claro, da satisfação de ver o dever cumprido, da profundidade do buraco que cavamos e dos óculos do aviador, colocados em cima do caixão, enterrados com os pilotos que ainda os têm apoiados no nariz quando os encontramos. Somos pequenos, mas os óculos nos comovem quando pensamos que vão para o céu junto com o piloto.

Não sei se tenho medo de morrer. Quando a gente é criança, a morte é uma coisa diferente. Só sei que as bombas me apavoram. Caem por todo canto. Não são confiáveis, atingem alvos a esmo, cegamente. Caem, com frequência, em cima de quem não merece – e disso estou bem ciente. Também sei que atacam crianças, velhos e todos à minha volta que não estão lá no front. E há, ainda, o barulho dos aviões. O som implacável de suas metralhadoras. Disso, disso tudo, tenho medo, sim.

Quando esses ruídos ficam mais próximos de Clairefontaine, mamãe nos faz descer para o porão. Um dia, não consigo correr tão depressa e demoro um pouco para chegar à porta da escada. Faço o possível para escapar, mas o aeroplano se aproxima de mim, metralhando. O avião está tão perto que consigo até ver a cabeça do piloto. Começo berrar e, finalmente, alcanço o porão. Dentro do abrigo, meu terror é tamanho que fico gritando por uns bons quinze minutos.

Mamãe tenta me acalmar, mas nenhuma palavra pode aplacar meu medo.

Onde quer que estejamos, quase sempre há um porão para nos escondermos quando os bombardeios começam. Mas é preciso alcançá-lo a tempo. No começo das hostilidades, seguindo o conselho de um amigo dos meus pais que é tipógrafo, nos refugiamos na região do rio Creuse, em Guéret. Lá, ficamos em um lindo hotel com outros hóspedes em fuga. Tudo correu bem, até o momento em que soaram os zumbidos dos aviões no céu.

O gerente, um sujeito agitado, que parecia muito perturbado com as turbulências da guerra, propôs que os hóspedes se reunissem no saguão, no subsolo do hotel, e aponta para uma porta. Está com a chave na mão, que badala como um sino, de tanto que ele treme. Grossas gotas de suor se acumulam nas suas sobrancelhas e correm pelas suas têmporas. Os movimentos desordenados do pobre homem são grotescos, e sua falta de sangue-frio começa a influenciar os demais, que perdem a confiança.

Lá embaixo, no saguão, há uma imensa claraboia, magnífica, mas perigosa: ficaríamos visíveis como peixes em um aquário. E, pior de tudo, o vidro debaixo do qual nos abrigaríamos poderia, com as balas ou as bombas, se partir como um biscoito seco. Seus cacos cortantes poderiam se abater sobre nós como a décima primeira praga do Egito.

Essa perspectiva fica bem clara pelo olhar fixo de todos nas ações e gestos do gerente, que não funciona bem sob pressão. O coitado tem consciência de ser uma espécie de Moisés, capaz de salvar a todos, e essa responsabilidade, grande demais para ele, o impede de colocar a chave corretamente na fechadura. Os espasmos que sacodem a mão dele o deixam inoperante, e esses poucos segundos de suspense bastam para desencadear o pânico entre os hóspedes.

A essa paralisia – os olhos fixos na claraboia ou as ações desarticuladas do gerente –, segue-se um salve-se quem puder. Alguns berram, outros choram; uns tentam chegar à saída do hotel, outros se espremem contra o salvador às avessas, como se quisessem incrustá-lo na porta. Isso só pode acabar mal. Se não morrermos dilacerados pelos cacos da claraboia, morreremos pisoteados naquela entrada do hotel, estirados como tapetes persas.

A cena é curta, mas tumultuada. Só termina no instante em que alguém se dá conta do silêncio que paira sobre nossas cabeças. Os aviões partiram e, com eles, o perigo.

De vez em quando, os alertas duram bem mais, e somos obrigados a esperar estirados no chão por horas, nas entranhas de alguma casa ou cidade, como Paris.

Em outubro de 1942, voltamos com mamãe para o nosso apartamento da rua Victor-Considérant, no 14º *arrondissement*. Não é raro as sirenes soarem, anunciando os bombardeios. Como todos os moradores do bairro, corremos para a estação Denfert-Rochereau, que tem a vantagem de ser particularmente profunda.

A estação se transformou em uma ratoeira. Parece que alguns parisienses fixaram residência nos corredores do metrô, nas plataformas de embarque e até nos trilhos. Por todos os lados, há formas coloridas espalhadas: pessoas dormindo. Toda vez, fico perturbado ao vê-las. No campo, a guerra é bem diferente. Ali, há ainda mais miséria. Há gente que não tem outro lugar para ir além dos trilhos, há gente que não tem Clairefontaine.

Também sou testemunha da catástrofe nas estradas do país, dos grandes comboios improvisados que misturam pessoas, móveis, bichos de estimação, carros, caminhões, galinhas, pedestres, bicicletas... De longe, parecem uma cobra sarapintada, mas sombria. O andar de toda aquela gente é lento e grave. Alguns já estão encurvados pela caminhada e pela preocupação.

Além disso, a guerra apaga os sinais. Não se sabe mais o que os outros pensam nem de que lado estão. Em Clairefontaine, especificamente, acho que o capitão do Corpo de Bombeiros não tem uma posição muito clara. Usa a braçadeira das forças de Resistência quando precisa e tira quando se sente constrangido. Só fica claro que tenta ser amigo de todo mundo. Acontece que isso é impossível quando todo mundo se odeia.

Quando a batalha surge, convém escolher de que lado lutar. Mas, para sobreviver, há os que fazem questão de não ter opinião, de esquecer de escolher um lado. Querem a paz a qualquer custo, até mesmo às custas da própria honra. No final do conflito, não pensarão duas vezes antes de marchar com os norte-americanos, apesar de terem apoiado, alguns anos antes, o traidor marechal Pétain. A duplicidade, não raro, vem acompanhada de certa audácia.

 E eu que, quando a guerra termina, sou um garoto de doze anos, não tenho nada do que reclamar. Pelo menos, não muito.

 Há um pequeno tráfico, obviamente arquitetado por nós, da Libertação, que consiste em trocar pacotes de chiclete ou de cigarros Chesterfield por caixotes de tomate ou, com certa injustiça, por uma garrafa de aguardente de ameixa encontrada no porão. Assim que os Aliados montam acampamento entre Clairefontaine e Rochefort-sur-Yvelines, eu e meu irmão começamos a andar por lá. São incursões que, de divertidas, se tornam interessantes, quando a prática do escambo se impõe. No caminho de volta, eu e Alain nos maravilhamos por termos feito negócios de homem para homem, de pequeno francês para grande norte-americano ou inglês. Os bens de importação, chicletes e cigarros, que lotam nossos bolsos, nos dão uma energia poderosa.

 E, mesmo que eu evite me gabar dessas trocas comerciais, não tenho nenhum sentimento de culpa em relação a elas. Estamos saindo de seis longos anos de privação.

3

Um quê de palhaço

Nunca estamos prontos, por mais que nos preparemos. Mas isso não me incomoda. No fim, a gente sempre dá um jeito de vencer o branco ou aquele instante de confusão em que ninguém sabe o que fazer, dizer ou sequer qual é seu papel. Na hora dos ensaios, não nos importamos nem um pouco com a ausência do diretor em cena, e ninguém tem a ideia nem a vontade de fazer o papel do chefe e correr o risco de ser contrariado na hora e odiado depois.

No fundo, não somos mais do que crianças querendo nos divertir e, para isso, é melhor não contar com a ajuda dos adultos. A guerra não dá um jeito em nós: ela nos chama para a sensatez, nos dissuade de procurar motivos para incomodar nossos pais. Os que estão aí, ou os que ainda estão aí.

Pelo contrário: tentamos, já que somos anjos em miniatura, distraí-los, fazer que esqueçam, por vinte minutos, suas inquietações e seus pesares. E, sem me alongar muito nesse assunto, acredito que conseguimos alcançar esse objetivo. Não tanto por nossa habilidade, mas pelo nosso talento para uma alegre anarquia.

Em Clairefontaine, eu e Alain nos damos muito bem com os filhos dos amigos de nossos pais que moram ali, especialmente com um que se chama Pierrot, com o qual formamos um trio. Assim que ficamos sabendo que os adultos têm planos de jantar juntos em casa, começamos a preparar um espetáculo, a ser apresentado na hora dos drinques. Os ensaios principiam o mais cedo possível, porque temos a sensação permanente de que já é tarde.

Na programação dessas festas teatrais, incluímos qualquer clássico que conhecemos, sabendo que os adultos não ficarão ali por muito tempo. Temos uma leve preferência por histórias nas quais os heróis transgridem as regras, se comportam de maneira cavalheiresca, com coragem e nobreza. Eu adoro *Os três mosqueteiros*, porque o livro de Alexandre Dumas contém todos os requisitos necessários. A amizade do gascão D'Artagnan com os outros três, a beleza de Milady, a honra de salvar o reino... Tudo nesse romance de capa e espada me encanta. E, para nós, uma jovem trupe do interior, tem a vantagem de possuir um número suficiente de papéis e exigir poucos adereços, fáceis de fabricar: a madeira substitui o ferro; folhas, as plumas; e o papel, o tecido dos rufos dos mosqueteiros.

As reviravoltas e as diversas cenas de duelo são um pretexto para a gente se movimentar, correr, pular e gastar nossa energia. Estou prestes a descobrir o melhor disfarce para ser uma peste, a melhor forma de aprontar com impunidade. Melhor ainda: de aprontar recebendo aplausos e congratulações, sem tirar o sorriso do rosto de mamãe. Já entrevejo, de forma precoce, o interesse gerado pela profissão que exercerei no futuro.

Sinto tanto prazer em fazer folia fantasiado, em improvisar completamente quando o texto me escapa por causa da excitação, que faço de tudo para que a apresentação dure mais. Às vezes, os próprios adultos, já mais do que entretidos, são obrigados a pôr um fim na peça.

Quando encenamos *As desventuras de Sofia*, romance infantil da condessa de Ségur, demoramos um pouco menos. Nossa loucura é contida pelo próprio texto. Mas, naquele palco no meio do mato, a coisa nunca é calma.

Nele, esquecemos de tudo. Ficamos livres da seriedade do mundo e de sua história, graças à nossa inocência infantil e ao entusiasmo pela brincadeira. Só lamentamos que os adultos não compareçam com mais frequência, garantindo um público permanente, sempre disponível para nos assistir bancando os bobos, com figurinos grandes demais e bigodes desenhados a carvão.

Passar o tempo bancando o palhaço com um grupo de camaradas tão bem-intencionados quanto eu logo acaba se tornando um vício. Preciso me entregar a ele regular e apaixonadamente.

Quando vou passar as férias de verão no hotel Castel-Fleuri, em Piriac-sur-Mer, na região do Loire-Atlântico, fico tão feliz por reencontrar meus amigos que minha energia se redobra. Preciso dizer que somos cinco arruaceiros, e cada um de nós apronta das suas. E o exagero nos leva bem longe no caminho das brincadeiras e das piadas. Fazemos bom uso da liberdade que nossos pais nos dão durante o verão.

Na nossa horda simpática, sou famoso por ser o mais agitado e o mais tagarela, capaz de convencer as autoridades nos momentos em que ela ameaça se abater implacavelmente sobre nós ou de negociar para conseguir alguma autorização.

É nessa época que faço minha estreia oficial na arte da retórica. Um dia, passo pelo cartaz de um concurso organizado pelos feirantes na praça da cidade: o de melhor anunciante. Meu sangue ferve, e me apresento com a maior naturalidade, único moleque no meio dos adultos, atraídos pelo prêmio. Eu, por minha vez, só sou atraído pela glória. É preciso vender o produto que cada um recebe. O meu causa certo riso infantil: tenho que anunciar os predicados da cueca. Toda a minha eloquência por causa de uma roupa íntima! Como meus pais sempre me deram o exemplo, resolvo conquistar a façanha lançando mão da patetice e continuo otimista em relação às minhas chances de sair vencedor. Pois, ao contrário do que parece, tenho uma imensa vantagem por ter recebido as cuecas para anunciar: a familiaridade.

Uso cuecas todos os dias, de preferência brancas. Portanto, posso dizer que sou uma enciclopédia sobre o produto. Já tive oportunidade de notar, por exemplo, a importância dos elásticos ou do tamanho das aberturas para as pernas, do volume de tecido na frente e até atrás. E sei como compartilhar essa intimidade forçada que tenho com as cuecas com as pessoas que vão me ouvir falar. Todo mundo conhece o momento constrangedor em que a cueca fica frouxa ou se enrola por baixo da calça. Ou que fica alta demais na cintura, incomodando a racha da bunda. Logo, não será tão difícil convencer as pessoas a comprar um produto sem o qual não podem viver e demonstrar como podem evitar pequenos incômodos.

Meus argumentos e minha força de persuasão me permitem subir ao primeiro lugar do pódio, cheio de orgulho e rindo loucamente, sob os olhos arregalados dos meus amigos estupefatos.

Graças ao meu talento de orador, ganhei o prêmio mais valioso, mas não o mais interessante: um aparelho de jantar.

Mas minha decepção durou apenas os poucos segundos que levei para inventar um meio de tirar vantagem do prêmio.

No estabelecimento em que ficamos hospedados durante as férias inteiras, o aparelho de jantar seria muito bem-vindo. Sendo assim, vendi os pratos e as demais tranqueiras para o senhor e a senhora Loyer, proprietários do Castel-Fleuri. Eles acharam graça da minha autoconfiança, e eu ganhei uns trocados com o meu maior talento: o de entreter o público.

Mas nem todas as minhas travessuras rendem ganhos estrondosos e astronômicos. Acontece que eu também as faço a troco de nada, simplesmente pelo prazer de dar risada e de fazer os outros rirem. Um dia, diante de uma leva de turistas, tenho a ideia de uma piada que eu posso repetir outras vezes, quando o verão chegar.

São muitos os turistas que vão passear, visitar, tomar banho de rio na região da costa do Loire. Resolvo me passar por um deles para um jovem britânico que veio do outro lado do Canal da Mancha passar as férias ali. Que vai engolir direitinho meu personagem. Sei imitar o sotaque inglês muito bem e imprimo com muito gosto um delicioso sotaque *british* a todas as minhas frases.

Evidentemente, fico muito verossímil na pele do jovem inglês bem-educado que se esforça para falar o idioma local sem, contudo, abandonar suas raízes. O esquete dá muito certo: os turistas não duvidam da minha autenticidade, e meus amigos se torcem de rir ao ver minha encenação. Meus pais e os demais adultos que conhecem minha verdadeira nacionalidade, admiram minha audácia e dão risada das minhas palhaçadas. E não se cansam delas. Melhor ainda: ficam felizes, ao me ver contente e terrivelmente entusiasmado. Pena que sou desmascarado quando um dos turistas que enganei me ouve falando um francês bem fluente, sem nenhum sotaque. E me passa um sermão memorável, arruinando minha reputação no pedaço até o ano seguinte.

★

Posso até semear a discórdia em outras bandas, sempre que possível, mas guardo a maior parte das minhas palhaçadas para meu local de origem: Paris. É nessa cidade que dou o meu melhor, que chego aos píncaros do meu talento de palhaço. Nessa cidade, sobretudo no bairro que amo, esse imenso quintal onde pude crescer em liberdade.

Para mim, o 14º *arrondissement* – e seus bairros limítrofes, o 15º e o 16º – são o *must*, o Éden, o Olimpo, a Babilônia. Nada se compara à rua Daguerre, com seus comerciantes simpáticos; à praça Denfert-Rochereau, com seu Leão de Belfort em bronze para escalar. As alamedas dos jardins do Observatório, onde vamos com mamãe, às quintas-feiras, servem de pista onde aposto, graças à minha irmãzinha, corrida de carrinho de bebê. Eu e meus companheiros deixamos nossos irmãos mais novos dentro da máquina e corremos feito loucos. É impossível evitar algumas quedas fortuitas: Muriel é vítima da minha inabilidade e lembra disso até hoje.

Os elegantes frequentadores da *brasserie* La Coupole, os cafés e bistrôs onde ferve uma fauna de artistas e mendigos, a agitação da rua de Buci e a feira dominical do bulevar Raspail me encantam. Moramos em uma área da capital da França ainda muito privilegiada, onde a calma e o canto dos pássaros estão preservados sem que o entorno se torne morto. Apesar de sermos vizinhos do cemitério de Montparnasse, que fica do outro lado da rua Victor-Considérant, a uns cinquenta metros de distância, não o vemos da nossa janela.

Lá, passo dias de infância felizes. Não tenho nem dez anos, mas já contemplo o bairro como se fosse meu reino. Contabilizo suas riquezas e recenseio as pessoas (que conheço); percorro a região várias vezes por semana para me certificar de que tudo está intacto e para descobrir espaços inéditos para me divertir. Mesmo que não precise ir muito longe: meu prédio conta com todos os equipamentos lúdicos necessários, é uma tenda perfeita e muito prática, já que de fácil acesso.

Em matéria de circo, tenho apenas a experiência como espectador. Na época do Natal, minha mãe nos leva para ver os palhaços. Eles me fascinam: não consigo tirar os olhos do nariz vermelho e das macaquices que fazem, de fantasia listrada e gravata-borboleta. Sonho em ser como eles; ser capaz, como eles, de provocar riso e difundir a alegria ao meu redor. Fico falando para mamãe: "Quero ser palhaço". E ela poderia ter respondido: "Você já é, meu filho".

Mamãe tenta, sem sucesso, frear minha propensão para fazer diabruras de todos os tipos. E chega até a protestar, me põe de castigo por dez minutos, quando eu realmente passo dos limites, quando minhas brincadeiras me colocam em perigo. Nessa época, ela nem imagina que a minha falta de consciência sobreviveria à minha infância.

Com regularidade, me dedico a uma acrobacia espetacular nas escadarias do prédio. Subo no lance do quinto andar, onde está o nosso apartamento, e fico suspenso no corrimão, em direção ao abismo. Às vezes, me penduro pelas mãos, de cabeça para cima; outras, pelas pernas, de cabeça para baixo. O que for mais conveniente para ficar na posição do "porco pendurado". Alusão que apavora os vizinhos que saem de casa em momentos impróprios. Não raro, eles correm para tocar a campainha do meu apartamento e avisar minha mãe que eu estou prestes a bancar o palhaço, e que isso pode "terminar mal".

Meus vizinhos são pessoas de bem – e responsáveis. Que talvez se espantem com a placidez de mamãe, acostumada com a sucessão das minhas travessuras e que, geralmente, se contenta em dizer: "Jean-Paul, por favor, pare de bancar o imbecil". Suspeito de que sua intervenção seja mais para ficar com a consciência tranquila, para dar uma resposta mais correta possível aos vizinhos atenciosos. Na verdade, ela confia na minha flexibilidade, na minha audácia e na minha sorte. E, além disso, não é do tipo de mãe sufocante, que põe seus anjinhos debaixo da asa por medo que eles se quebrem, que prevê, com um pessimismo fatalista, todos os acidentes possíveis e que os obriga a ficar na cama ao menor dos resfriados ou machucados.

★

Quando, muitos anos mais tarde, fiel à minha inclinação pelas acrobacias, eu faria as cenas arriscadas dos filmes sem dublê, mamãe não sofreria de medo por antecipação. Ah! como ela é livre das preocupações maternais comuns...

Sendo assim, quando estou hospitalizado por ter quebrado o quadril fazendo uma pirueta que acabou mal, ela vem me visitar. Aparece toda esbaforida no meu quarto e vai logo perguntando, aflita: "Cadê suas pernas? Cadê suas pernas?". Fico um tanto surpreso pela brutalidade de sua aparição e pela estranheza da pergunta, por mais que a resposta me pareça óbvia. Levanto o lençol para me certificar, junto com ela, que minhas pernas estão no seu devido lugar. Mamãe me parece muito aliviada e exclama: "Ah, então tudo bem. Achei que estavam quebradas!".

Depois disso, ela dá meia-volta, passa pela porta do quarto e some. Fico ali na cama, mortificado. Meu quadril quebrado não merece nem cinco minutos de sua presença ao meu lado, nem uma gota de compaixão. O importante é que minhas pernas estão inteiras. Do resto, mamãe acha graça.

★

    Para obrigar minha mãe a abandonar seu estoicismo, será preciso que eu realize proezas bem mais espetaculares do que um mero porco pendurado na escadaria do quinto andar.
    Então tomo como missão surpreendê-la, com meu irmão – que sempre soa o alerta – como cúmplice.
    Uma das minhas brincadeiras preferidas consiste em entrar em casa pelo lado de fora, pulando pela sacada do quarto da minha irmãzinha, Muriel, quando mamãe me chama para comer. Meus pais me veem chegando pelo ar e não pelo corredor. Papai morre de rir. E minha mãe se contenta em fazer algum comentário retórico, como se dissesse: "Tudo bem, quem manda aqui sou eu".
    Se não me repreendem nem quando faço esse tipo de bobagem, meus pais não vão me proibir de mais nada, e não posso deixar de interpretar a indulgência deles como uma espécie de permissão tácita. A descontração com a qual me observam amadurecer – ou não – é uma prova da confiança que têm no meu destino.

★

    Durante toda a vida, só se preocuparão de verdade comigo uma vez: em 1970, na 37ª edição do espetáculo beneficente Gala dos Artistas. Eu tinha preparado para a ocasião um número de acrobacia um tanto ousado, no qual parecia que não tinha controle sobre a queda. Contudo, não tive tempo ou não me passou pela cabeça avisar meus pais, que foram me assistir. Estou, devo admitir, muito empolgado com a perspectiva de fazer essa apresentação aérea em um circo de verdade.
    Ensaiei bem com Mario David, meu cúmplice no solo. Ele, vestido de palhaço, daria a minha deixa. Sento por todos

os cantos da arquibancada e, a cada vez, ele me pede para levantar: "Mas, sr. Belmondo, seu lugar não é aí". É o truque do palhaço para me fazer subir na tenda do circo. Eu sumo e, finalmente, reapareço no ar. Então digo: "Aqui é meio alto" e faço uma piada do tipo "Ah! Estou aqui para fazer acrobacias!". O palhaço continua no picadeiro e me manda descer. Em alguns minutos, devo prender o pé em uma corda. E depois me atirar no ar, preso por uma única perna. Na metade do caminho, o equipamento se solta, de mentirinha, dou um grito e acabo bem perto do chão. Tudo isso faz parte do meu número.

Contudo, na noite da Gala, a ilusão convenceu tão bem minha mãe que ela soltou um grito apavorado, certa de que eu ia quebrar o pescoço diante dos seus olhos. Depois do espetáculo, mamãe me passa um sermão como jamais havia passado, nem na minha mais tenra infância.

4

As artes, as letras e a felicidade

A paciência do meu pai para trabalhar com materiais resistentes e maciços por semanas a fio me impressiona. Eu, que sou um moleque tempestuoso e impaciente, que posei de má vontade para ele, com meus cachos, quando tinha seis anos, observo, continuamente maravilhado, a lentidão, a precisão dos seus gestos de escultor, sua constância.

Ele não tenta dominar a argila, submetê-la à sua vontade de artista. Pelo contrário: parece escutá-la, como se o material fosse quem lhe soprasse a forma. Papai vê no fundo da argila a imagem daquilo que o barro se tornará. Entre os dois, se estabelece um diálogo do qual a escultura é o resultado. E essa relação exige um esforço árduo e cotidiano, que me causa espanto, porque meu pai jamais se sentiu desmotivado.

Quanto amor por seu ofício ele tem, para ir todas as manhãs, no horário marcado, ao ateliê, onde nenhum patrão lhe espera! Papai abre o ateliê com a regularidade e a disciplina de um funcionário público amarrado a uma bomba nuclear.

À primeira vista, ninguém pensa que ele é artista: meu pai não tem o porte nem os maus hábitos que seriam de se esperar. É complacente com os filhos, mas severo consigo mesmo. Tem horror às saídas fáceis, condena as pessoas talentosas que não querem ter trabalho. E repete sua regra de ouro centenas de vezes nos nossos ouvidos: "Um dom é como um diamante: se não o lapidarmos, não serve para nada".

Meu pai leva a escultura tão a sério que investe toda a energia nela e tem uma postura de reverência em relação à sua arte. A obstinação que dedica ao trabalho não é tanto uma luta para satisfazer o orgulho, mas um caminho para a humildade. Nunca está satisfeito consigo mesmo e com suas obras, jamais pretende ser mestre em nada, ser especialista no que quer que seja. Considera-se um eterno aprendiz a quem sempre e eternamente faltam conhecimentos.

Ele é obcecado pelo trabalho, e chego a penar quando criança, porque tenho de perambular pelos imensos corredores do Museu do Louvre, quase cambaleando, empanturrado de quadros e de esculturas, porque papai resolveu que iremos ao museu todos os domingos, sem exceção.

O entusiasmo dele jamais diminui. No sábado, ele anuncia, empolgado, a ala que vamos visitar: "Amanhã, vou mostrar para você os pintores flamengos". E continua a ficar extasiado, em voz alta, diante dos quadros dos mestres, descobrindo novos microdetalhes até então despercebidos, dando sua interpretação baseado na história da obra e das artes em geral, elogiando-a ou criticando-a, louvando sua beleza específica.

Meu pai deseja que sua paixão seja contagiosa. Mas confesso que, para mim, a criança do circo, esse prato de cultura semanal depois do almoço de domingo, bem na hora da sesta, é pesado demais. Não falo nada, óbvio, para não decepcionar papai. Ele não concebe que deixemos sua voz chegar aos nossos ouvidos sem prestar atenção ao que diz, reprimindo nossa sonolência com nomes de pintores ilustres que acabam se tornando conhecidos à força, contra a nossa vontade.

Apenas mordiscamos o que nosso pai devora. O que provoca nele intensas emoções estéticas, um ardente estímulo intelectual, em nós suscita uma profunda diarreia, que não contorna a impossibilidade de fazer palhaçadas naquelas galerias tão adequadas para isso.

Quando um de nós dois ousa perguntar para papai "Mas por que você vem o tempo todo ao Louvre?", ele invariavelmente responde: "Para aprender, menino". Resposta que nos deixa perplexos, meninos preguiçosos que somos, repletos de más intenções, cheios de amor e de admiração por nossos pais-modelo, cujo exemplo receamos não sermos capazes de seguir.

★

Certa vez, as crianças já quinquagenárias, fomos almoçar com meu pai num domingo, alguns meses antes de ele morrer. Perguntamos o que fará à tarde, e ele responde: "Vou ao Louvre". Espontaneamente, eu solto: "Fazer o quê?". Papai me olha, sorri e retruca: "Ora, aprender, menino". Aos 83 anos, ele ainda é inexperiente em termos de conhecimento e de beleza.

Desenhava tanto quanto podia, em tudo o que caía em suas mãos, incluindo pedaços de guardanapos de papel. E, por isso, quando seu amigo Valentin perguntou "Por que você não desenha?", e papai respondeu "Por quê? Pra quê?", entendi que ele estava prestes a partir.

★

A peregrinação dominical ao Louvre com certeza me ensinou a humildade necessária diante da soma de todos os nossos saberes, mas também me causou um desgosto duradouro pela pintura. Durante muito tempo – até mesmo, de acordo com os meus documentos, depois de eu já ter-me tornado um adulto maduro – tive trauma de museu, e é preciso me ameaçar de morte para me fazer passar pelos arcos de pedra da rua de Rivoli.

Pobre do papai, que tentou nos legar seu gosto! Ele se fiava no nosso ar de anjos perdidos na Terra quando íamos visitá-lo no ateliê com a desculpa de lhe dar um beijo depois de fazer algumas diabruras no gramado do Observatório e antes de voltar para casa...

Na verdade, o que nos atrai para o número 77 da avenida Denfert-Rochereau, a quinhentos metros da estação Port-Royal, no fundo desse parque com árvores centenárias que abriga cerca de vinte ateliês instalados nos antigos estábulos, é o aroma da carne nua das opulentas modelos que posam para o meu pai. E tudo é motivo para entrar no cômodo amplo onde ele trabalha: entregar uma carta, fazer uma pergunta urgente, encher a jarra d'água...

Que maravilha estar autorizado a bisbilhotar, tranquilamente, sob o pretexto de ser criança, sob o pretexto da arte! Acredito que tenha sido nesse lugar, onde meu pai recebe essas deusas admiráveis, em sua perfeição carnal, sua beleza atemporal, que contraí uma certa filantropia direcionada às mulheres. Uma veneração pelo que se convencionou chamar, injustamente, de "sexo frágil", mas que, para mim, é a encarnação de um continente de delícias, uma promessa de júbilo, uma felicidade sem igual.

Meu pai sabe como criar beleza, como reproduzi-la. Porque essas mulheres – que eu acredito serem muito boazinhas por ficarem posando por períodos intermináveis – se revelam perfeitamente sensíveis e concretas, ainda mais belas pelas mãos de papai. Ganham um carisma adicional, um brilho que nem sempre têm na realidade. O que mais me deixa espantado – e a meu irmão, Alain, também – é meu pai ser capaz de identificar, em um indivíduo do sexo feminino, aquela beleza que nossos olhos não veem.

Em uma dessas visitas ao ateliê, damos de cara com a moça que faz limpeza na nossa casa. Ela está lá, usando apenas a mais simples das roupas femininas de quem acabou de acordar, diante de meu pai, vestido com seu singular camisolão branco de escultor. Ela que, dentro da moldura que estamos acostumados a vê-la, é tão discreta, triste e encurvada, de repente nos faz abrir os olhos, vê-la sob outra luz, lançada por nosso pai. Finalmente reparamos naquilo que jamais percebemos, e que ele enxerga, escondido sob a sombra do cotidiano harmonioso: sua beleza luminosa.

Meu olhar, parado na vertiginosa curva dos seus mamilos, pode enfim mandar o seguinte comentário para meu cérebro: "Lembre-se de reparar nesses seios por baixo da blusa dela da próxima vez. E nessas nádegas também. E depois... veja se as duas imagens são iguais".

Depois disso, sempre que passamos pela entrada do ateliê, lembramos da surpresa que tivemos naquele dia e ficamos com medo de encontrar, lânguidas e nuas, a salsicheira da rua de Buci, a vendedora de legumes da feira do bulevar Raspail, a peixeira da rua Delambre, a zeladora do nosso prédio ou até minha professora.

Até hoje, admiro mamãe, que não demonstrava o menor ciúme por seu marido passar a maior parte do tempo em contato com mulheres desnudas, com frequência atraentes e bem solícitas. Mais uma vez, ela dava provas de uma segurança e de uma confiança dignas de nota. A adoração que tinha pelo meu pai, por quem tinha sacrificado a própria carreira artística, a impedia de demonstrar a menor das dúvidas ou suspeitas. Nunca ouvi os dois brigarem e, mais tarde, quando me der vontade de quebrar a louça e os móveis, de fazer cena e ter crises magistrais de ciúme – ao menor sinal, real ou imaginado, de traição –, não terei como evitar de pensar em minha mãe, em sua harmonia serena. Os dois se completavam sem debater por quê, entravam em acordo sem ter de discutir, dividiam a responsabilidade por nossa educação sem precisar teorizar.

Coube ao meu pai o aprendizado da pintura, da escultura e das coisas da vida, e minha mãe se responsabilizou naturalmente por minha iniciação na sétima arte e no teatro. Era com ela que eu ia ao cinema da Denfert-Rochereau me deliciar com filmes como *Volpone*, com Louis Jouvet; *A mulher do padeiro*, com Raimu, e *Os visitantes da noite*, com Jules Berry. E também à Comédie-Française, onde uma montagem de *As eruditas*, de Molière, tanto me marcou. E onde o charme daquele palco que recebe, há três séculos, a nata dos atores franceses causava em mim uma forte impressão.

Mas minha mãe não se contentou em me levar à Comédie desde que eu tinha doze anos. Como meu pai, ela acredita que é preciso se aprofundar na matéria escolhida: fazemos um tour completo pelos teatros parisienses.

Graças à personalidade consciencisa de mamãe, tive a oportunidade de assistir a Pierre Brasseur em *O corcunda*, no teatro Marigny, e em *Kean*; Michel Simon, no teatro Antoine, na mítica e saborosa *Fric-Frac*; e, no teatro de L'Atelier, assisti a Charles Dullin interpretar um inesquecível *Avarento*. Entre muitos outros.

A lista de cenas que ficaram gravadas na minha memória é longa, no teatro e no cinema. Imagens que me serviram de guia, de corrimãos nos quais me segurar, sendo um jovem ator de joelhos diante de um gênio como Michel Simon, em quem busquei inspiração perpétua; como Fernandel, que me fez chorar de rir em *Os malandros da décima primeira*, ou ainda Jules Berry, o diabo de *Os visitantes da noite*.

Resumindo, recebo uma boa educação dos meus pais, que se concentram em mostrar que a vida não é só o real, o material. O que acontece em um filme tem tanta importância quanto um fato, qualquer que seja. Quando a realidade é desagradável, a ficção se torna o recurso ideal. A realidade, de todo modo, nunca tem raízes apenas em si mesma: ela é criada, como os bustos que meu pai esculpia. A alegria é uma ficção na qual sempre acabamos por acreditar. E a felicidade, uma realidade que inventamos.

Meus pais nos alimentam com suas paixões. E nosso apartamento na rua Victor-Considérant constitui mais um lugar aberto, onde uma variedade de artistas de todos os tipos, amigos dos meus pais, são sempre bem-vindos à mesa e aceitam ficar para tomar um, talvez mais, conhaques, entretidos pelo debate. O pintor fauvista Vlaminck, vizinho do meu pai na avenida Denfert-Rochereau; ou Pierre Brasseur, que minha mãe conheceu na sua curta carreira de figurante, passam com frequência pela sala da nossa casa e se deliciam com os discursos inflamados de papai, sempre tão calmo e doce, sobre as esculturas de Antoine Bourdelle ou a *Porta do inferno*, de Rodin.

É sempre engraçado vê-lo se empolgar e perder a paciência quando tem a impressão de ter sido incompreendido. Às vezes, mamãe o provoca de propósito, finge se opor a uma de suas ardentes análises.

★

Minha infância, passada na companhia desses pais, foi das mais felizes. Tudo me foi dado de bandeja, sem que eu precisasse fazer o menor esforço. Não lembro de ter me sentido reprimido ou frustrado nem uma única vez. Ou melhor, lembro sim, uma única vez. Porque eu queria algo que não se podia comprar, nem mesmo com a maior das boas vontades. E esse algo era nada mais, nada menos, que um trenzinho elétrico do tamanho de uma mesa de jantar, que eu vira em um catálogo. Mas estávamos em guerra, e os brinquedos tinham sumido das prateleiras das lojas. E eu seria bem desonesto se fizesse desse trenzinho uma nota falsa na partitura da perfeita felicidade da minha infância.

Provavelmente, foi isso que me ajudou a continuar lutando contra os golpes do azar. Sempre tive uma força tranquila que nenhum acontecimento, mesmo o mais terrível, jamais conseguiu destruir, até hoje. Uma infância feliz é o mais belo presente que o destino pode reservar a um ser humano. De maneira aleatória, injusta. E tenho pena daqueles que tremem ao ouvir falar de sua infância, que cresceram sem amor, sem liberdade. Dessas pessoas, sou disposto a perdoar tudo.

Acabei conhecendo pessoas atendidas pelo Departamento de Ação Médica e Social, homens que foram meninos de rua. Com um deles, Alain Delon, a relação se transformou em uma amizade fiel, falsamente interrompida por uma rusga exagerada pela mídia. Na verdade, éramos parecidos em tudo, apenas nossa infância foi diferente. E, nesse roteiro – sim, de longe –, recebi o melhor papel.

5

Não presta para nada – ou quase nada

Acabaram por se livrar de mim, em 29 de maio de 1944, me expulsaram. Mandaram que eu tirasse férias de novo, simples assim. Preciso dizer que não demonstrei um entusiasmo desmesurado desde que janeiro começou. As horas que fiquei morrendo de tédio na Escola Alsaciana, por onde passaram muitas personalidades da França, completamente indiferente ao aprendizado da aritmética e de outros conteúdos dos quais não entendia o sentido, me levaram a concluir que a sala de aula é o terreno perfeito para a neurose.

Desde meus primeiros passos no seio da escola, não consigo dominar minha natural incompatibilidade com uma instituição que considera, abertamente, a infância não como um paraíso verdejante e sensível, mas como uma prisão cinzenta e fria, destituída de qualquer traço de humanidade.

Não chego a vislumbrar os tais famosos horizontes que a escola deveria ampliar para mim. Pelo contrário: me parece que procuram levantar muros ao meu redor, a fim de restringir minha visão, e que me amarram com cordas de nome "autoridade", "sensatez", "respeito" e "futuro".

Desde o jardim da infância paroquial, que não era desses que nos impedem de andar por aí, me destaquei por ter uma desenvoltura precoce por todos os assuntos da vida escolar. Eu era melhor coroinha do que aluno. Mas estava naquela fase da vida em que não pensamos muito no comportamento que adotamos.

Foi quando cheguei à Escola Alsaciana, na rua Notre--Dame-des-Champs, que meu ateísmo se tornou radical. Adotei a postura dos rebeldes e dos malandros.

Se eu precisasse apresentar circunstâncias atenuantes para escapar de um castigo muito severo, alegaria que os costumes desse estabelecimento, tão chique e famoso pelo alto nível do seu ensino e da sua moralidade, são, por vezes, estranhos. Especialmente o do sr. Josset, professor do nono ano, cujo comportamento não é muito distante do daqueles loucos que, como nas gravuras populares, usam um funil no lugar do chapéu. Ele esconde um objeto dentro da mesa e o faz soar regularmente durante a aula. O motivo para o sr. Josset, de repente, pôr a mão na gaveta e provocar aquele barulho estridente permanece obscuro. E a natureza do objeto que o produz também. Eu e meus colegas nos perdemos em conjecturas a respeito dele: seria algum tipo de buzina, que foi proibida por causar uma surdez brutal, uma marmota cantora, um gambá enraivecido?

Outros fenômenos dessa turma são os filhos de famosos, como os do ator Fernand Ledoux, que mostra fotos do pai prestes a entrar em cena ou respondendo perguntas dos jornalistas da televisão. Coitadas dessas crianças: parecem tristes, submissas e são tratadas de modo diferente das outras. Os professores se dirigiam a elas com um misto de respeito e irritação.

Essa deferência não contribui em nada para aumentar a admiração que eu já não tenho pelos docentes e agrava consideravelmente minha facilidade para me meter em confusão. Para fazer meus colegas rirem e irritar o professor, que tenta nos transmitir a pureza dos versos alexandrinos de Racine, troco o nome do personagem-título da sua clássica tragédia de "Britannicus" para "Brinnaticus". Ou solto bombinhas pelos corredores da minha respeitável escola. Mas o pior, o que acham inadmissível – o que, para mim, causa a maior euforia –, é brincar de pirata. Gerações e mais gerações a praticaram, e a brincadeira jamais decepciona. Se existisse uma Olimpíada das diversões colegiais, essa certamente subiria ao pódio. Para brincar, não é preciso de muitos materiais – basta um banco – nem tantos participantes quanto um time de futebol – apenas dois fedelhos. Além disso, o princípio é muito simples, com um risco mínimo de exaustão. Consiste em desalojar o indivíduo sentado no banco de todas as maneiras possíveis, incluindo as mais bruscas e sorrateiras.

 Eu me entrego sempre que possível a essa ocupação das mais lúdicas e termino a brincadeira – mais parecida com a luta greco-romana do que com *bridge* – em um estado deplorável, todo amassado e suado, cheio de roxos e arranhões, mas contente. Adoro brincar de pirata e não sei a hora de parar.

 Quando a Escola Alsaciana já tinha se tornado uma velha lembrança, e eu era um ator a quem trabalho não faltava, eu não me furtava, no set de filmagem entre uma tomada e outra, de brincar com meus fiéis companheiros, os atores Jean--Pierre Marielle e Claude Brasseur. Admito que nem sempre tive interesse em crescer, no sentido que as pessoas sensatas entendem essa palavra.

 Na verdade, na escola, me adapto melhor aos intervalos, aos interlúdios. Do lado de dentro, murcho; no de fora, opero maravilhas. Brilho nas brigas homéricas que explodem no pátio, graças a um belo soco de esquerda. Minhas roupas, por outro lado, sofrem terríveis derrotas que nem sempre têm conserto, mas que mamãe perdoa ao ver meus ferimentos de guerra. Ela cuida deles passando mercurocromo, que me transforma em um índio pele-vermelha em dia de guerra.

Saio da Escola Alsaciana levando, como única bagagem, a certeza de que, em caso de briga, é melhor estar em quatro contra dois do que dois contra quatro e, principalmente, que não se dá as costas às feras.

De minha parte, creio ter deixado, além de péssimas lembranças para os docentes, a paixão pelo futebol, graças a uma política de divulgação dinâmica, correndo o risco de desviar meus colegas de um bom comportamento que, no entanto, eles não me pareciam muito dispostos a ter.

Essa publicidade gratuita que faço para esse esporte consiste em inúmeras demonstrações. Prefiro ficar na posição de goleiro, que me permite defender as bolas dando mergulhos impressionantes e inúteis, que causam forte impressão, entretêm o público e causam uma certa perturbação no adversário.

Mas minhas habilidades no campo esportivo não bastam para convencer os mestres da Escola Alsaciana a permitir que eu continue frequentando o templo do saber. Ao contrário da Escola Pascal, onde sou admitido em seguida e cujo diretor reconhece que não sou completamente mau. Ele não me expulsou, só por causa da minha aptidão com a bola. E, quando meu pai lhe perguntou se eu tinha futuro, respondeu: "O senhor vai ter um ótimo goleiro!".

Nessa escola de diretor indulgente, localizada no bulevar Lannes, em pleno bairro d'Auteil, perto do Bois de Boulogne, onde os alunos vinham de famílias muito privilegiadas, me parecia que a rigidez e a hipocrisia eram mais bem dosadas do que no estabelecimento da rua Notre-Dame-des-Champs. Não que eu gostasse de perder tempo escutando professores pedantes e convencidos, mas comecei a reparar nos encantos das meninas e a ter uma ideia dos meus.

Aos quinze anos, estava naquela idade em que o instinto da conquista é despertado, o desejo requer um objeto, e os impulsos, um resultado. Tenho memórias muito ternas das minhas primeiras experiências amorosas.

★

Apesar das gozações dos meus colegas, não lembro de ter sido rejeitado nem de ser considerado feio. Essa crítica, apesar de eu jamais ter sofrido dessa maldade evidente, só veio mais tarde, quando estudei no Conservatório, saída da boca de um professor – mais um – que não gostava de mim. E acabou fazendo escola. Não foram poucas as vezes que não consegui justificar o sucesso que alcancei tendo esse físico "peculiar" ou ler e ouvir que eu e Alain Delon formávamos uma dupla de antagonistas, tipo "o belo e a fera".

Acabei me acomodando e até achando divertida essa minha reputação de ator feio, mas charmoso. Quando o tal famoso professor do Conservatório, Pierre Dux, me disse "O senhor jamais terá uma mulher nos braços no teatro ou no cinema", não me magoou, por mais que devesse, porque eu sentia que o desmentiria. E com razão. Pelos meus braços, na tela, passaram as mais belas mulheres do mundo na época. Apenas Brigitte Bardot resistiu ao meu poder de sedução, apesar das cenas muito convincentes e tórridas que fizemos juntos! Na adolescência, minha suposta desgraça física não foi obstáculo para uma vida sentimental densa e satisfatória.

Ao quebrar o nariz, com certeza não provoquei uma mudança de opinião, mas acabei dando razão àqueles adultos conservadores que cheiram à naftalina e nos matam de tédio com seus provérbios e ditados pequeno-burgueses: "É melhor prevenir do que remediar", "um pássaro na mão vale mais do que dois voando", "brincadeira de mão, brincadeira de vilão".

Na verdade, o incidente foi culpa de simples leis matemáticas – estatísticas, mais precisamente. Dado o número astronômico de brigas em que me meti, a preservação completa da minha integridade física seria um milagre.

Eu tinha de pagar minha dívida para com o deus da guerra, e foi em uma sessão de brincadeira de pirata que acabei quitando o que devia.

Três alunos mais velhos, da aula de filosofia, se juntaram tranquilamente contra um dos nossos correligionários, forçando-nos, a mim e mais um camarada, a intervir energicamente. Mas, mesmo em igual número, éramos menores e mais vulneráveis. Sendo assim, não conseguimos ficar por cima, mas por baixo... Foi uma pequena batalha de Waterloo que terminou em macas. Meu cúmplice demorou vinte e cinco minutos para recobrar a consciência.

E eu fiquei com o nariz esmagado, como uma batata sob o garfo do cozinheiro. O autor dessa proeza sumiu completamente da minha memória – o que lamento, porque gostaria de agradecê-lo: sem meu nariz de boxeador, com certeza eu teria sido um mero figurante. Sem ele, minha reputação lendária não seria tão colorida, e meu jeito bem-educado de menino de família não teria o contraponto de um certo ar de cafetão conferido pela deformidade do meu apêndice nasal.

Falaram, depois, que meu nariz ficou assim por causa de uma luta de boxe. Esse erro nasceu da autenticidade da minha relação com esse esporte.

★

Naquela época, eu tinha dois amores: o futebol e o boxe. Naquele tempo, ainda vivia uma estrela, um ás do ringue, uma celebridade internacional chamada Marcel Cerdan, apelidado de "bombardeiro marroquino". Seus feitos e golpes captam toda a minha atenção, e acompanho sua carreira com paixão. As últimas notícias, em 1948, me desagradam, de verdade. Meu campeão declarou que sua carreira chegara ao fim, e esse anúncio me faz cair no mais completo desespero.

Felizmente, quatro meses depois, recobro a esperança, ao saber que ele vai para os Estados Unidos disputar o Campeonato Mundial de Pesos-Médios contra Tony Zale, um boxeador de peso. O encontro dos dois gigantes é no Roosevelt Stadium, em Jersey City, mas podemos acompanhar pelo rádio, desde que acordemos às duas da manhã.

O aparelho já está ligado há pelo menos meia hora quando a luta começa. E vou logo descobrindo que todos os vizinhos da casa dos meus pais na Denfert-Rochereau também ouvem a luta para testemunhar, de longe, um duelo mítico e simbólico: o franzino e ágil franco-marroquino contra o gigante norte-americano. O embate sai como esperado. Nenhum dos dois quer ceder; afrontam-se com uma força rara e selvagem, golpe a golpe, impiedosos e majestosos. Tentam alcançar a vitória com os punhos, com as pernas, com todo o ser. São belos e aterradores nessa luta impiedosa.

Finalmente, no décimo primeiro round, é Zale quem se curva à obstinação de Cerdan, o desafiante. E o prédio inteiro treme de tão forte que é o clamor.

É o coro dos franceses que sobreviveram a esse combate que os manteve acordados durante toda a noite, loucos de alegria com o resultado, soltando um grito de poder improvável: "Davi nocauteou Golias".

A façanha desse herói nacional me incentiva, na manhã seguinte, a me inscrever em uma academia de boxe. Não há nenhuma na Denfert-Rochereau. Mas conheço duas que podem fazer de mim um bom boxeador: a academia Boxing-Club, no bairro de Pantin, e a Avia Club, perto da Porte Saint-Martin. E é na última que desembarco, porque estou bem informado.

Sei que é lá que treinam os bons, os que lutam nas academias de prestígio.

Ao escolher esse bairro onde as paredes leprosas dos prédios mal se sustentam, cheio de trabalhadores e bêbados sem nenhum tostão, bandidos pé de chinelo, imigrantes necessitados e hedonistas lascivos, me afasto, com certa alegria, do ambiente esclerosado e liberticida do bairro burguês onde meu colégio está localizado.

O Avia Club parece uma toca. Escondido no fim da rua René Boulanger, quase um beco, onde as calçadas velhas como Herodes são todas esburacadas, só existe para aqueles que o conhecem. Uma escada de ferro barulhenta, que ameaça desmoronar a cada passo, leva a uma grande sala onde há dois ringues gastos, um de frente para o outro.

As cordas também são surradas e pendem, frouxas, delimitando os ringues. E o cheiro, quando entro lá, me atinge em cheio. Uma mistura de suor, umidade – que o aquecedor, todo arrebentado, não consegue dar conta –, areia e pés. Resumindo, são odores de exercícios centenários praticados por uma miríade de chacais, e é preciso estar muito motivado para suportá-lo. Ninguém vai ao Avia Club por acaso.

Lá, encontro um professor formidável, Dupain, que me ensina as numerosas sutilezas de um esporte que considera uma arte, parente da esgrima, por sua nobreza. Ele desenvolve em mim o embrião de talento que a paixão e as oportunidades da hora do recreio haviam engendrado. E me convence a participar de dois campeonatos amadores, na categoria peso-leve. Faço de tudo para esconder isso dos meus pais, para que não fiquem preocupados.

O boxe nunca gozou de uma boa reputação entre as pessoas próximas ao boxeador. O perigo de ficar ainda mais desfigurando do que com um nariz triturado, de sofrer trepanação por um golpe mal-intencionado na caixa craniana ou de ficar tetraplégico são alguns dos seus fantasmas.

Nessa época, até penso em ser lutador profissional. No ringue, provo ter uma motivação tão feroz quanto a que tinha no gol de um campo de futebol, e ainda mais afinco. Dou duro no Avia Club: fortaleço as pernas e aumento minha agilidade. Eu me julgo um jovem muito alerta, com uma rapidez natural na execução dos golpes. Não preciso me esforçar para ser ágil e surpreender o adversário. Minha assiduidade, somada aos preciosos conselhos de Dupain, me permite ter a pretensão de fazer disso minha profissão. Cada vitória nos combates amadores confirma meus planos, e as lutas profissionais às quais assisto em locais lendários, como o Palácio dos Esportes, o Ginásio Wagram, o Central, o Stadium, a casa de shows Elysée--Montmartre e o Ringue do Pantin, só atiçam minha paixão.

Em retrospecto, acredito que não seria um grande campeão se tivesse perseverado na minha intenção. Para começar, eu odiava levar pancada, o que é meio constrangedor para alguém que quer ser boxeador. E, além disso, ao contrário dos meus amigos do Club, não tinha a raiva necessária. Para tê-la, seria preciso ter sofrido um pouco, passado fome, ter o incentivo do instinto de sobrevivência daqueles que não têm nada a perder, pela necessidade que aumenta os músculos, fortalece o coração, ajuda a mover montanhas, a derrotar titãs. E eu tinha sido uma criança muito feliz, um adolescente mimado demais para ter em mim essa cólera do homem que vai até as últimas consequências, sem se importar com as dores que trespassam seu corpo e sua mente.

Quando encerrei minha curta participação no mundo do boxe, o balanço não foi tão ruim assim, apesar de não ser nada brilhante. Conquistei cinco vitórias em nove lutas. Minha honra continuou intacta. Além do mais, problemas de saúde fazem da minha falta de vocação uma necessidade.

No fim do ano letivo do Colégio Pascal, eu já tinha aperfeiçoado meus mergulhos no gol, que era meu reino, e o médico diagnostica uma fraqueza nos meus pulmões, uma infecção primária. Com algo parecido com tuberculose não se brinca: corro o risco de ser condenado a respirar ruidosamente. A ter, pelo resto da vida, pulmões que faziam "ahãn" como os de Marius, personagem-título da peça que deu origem aos filmes da *Trilogia marselhesa* de Marcel Pagnol.

De acordo com os médicos, não há outro remédio para esse mal – que tanto preocupa meus pais – a não ser o ar puro, a montanha mágica. Assim que possível, eles me tiram de Paris, da sua atmosfera carregada demais para meus pobres alvéolos, e me mandam para Allanche, no departamento de Cantal.

Apesar de ter ficado com medo de morrer de tédio sem meu futebol, meu boxe e meus amigos, me aclimato muito bem àquela existência pacífica nas alturas, e não sinto falta do meu cotidiano urbano nem por um segundo. Naquelas pastagens verdejantes, ninguém exige grandes coisas de mim além de tomar conta das ovelhas, meio sonhando. Ou melhor: de sonhar enquanto tomo conta das ovelhas. No restante do tempo, levo uma vida social das mais intensas.

Logo me enturmo com os jovens do pedaço. Eles são simpáticos, gostam de esportes, estão dispostos a correr de bicicleta e aprontar. Inventamos, por exemplo, o Tour dos Vilarejos da Região e, apesar de não termos a mesma plateia louca dos ciclistas oficiais do Tour de France, temos a mesma coragem para desbravar as subidas um tanto íngremes do relevo montanhoso.

Quando estamos cansados demais para medir o tempo no cronômetro, vamos para as quermesses do vilarejo, onde sempre encontramos uma bela jovem local, rosada e saudável, para paquerar. Ou então um concurso de anunciante de feira que eu bem que posso ganhar, animado pela minha experiência em Piriac.

Resumindo, tudo é bom no Cantal.

Um verdadeiro paraíso para um garoto como eu, que me sinto oprimido pela estreiteza das salas de aula e não paro de receber a crítica de que "tem energia demais".

Nas montanhas, fico o tempo todo ao ar livre, sem supervisão, quase a deus-dará, livre para ocupar meu tempo como quiser. Com a bicicleta, no início, e com a filha do chefe da estação, um tempo depois da minha chegada. Lembro que ela era cheinha, e que nosso primeiro beijo foi agradável. Mas, do nome, confesso que esqueci.

Passo dias formidáveis, divididos entre descansar à sombra de árvores frondosas com minhas amigas mamíferas e seus guardiões e a construção de cabanas de madeira, que me dão a sensação de ser um aventureiro perdido em uma ilha deserta.

Frequento a casa dos camponeses dos vilarejos do entorno, que estão sempre dispostos em seu horário de lazer a disputar uma partida de *bagatelle*, parente do bilhar, mas cujas características são uma mistura de traços mais discutíveis, como a avareza, uma maldosa falta de sensibilidade e a fofoca. Suas maneiras são daquele tipo de defeito curioso, do qual eu jamais me canso, comparando-os com as pessoas da cidade. Têm uma hipocrisia franca e uma grosseria distinta.

Convivendo com eles, acabo por amá-los, com conhecimento de causa, pelo que são. Há coisas que não suportamos em certas pessoas, mas toleramos e até gostamos em outras. Um morador da cidade desconfiado assim, como é, culturalmente, um viticultor da Borgonha, mereceria que lhe quebrassem a cara. As virtudes e os vícios são bem relativos!

E fico tão entusiasmado com aquela nova paisagem – que se estende a perder de vista – e com as minhas várias atividades rurais que começo a me ver morando lá.

★

Durante toda a minha vida, tive uma bipolaridade não patológica que me fazia desejar, ao mesmo tempo, dois modos de existência completamente opostos.

Um primeiro instinto me instiga a levar uma vida de esbórnia, a queimar minhas forças como se fossem um cigarro, a abalar as estruturas, incluindo os horários, trocar o dia pela noite, a consumir coisas e acabar com garrafas e mais garrafas de uísque, multiplicar os golpes, levar a velocidade ao seu limite máximo, fazer jogos perigosos com o dinheiro, o amor e o ócio. Por esse lado, sou filho de Saint-Germain-des-Prés, da sua época de ouro, do pós-guerra, do seu Café de Flore, antes de murchar, e do Les Deux Magots, que ainda é repleto de figuras raras e de surpresas.

Por outro lado, sonho com a tranquilidade sob um céu límpido, em me afastar do mundo e do asfalto para me espreguiçar ao lado de meia dúzia de vacas. A companhia da minha família basta para a minha felicidade, e a simplicidade calorosa das cabanas de madeira me convém muito mais do que a pretensão dos palácios. Deixar passar os dias me parece ser uma ocupação ideal, porque é essencial.

★

Minha temporada em Allanche vem ao encontro dessa minha metade que deseja calma e sensatez. Como tenho um desprezo brincalhão pelo meio-termo, chego até a escrever uma carta inflamada para os meus pais, declarando que o meu lugar era ao lado das ovelhas e que tenho planos de me tornar pastor.

Evidentemente, depois de expressar meu desejo, não deixo de terminar a carta pedindo um pequeno favor: "me adiantem um dinheiro, vou comprar uma fazenda e um pouco de gado. Encontrei meu caminho: vou me tornar camponês".

Hoje, fico imaginando a coitada da minha mãe, horrorizada só de pensar que meu restabelecimento físico custou minha saúde mental, e lembro das suas respostas, doces e hábeis, com as quais ela esperava me fazer descer dos pastos da montanha e ir para terra firme.

Por fim, ela acabou vencendo.

Os concursos de feirante e as gargalhadas dos meus camaradas me fizeram lembrar do prazer incomensurável que eu tinha sempre que apresentava um espetáculo. E o silêncio dos cumes das montanhas conseguiu fazer vir à tona meu mais antigo desejo, torná-lo consciente. Então, contra todas as expectativas, meus planos mudaram brutalmente.

Um belo dia, pego um trem para Paris, a fim de resolver alguns assuntos, organizar minha mudança e dar adeus aos meus amigos. Espero, sinceramente, ficar apenas alguns dias, só o necessário para a logística da minha migração e para as cortesias de despedida. Mas, quando chego à estação, meu pai está me esperando. Com seu grande sorriso, fica escutando eu descrever os atrativos da montanha, se mostrando muito receptivo aos argumentos que apresento – para persuadir a mim mesmo. Depois de alguns instantes, quando já estamos na saída da estação, ele me faz uma pergunta sintética, reduzida ao mínimo: "O que você quer fazer, exatamente?". Mas, em seguida, dá respostas possíveis, formuladas como perguntas: "Quer ver as papoulas florescerem, como escreveu na carta? Quer ser piloto de prova para só saciar seu desejo pelo risco e pelos espaços abertos? Quer passar nas provas do colégio e viver do seguro social?".

Não lembro das outras perspectivas incongruentes que meu pai teve a astúcia de me propor naquele dia, mas sei que a estratégia do "predefinido" tornou claro para mim o caráter inadequado da minha ambição. De repente, como São Paulo sendo convertido no caminho de Damasco, percebo o quanto estou errado: minha decisão estava lá, era antiga e, por isso mesmo, completamente nova e bela, evidente. Respondi: "Papai, quero ser ator de teatro".

No fundo, é bem isso que quero, desde que tinha cinco anos. Nunca tinha pensado em fazer outra coisa. Mas, às vezes, quando uma vocação se manifesta cedo demais, parece quase suspeita e precisa de um tempo para ser respeitada. Ser ator era uma segunda natureza para mim. Nunca precisei me esforçar de verdade para fazer palhaçada, para assumir personagens inventados, para suscitar reações naqueles que eu escolhia para desempenharem o papel de espectador. Eu me tornava, em um piscar de olhos, o jovem inglês, um vendedor de cuecas, um pastor, me adaptava a todas as formas que se apresentavam para mim, estava determinado a representar, a começar seriamente a tomar posse da minha própria vida.

Não havia outro meio de continuar sendo criança, de privilegiar a diversão sem ser condenado a passar um tempo no hospital psiquiátrico Sainte-Anne, à margem da sociedade das pessoas normais. Estava fora de questão fazer parte desse grupo majoritário, aceitar ser adulto e um chato de galocha.

Meu pai não perdeu o sorriso, como era de se esperar. Objetivamente, não era mais excêntrico querer ser saltimbanco do que pastor de ovelhas. Nenhuma dessas duas profissões gozava de boa reputação entre pais que se preocupam com a estabilidade e as garantias de sucesso social dos filhos.

Papai não assumiu aquela expressão de catástrofe que teria desfigurado qualquer outro pai que escutasse seu filho gritar, com uma entonação quase mística: "Quero ser ator de teatro". Contentou-se com algumas frases curtas, benevolentes e até encorajadoras: "Muito bem. Não quero contrariar seus desejos. Acho que você deve ser perspicaz o bastante para vislumbrar as dificuldades que encontrará. Tente a sorte...".

6

Uma profissão de verdade

Zero. A palavra se abateu sobre mim com um poder que jamais tivera. Quantas vezes eu já não a tinha ouvido ou lido nos meus boletins escolares? Só em educação física eu conseguia escapar dessa nota. Mas, até então, eu não tinha o que fazer, para dizer de um modo educado. Eu não tinha nenhuma pretensão, me habituei e me tornei completamente insensível às opiniões e rótulos que me conferiam o estigma de burro, inapto à vida escolar, de aluno agitado, perturbador e perturbado.

O descontentamento, a decepção e todos os sentimentos desagradáveis que eu parecia suscitar nas pessoas que tentavam me enquadrar não me incomodavam. Pelo contrário: me deixavam tão frio quanto um peixe congelado. Melhor ainda: eu achava graça. Eu brincava de bancar o palhaço, de irritar os adultos que tentavam me dominar por meio de avaliações, de manipular com astúcia aqueles que tentavam me controlar.

Desde a época em que eu ia de calças curtas para o Colégio Pascal, meu pai não se abatia com os comentários pejorativos que os professores faziam sobre a minha pessoa, mas quis verificar que eu não era o burro incorrigível, levemente débil, que eles julgavam. Ele cedeu à tentação de me fazer passar por um daqueles famosos testes de Q.I. que já causavam furor naquela época. Um amigo engenheiro ficou responsável pela minha avaliação. Coitado. Nunca tinha visto uma coisa daquelas.

O exercício consistia em uma bateria de perguntas cujas respostas supostamente deveriam revelar meu perfil psicológico, minha inteligência e as orientações mais convenientes para mim. Mas eu não tinha a menor intenção de me submeter a esse tipo de circo. Tanto que não dou nenhum crédito a esse tipo de análise psicológica. Os princípios simbólicos são tão rudimentares que chegam a ser ridículos: o desenho de uma casa com muitas janelas e um grande céu azul garante que o indivíduo em questão é idealista, ambicioso, bem estruturado e, por conseguinte, tem todas as chances de ter sucesso na vida. Agora, um desenho de uma casa com grades ou parecida com uma toca é sinal de que o indivíduo é perigoso, negativo, nefasto, e que é melhor impedir que ele cause algum estrago imediatamente.

É claro que, naturalmente, fui obrigado a me fazer de bobo. Eu me esforcei ao máximo para ultrapassar os limites, para satisfazer a curiosidade do engenheiro com um monte de bobagens criativas. O sujeito ficou aflito e, quando revelou o resultado para o meu pai, disse que, se eu não fosse filho dele, teria me enviado à força para ser internado no hospital psiquiátrico mais próximo. Não havia como fugir do diagnóstico: eu era louco e tinha uma grave deficiência intelectual. Era um caso a ser estudado. Um semimonstro que deveria usar camisa de força.

Meu pai entendeu que eu tinha feito tudo na brincadeira para que me deixassem em paz, para que não tentassem, sobretudo, me conter, me delimitar. E viu, na minha estratégia, uma prova da minha habilidade de representar papéis cômicos.

Mas aquilo era diferente. Não recebi aquele zero por vontade própria. Esperava o contrário. E até me esforcei para não chegar a esse veredito terrível. Quatro dias e quatro noites.

A perspectiva de ter como único jurado um gigante do teatro como André Brunot, um monumento quadragenário, ex-decano da Comédie-Française, que dividia com Pierre Brasseur o cartaz de *O corcunda* no teatro de l'Odéon e tinha interpretado um grande Cyrano de Bergerac, me deixava completamente apavorado.

Então, quando chegou a hora de me dirigir ao apartamento daquele grande homem, eu não queria mais ir. Foi preciso que meus pais implorassem para que eu conseguisse vencer o medo. Uma vez lá, André Brunot não estava disponível, e a espera fez minha angústia correr solta. Quando fiquei diante dele, estava mais constrangido do que se tivessem me pegado nu e bêbado, prestes a abraçar o penico. Como o velho era humano, afável e gentil, me incentivou a começar logo: "Ande, menino. Estou escutando". E, com isso, meu medo se evaporou. Infelizmente. Teria sido melhor que eu continuasse amedrontado. Teria evitado a armadilha do exagero.

Não durou muito. Só consegui dizer o começo da fábula de La Fontaine que ele havia me pedido para decorar. Mas declamei os primeiros versos de *O sapateiro e o banqueiro* do fundo do meu coração, com desenvoltura e grandiloquência. Fiquei impressionado comigo mesmo. Quando Brunot me pediu para parar, pensei que tinha sido porque o mestre já tinha visto o suficiente para me declarar apto a ser ator. Fiquei esperando os elogios, que recebi como uma correção vinda de uma congregação inteira de jesuítas. Ele começou por dizer: "Zero". Depois entrou em detalhes e falou que eu tinha massacrado a fábula e me implorou para escolher outro destino que não os palcos. Expedições polares ou a indústria privada, por exemplo. E acrescentou que eu era, inclusive, excepcionalmente ruim, de uma nulidade poderosa.

O pior é que o homem era famoso por sua clemência, doçura e gentileza. Além disso, por ser amigo do meu pai, tinha uma certa predisposição para me dar uma boa nota. O que significava que eu devia ter ultrapassado a barreira do som da incompetência para ele ter insistido tão intensamente.

Depois da audição, chego em casa bem abatido. Meus pais me esperam. Eles já sabem – porque André Brunot tinha telefonado para eles – que fracassei terrivelmente no teste. O grande ator tinha, em termos bem claros, sublinhado minha total incompatibilidade com o caminho que havia escolhido para mim: "Convençam o filho de vocês de que ele está enganado. O rapaz me parece ter mais vocação para um trabalho manual".

E essa segunda frase ainda tirava a credibilidade da primeira, já que eu nunca consegui martelar um prego sem machucar a mão. A vergonha e a tristeza de ter sido reprovado acaba fazendo eu me trancar no quarto, onde passo a noite chorando com todas as minhas forças.

Na manhã seguinte, ao me ver de rosto inchado por aquela insônia tão dolorosa, mamãe sugere uma solução: "Força de vontade, meu filho. Você quer fazer isso, não quer? Ser ator? Então, pronto, você vai conseguir. Vai ser ator, você vai ver só".

E meu pai acredita, muito racionalmente, que meu sofrimento é saudável, que é prova da firmeza do meu desejo de ser ator. Minhas lágrimas, de acordo com ele, são um bom sinal do futuro.

E, de fato, não aceito a sentença do cavalheiro. Fiquei paralisado, sim, mas porque aquela fábula não era adequada para mim. É só me dar outra coisa para recitar que eles vão ver só. Posso recitar até as fábulas menos agradáveis de La Fontaine de uma tacada só, se me esforçar um pouco.

Decoro quarenta. As menos divertidas e as mais difíceis. Daquelas complicadas de apresentar lendo, das que não são fluidas.

E adiciono às obras do moralista três dos seis atos de *O filhote de águia*, de Edmond Rostand, que aprecio pelos toques de bravura.

Durante três meses, estudo até rachar o coco, fortalecendo a minha memória, repetindo a entonação de cada palavra, até sentir que estou preparado.

Enquanto isso, tocado pelo meu sofrimento, meu pai se informa a respeito das escolas de teatro. Ficou sabendo, por um amigo maestro, que o curso dado por Raymond Girard gozava de melhor reputação do que o de André Brunot, além de ter a vantagem de ficar mais perto da nossa casa, em Montparnasse. Duas boas razões para eu resolver tentar a sorte lá.

A experiência com Brunot tinha sido, ao mesmo tempo, um balde de água fria e me deixado escaldado, e chego ao número 26 da rua Vavin com a determinação de um homem em liberdade condicional. Escolhi uma passagem de *El Cid*, convencido de que minhas chances serão maiores com um belo texto clássico. Interpreto Don Diego, a personagem mais velha da peça de Corneille, diante de um Girard estoico. E, assim que termino de recitar, ouço o ator dizer um "aprovado", que apaga o "zero".

Na verdade, Girard me confessaria, alguns anos mais tarde, que teve de se segurar para não rir loucamente ao me ver, com total falta de jeito, recitar alexandrinos com expressões trágicas e inflexões líricas. Mas, como não quis, já de saída, contrariar minha vontade de interpretar pessoas que vão morrer de qualquer modo, pediu que eu decorasse *Fedra*, de Racine.

Fico tão feliz por ter sido admitido no curso de Raymond Girard que mergulho de cabeça na obra imediatamente. Eu me apaixono pelo texto, que gravo na memória e nos gestos, me preparando para impressionar o professor e os outros alunos, que ensaiavam desde o começo do ano. Eu ia quebrar a banca com *Fedra*.

Subo no palco certo de que arrancarei lágrimas, mas é riso que recebo. Desde os primeiros versos, ouço as gargalhadas na sala e vejo um sorriso se esboçar no rosto de Raymond Girard. Pateta que sou, não posso querer suscitar outras reações além das que aqueles alunos têm: choro, ataque cardíaco, crise de epilepsia, desmaio, tremor de risos, cólera histérica, coma etílico...

Então, já que estão achando graça, é melhor continuar. E é assim que acabo fazendo uma caricatura do meu personagem trágico, levando-o para o lado cômico ao exagerar meus movimentos, esticar os silêncios, usar onomatopeias, imitando de longe meus mestres Jules Berry e Michael Simon. Fico extasiado ao ouvir a sala se manifestando, querendo que a apresentação se prolongue. Mas é melhor que o próprio Racine determine o fim de suas cenas. Raymond Girard me cumprimenta, afirmando que tenho um evidente talento cômico, que nasci para isso.

Enfim alguém me compreende. Ele não fala como se considerasse a comédia uma categoria inferior à tragédia, para a qual o mito conduz todos os ambiciosos aspirantes a atores. Então, pela primeira vez em toda a minha vida de aluno, sou receptivo a algum ensinamento: vejo nele incontáveis riquezas, deixo de ser tão esquentado, de brigar por qualquer coisa. Meu bom relacionamento com a autoridade, encarnada por Raymond Girard, também é inédito. Seus conselhos me parecem criteriosos, sólidos e inteligentes. Ele me estimula com doçura e delicadeza e me transmite as bases da profissão, me ensina a declamar, a me posicionar no palco, a impostar a voz e a brincar com ela.

Acima de tudo, afirma que não sou aquele zero incurável, aquele jovem sem futuro. Viu minha energia, minha grande força de vontade, meu apreço imoderado pelos palcos. Quando debocha de mim, é de um modo benevolente e, quando me chama pelo apelido carinhoso de Ursinho de Pelúcia, não sinto a menor vergonha.

Girard não é do tipo que se zanga, sequer é capaz disso. E, quando aparece um motivo de descontentamento, se esforça para exprimi-lo com firmeza.

Quando, por minha causa, a maioria dos alunos aparece pálida em uma das aulas de domingo de manhã, ele tem dificuldade para me repreender de forma adequada na segunda-feira. Eu tinha organizado uma grande festa, louca e alcoolizada, no ateliê do meu pai, sábado à noite. A maior parte dos meus colegas da rua Vavin não perderia por nada neste mundo – nem mesmo por um domingo de manhã com Girard ou uma vaga no Conservatório ao final do curso.

A culpa pela bebedeira coletiva, naturalmente, me é imputada, assim como a metamorfose dos meus camaradas de apaixonados pela arte em trapos humanos. Sempre fico com orgulho desse tipo de façanha, que é tão divertida quanto receber uma boa reação da plateia. Sou jovem, e tenho uma arrogância e tanto.

Alguns de nós, no curso, somos assim: levamos muito a sério o desejo de mudar tudo, de deixar nossa marca. Sentamos às mesas da *brasserie* La Coupole por horas e horas, consumindo o mínimo possível, inventando um mundo onde já somos importantes, já somos famosos. Somos Charles Dullin ou um de seus companheiros do Cartel des Quatre: os diretores

Louis Jouvet, Gaston Baty e Georges Pitoëff. Somos artistas que brilharão infinitamente, que farão a diferença. Está escrito nas calçadas de Montparnasse, por onde perambulamos antes de chegar à rua Vavin, no final da tarde, para ouvir as receitas milagrosas de Girard para que nos tornemos os prodígios que entrarão direto no Conservatório.

Enquanto isso, meu pai me vê feliz, mas um tanto leve demais, porque não tenho bagagem nenhuma. Sem certificado de conclusão do secundário nem nenhum outro diploma que possa me salvar caso não tenha sucesso nessa profissão altamente aleatória de ator. As aulas de teatro me deixam com um tempo livre que, no meu caso, nunca dura muito, porque estou sempre ocupado tentando torná-lo agradável.

Para me livrar dessa grande criatividade que tenho na ocupação do meu tempo, papai arranja um emprego para mim, que qualquer imbecil pode fazer: sou encarregado de montar caixas em uma empresa de empacotamento na Place Clichy. Prometem que, se eu me esforçar, serei promovido. Não preciso dizer que fico tão comovido quanto um daqueles soldados da Legião Estrangeira que aparecem nos romances corteses. É claro que faço o pior que posso. Aumento a cota de perda de material de modo vertiginoso. E caro. O desperdício de caixas de papelão, por mais que eu me esforce para manter o ritmo, obriga a direção a me demitir ao fim de duas semanas.

Como de costume, meu pai tem o direito de ser avisado pelo chefe que fez o favor de me contratar. Pela enésima vez, alguém fica estarrecido com o altíssimo nível da minha inaptidão e inconveniência. O fato de eu não ser capaz de montar uma simples caixa com partes pré-cortadas prova, definitivamente, que "não sirvo para nada"!

Meu pai não acredita nisso, mas não insiste mais para eu apostar minhas fichas em outra coisa que não seja o teatro. De minha parte, não tenho alternativa a não ser alcançar o sucesso nesse íngreme caminho e tranquilizar meus pais, devolvendo-lhes a paz de espírito que, de tempos em tempos, meu percurso caótico rouba.

Emprego todo o meu talento para conseguir papéis em peças, para provar que meus pais não estão errados ao me deixar tão livre. Mesmo quando vou rápido demais e quase perco o equilíbrio.

E, com muito esforço e muitas audições, consigo, interpretando no teste *As artimanhas de Scapino*, de Molière, um belo papel em um espetáculo inspirado em *A bela adormecida: O príncipe encantado*. Não só conquisto o papel do personagem mais simpático da peça, como ainda sou remunerado por isso. Pela primeira vez, minha paixão dá lucro.

O mês de julho de 1950 é bastante animador, e me apresento em vários lugares parisienses que não são bem teatros, mas casas de repouso e hospitais. O episódio me incentiva a persistir enquanto trilho o caminho do ator-soldado. Marcho pela cansativa ronda de audições, pelas provas de paciência humilhantes que irritariam até um monge zen-budista, mas que sou obrigado aguentar para obter um pequeno papel em qualquer lugar, não importa onde.

Tenho, felizmente, muita motivação e energia para não me deixar abater pelas inúmeras recusas que recebo em comparação às aprovações. Perseverar é meu lema. Ter esperança, minha religião.

No verão seguinte, sou recompensado pelo meu esforço. Sou escolhido para participar de *Meu amigo ladrão*, uma comédia de André Haget. A peça fará uma turnê pelos Pirineus, o que me deixa muito feliz, já que eu tinha adorado minha estadia nas montanhas. E, para completar, descubro que um dos meus parceiros de cena é parecido comigo em todos os sentidos.

Não faz muito tempo que ele está em Paris. Vem da Argélia e trabalha no antigo Centro de Formação de Profissionais do Espetáculo, mais conhecido como Escola da Rua Blanche. Tem um ar de quem não quer levar nada muito a sério, e seu olhar fala, mesmo quando ele fica calado. Posso ler, no seu silêncio, o ator maquinando, planejando o próximo golpe. Guy Bedos, meu alter ego. Nós dois logo formamos uma turma completa, agitada, criativa e incontrolável.

Depois de alguns dias de *Meu amigo ladrão*, dou graças a deus por não ter ficado sem um companheiro nesses momentos de solidão abissal. Afinal, nos apresentamos em lugares que não têm muito a ver com teatro, alguns mais pitorescos do que outros, mas todos eles vazios. Pelo menos, nas noites em que subimos ao palco.

Singramos por bares sustentados por três frequentadores velhos, cansados, que reclamam entredentes, com a barba desbotada pela aguardente; por granjas sombrias e poeirentas onde nossos figurinos ficam cobertos de palha, e os sapatos, de esterco; ou em garagens onde os proprietários chegam para pegar o carro no meio da peça.

A turnê foi organizada para entreter as famílias francesas que gozam de férias remuneradas e escolheram passá-las nos Pirineus, para diminuir o tédio de sua existência estival, tentando aprender o ócio depois de ter suado como animais de carga o ano inteiro. Mas, quando se encontram diante de nós, por acaso, se revelam bastante fechados em relação à nossa história do ladrão, viram as costas sem sequer disfarçar, e até levantam para se afastar de nós, porque atrapalhamos suas conversas com nossas vozes de atores parisienses. Melhor ainda: lançam projéteis, tipo aviões de papel. Cada noite é um glorioso desastre (que tentamos esquecer mergulhando em uma profunda bebedeira).

Certa noite, chegamos ao fundo do poço da desgraça dos atores. Não sei qual foi a bebida alcoólica local que o ator principal experimentou, mas ele troca o primeiro pelo último ato, sacrificando o primeiro e reduzindo a peça a cinzas, tornando-a completamente incompreensível para nosso público careca. O pano desce quinze minutos depois de começarmos a apresentação, e os espectadores reagem muito mal às nossas ações, que se tornam obscuras pela amputação da cena inicial e das peripécias.

O volume dos assovio, dos "uuuuuuh" e a crescente densidade do espaço aéreo, atravessado por inúmeros objetos – mais ou menos cortantes –, nos fazem temer um apedrejamento coletivo. Não temos escolha: precisamos improvisar para não voltarmos todos machucados para Paris.

Saímos do espaço que fazia as vezes de coxia, voltamos para a frente do público e começamos a fazer palhaçada. Encarno espontaneamente um comediante famoso da época, Roger Nicolas, que apresentava esquetes muito divertidos e contava histórias que, invariavelmente, começavam com "escuta só, escuta só…", usava um chapéu e fazia caretas loucas, revirando os olhos.

Em alguns minutos, os espectadores, que estavam prestes a nos linchar, começam a rir ruidosamente. O espetáculo foi salvo. Meu cúmplice de palhaçada começa a fazer improvisações hilariantes, revelando a riqueza da sua imaginação desenfreada. O público fica satisfeito, se diverte.

Aproveitamos essa liberdade para nos exercitarmos no papel de bobo, fazendo *Meu amigo ladrão* ou interpretando, nas praças dos vilarejos, a famosa dupla Pierre Dac/Francis

Blanche em um dos mais famosos esquetes da comédia francesa, "Sar Rabindranath Duval", para quem perguntavam "O senhor sabe o que é?", e ele adivinhava tudo, não importava o quê. Apesar disso, ficamos frustrados de tanto vegetar em teatros de quinta categoria, e eu e Guy temos dificuldade para aguentar a vida de acampamento.

Todos os dias, depois do espetáculo, é preciso montar uma barraca no local. Como as doses que tomamos de álcool tanto nos alteram quanto desalteram, começamos a esquecer com frequência o nosso próprio nome e onde estávamos, e a caça às moças nos deixa exaustos.

Além disso, dormir sem colchão é um prazer que deixo de bom grado para os ascetas do mundo. Devo admitir que me sujeitar às tarefas coletivas contraria bastante a minha natureza que, ao ar livre, prefere correr solta.

Para completar, ficamos muito desapontados, eu e meu amigo, por não recebermos reconhecimento por nossas qualidades vocais, apesar de as termos colocado à prova nos terraços dos bistrôs, à noite, chumbados como os canhões alemães. Os indivíduos que poderiam se sentir lisonjeados por terem sido agraciados com tamanha beleza – e nos recompensado de alguma maneira – nos xingam e tentam nos expulsar de todos os modos possíveis.

Em um mês, nos apresentamos em um teatro de verdade uma única vez. Em Amélie-les-Bains. Ficamos a um só tempo felizes, por podermos levar aquilo a sério, e irritados. O flagrante contraste entre os tristes locais onde desperdiçamos nossa energia até então e aquele proscênio autêntico, com cortinas de veludo, coxias, frisas e ribaltas, nos abateu. Nessa noite, temos certeza do que faremos quando voltarmos a Paris: entraremos no Conservatório para que nossa carreira decole e jamais voltemos a lugares tão bucólicos quanto os que passamos naquela turnê pelos Pirineus. Aquele lugar de honra do teatro é o suprassumo do aprendizado, o caminho imperioso para passar pelas portas da Comédie-Française, santuário onde só entra quem é muito bom. E é isso que seremos. Ou faremos outra coisa da vida. Esse é o pacto. Com um aperto de mãos, prometemos que será "o Conservatório ou nada!".

Voltamos para Paris em um caminhão de farinha e corremos para nos inscrever na seleção que aconteceria no dia 15 de outubro. Fazia dois anos que Raymond Girard me preparava para isso – o objetivo mais ou menos implícito da maior parte dos cursos de teatro. Mas, até então, a necessidade de entrar no Conservatório não tinha aparecido de forma tão clara na minha mente.

Sei que é difícil passar nas provas, uma etapa após a outra, até chegar à última e ser escolhido entre os novecentos candidatos que se inscreveram em 1951. É exigido um texto clássico, e uma ou mais passagens interpretadas diante do júri podem ser interrompidas abruptamente pelo som de um sininho, que tem o mesmo significado daquele rufar de tambores antes de uma execução. O sistema, dado o nível da concorrência, é impiedoso.

Até que vou bem nas duas primeiras etapas. Mas, na terceira, mais rigorosa, que tem uma cena de *O avarento*, obtenho apenas sete votos, o mínimo necessário para continuar concorrendo. Mesmo assim, essa cena me abre as portas da quarta e última prova, aquela que me permitirá adentrar no santuário dos santuários, para a qual apresento duas cenas, uma que me foi imposta e outra que escolhi. Com uma interpretação de *As preciosas ridículas*, de Molière, e de *Retorno imprevisto*, de Jean-François Regnard, tento a sorte diante de catorze jurados e mais uns vinte candidatos sérios.

Fico por um fio: recebo seis votos contra oito, o que me coloca em pé de igualdade com outros sete atores. Eles nos propõem um tíquete de entrada de segunda categoria, a saber: assistir como ouvinte as aulas dadas no Conservatório, sem poder passar as cenas com os professores. Sou colocado – aleatoriamente, dizem – na turma de René Simon.

Não demora muito para eu me desencantar. O ator, belo como um deus, despreza a feiura, mais concretamente, a dos seus alunos, dos quais debocha um por um, fazendo o resto da turma de testemunha do seu humor sádico. Sendo assim, o efebo consagra as aulas a aperfeiçoar suas alfinetadas irônicas. Tenho direito, como todo mundo, a receber seu olhar cruel. Ao contrário dele, que é um verdadeiro dândi, não presto nenhuma atenção à minha aparência – que, neste momento, está mais para gato do mato, magro e ágil, com um nariz de boxeador, do que para jovem artista que quer ser admirado pelo maior número de pessoas possível. A saraivada de palavras amargas que o professor dispara contra mim tem uma motivação bem pouco nobre, já que ele não pode deixar de me esfolar por causa da minha aparência peculiar, sublinhando que ser ator com um nariz daqueles é inconcebível, e ri do meu jeito carrancudo, que lhe dá a impressão de que estou mais apto a desferir golpes de esquerda rápidos e eficazes do que a interpretar um texto de Pierre de Marivaux.

É óbvio que o professor mais desencoraja que estimula os pupilos, como se fosse o único capaz de justificar a profissão com seu imenso e incomparável talento. A profissão de ator, que fique claro. Porque, como professor, ele é tão execrável quanto eu em matéria de moda.

Após seis meses nesse ritmo infernal e contraproducente, resolvo mudar essa situação. Não posso mais ficar esperando sei lá o quê, já que receber um comentário positivo sobre minhas capacidades de ator não depende de mim. Decido afrontar o julgamento de René Simon, a pressionar o meu destino e chegar a algum lugar.

O professor do Conservatório não pode ser acusado de incoerência. Quando, enfim, pergunto o que ele pensa da minha vocação, Simon não demora nem cinco segundos para acabar comigo. Responde, exatamente (são palavras que não tenho como esquecer): "Querido, você não nasceu para essa profissão! Não posso fazer nada por você. Só terá uma chance aos cinquenta anos. Enquanto isso, aliste-se no Exército, como os outros da sua idade".

Confesso que tenho uma tendência a ser radical e impulsivo. Não a aprovo nem me queixo dela, o que explica o fato de eu dar ouvidos ao conselho repugnante do professor e me alistar no Exército, em um momento de loucura, para um período de três anos.

Basta eu ser aceito e enviado para o quartel de Dupleix para me arrepender do meu ato impensado. Tudo o que eu odiava na escola se impôs novamente sobre mim, vezes mil. Tenho de obedecer ordens, respeitar horários, estar impecável o tempo todo – coisas que, com a minha má vontade, sou incapaz de realizar. Devo ser o pior recruta da história do Exército Francês. Enlouqueço os sargentos mais indulgentes e dou mau exemplo. Com o tempo, à medida que vou tomando consciência, tenho dimensão da gravidade do meu erro, e o canto dos palcos chega aos meus ouvidos de Ulisses dos pobres.

Alguns dias depois, torna-se impossível não voltar ao Conservatório em paralelo aos meus dias na caserna. Não queria perder a oportunidade de participar da repescagem de janeiro, prevista para os alunos ouvintes, na qual fracasso de novo.

O desespero me espreita, já que não convenço a banca a me dar uma vaga definitiva e estou condenado vestir aquele uniforme azul. É aí que uma proposta cai do céu, graças à amizade com Henri Poirier, um dos amigos que dividem comigo aquele apartamento do segundo andar.

Ele conseguiu um papel em uma peça em cartaz no Caveau de la Huchette, um teatro de bolso para oitenta espectadores em Saint-Germain-des-Prés, por intermédio de Jean-Pierre Mocky, outro aluno do Conservatório. A peça em questão, de Cyril Tourneur, se intitula *Glorianna será vingada*, uma paródia do teatro de costumes. Paródia que começa pelo meu figurino, confeccionado com sobras do guarda-roupa, ou seja: uma sainha e um capacete de soldado que fica muito grande na minha cabeça, mais parecendo um quepe.

Meus adereços ridículos suscitam risadas do público toda vez que entro em cena. Interpreto um soldado que fala pouco no começo da peça e nada no final, porque morre caído em um monte de cadáveres que, como ele, estão de capacete. De qualquer modo, todo mundo morre na peça, menos Jean-Pierre Mocky.

Apesar do renome do teatro em que montamos a tal *Glorianna*, a peça não atrai muita gente. Há noites em que tem mais pessoas em cima do palco – dezoito – do que na plateia. Um espectador sentado em uma das primeiras filas chega a fazer o desaforo de ler jornal durante as duas horas da peça.

Mesmo com esse sucesso um tanto relativo, fico muito feliz por participar da peça, por me divertir nos bastidores e reencontrar o prazer carnal do teatro.

Glorianna sai de cartaz rapidamente, e volto para as instalações do quartel – intimidado pelos oficiais, que me fazem raspar o chão com um caco de vidro minúsculo – e para a minha melancolia de soldado. Um dos meus superiores não vai nem um pouco com a minha cara e pega no meu pé desde o instante em que cheguei. Fica irritado com a minha desenvoltura, com o meu "lado artístico", e me faz pagar caro por isso.

Certa noite, estou de guarda na guarita e pego no sono, cansado de tanto que me sobrecarregam com tarefas ingratas. É claro que, como um cachorro que não larga o osso, ele fica me vigiando, vendo se cumpro direito a minha missão. Quando me vê com a cabeça baixa, o fuzil a meio mastro entre as pernas, tem um reflexo de espírito de porco: levanta a arma de chofre, que bate violentamente no meu nariz. Quase desmaio com o choque. Sinto que meu septo nasal foi golpeado com tanta força que não pode ter saído ileso. Eu me queixo, mas meu carrasco me toma por mitômano profissional e faz questão de me proibir de ir à enfermaria para receber os cuidados médicos de que preciso.

Mais uma vez, é graças à intervenção de um camarada que tem contatos no Estado Maior que consigo ver um médico, que determina minha internação imediata em Val-de-Grâce. Mas, por um golpe de sorte que me fará rir muito alguns anos depois, a ambulância que me leva ao hospital militar pega fogo no meio do caminho. Sou colocado na calçada, e minha maca fica rodeada por curiosos horrorizados e chocados, achando que meu nariz sangra por causa do acidente.

No hospital, meu estado se agrava por causa de uma infecção provocada pelas gazes que os cirurgiões enfiaram no meu nariz para que ele voltasse ao devido lugar. E a proximidade com soldados feridos na guerra da Indochina, que gritam por terem perdido uma perna e agonizam diante dos meus olhos, chamando a mãe, o pai, Deus – mesmo quando não têm um –, não ajuda em nada a restabelecer meu moral.

Por mais chateado que eu esteja por ficar preso no Val--de-Grâce, não gosto nem um pouco da ideia de voltar a vestir a farda no quartel de Dupleix. Então dou um jeito de exigir do Exército uma aposentadoria por invalidez. Eu me torno terrivelmente inconveniente – a ponto de eles fazerem qualquer coisa para se livrar de mim. Depois de meu nariz ter sido examinado por uma junta de médicos militares, sou encaminhado para doutores civis.

E, como sofri um ano de torturas na infantaria, que é a duração oficial do serviço militar, consigo escapar, enfim, do inferno do Exército. Fico livre para tentar, pela terceira vez, a maldita seleção para o Conservatório.

Dessa vez, passo com folga: obtenho dez dos quinze votos e fico em quarto lugar. Eu me sinto aliviado e satisfeito por poder dar uma garantia para os meus pais, um sinal concreto de que não errei ao optar pela arte dramática, de que não vou acabar debaixo da ponte, enchendo a cara de vinho barato.

No começo de 1952, conheço dois indivíduos dos quais jamais me separarei, até o primeiro morrer. Um se chama Michel Beaune, um sujeito jovial que, como eu, pode se vangloriar de ter uma cara esquisita, inquietante a ponto de lhe render papéis de indivíduos estranhos, duvidosos, ou melhor: enigmáticos. E Jean-Pierre Marielle, a quem um amigo já tinha me apresentado e que, de cara, acho muito antipático, todo arrumadinho, em um estilo sofisticado demais, a exemplo dos personagens de literatura *noir* que lê.

Em todo o Conservatório, são quase cem alunos, divididos em seis turmas que misturam integrantes do primeiro, do segundo e do terceiro anos. Quase todos os professores pedem para ser chamados de "mestre", em razão do seu precioso saber e comprovada experiência. Exceto o imbecil do Apolo de opereta megalomaníaco, René Simon, que exige ser chamado de "chefe".

No geral, os docentes têm cabelos grisalhos ou brancos e baseiam sua autoridade na maturidade – avançada demais para continuarem sendo sábios e sensatos. O último a ser entronizado entre os mestres encanecidos é Pierre Dux que, aos 44 anos, ainda não chegou à terceira idade para ter direito a gozar de seus privilégios. Os professores podem escolher os recém-chegados que frequentarão suas aulas; os mais enrugados têm preferência e selecionam primeiro. Apesar de eu ter ido bem no teste – minha chave para adentrar aquelas paredes fantasmagóricas –, nenhum dos honoráveis velhos me quer. Só sobrou o júnior, Pierre Dux, para me ensinar. Eles precisam me pôr em algum lugar, já que estou lá. Ele não parece ter nada contra mim, mas tampouco a favor. Sinto que ele fica quase ofendido por ter de me receber sem ter me escolhido.

Já de início, as coisas não vão muito bem entre mim e o professor. Talvez porque ele me veja em papéis cômicos de criado, sua especialidade, pois ele muito vestiu esse figurino nas peças de Marivaux.

Além disso, minha aparente descontração, meu jeito de diletante e meu único suéter de gola alta verde irritam seu profundo rigor. Então, ele decide que só vou interpretar criados. Coisa que, é óbvio, me cansa depois de um tempo, pois estou louco para expandir meu repertório e fazer tragédias ou dramas românticos. Eu adoraria tentar interpretar personagens de Alfred de Musset, como o heroico Lorenzaccio ou o apaixonado Perdican.

Em outras turmas, os camaradas essenciais, membros da tribo dos atores versados na arte do escárnio e da piada que se fundem, sofrem o mesmo tipo de discriminação, acostumados a serem julgados pela cara que têm. Jean Rochefort está sempre de chapéu pontudo, escondido por uma longa túnica negra, encarnando os médicos de Molière. Para o coitado do Jean-Pierre Marielle sobra sistematicamente o personagem do velho barbudo. E Claude Rich interpreta o que o mestre interpretava: os criados de Marivaux.

E eu me acostumo ao papel de bobo da corte. Temos, além das aulas de teatro, um curso de literatura dado por um professor que não aprecia nem um pouco meu gosto literário. Ele questiona um por um a respeito das obras cuja leitura havia recomendado. Quando chega a minha vez, a conversa é curta e grossa:

– Então, sr. Belmondo, conte para nós sobre o que anda lendo.

– Sobre esportes no *L'Équipe*.

Nas aulas de Dux, coexistem em paralelo duas classes de jovens atores: os que são dignos de interesse e detêm o privilégio de chamar a atenção e receber conselhos detalhados do mestre; e os outros, os invisíveis, que, depois de dar tudo de si em cima do palco, são dispensados de modo distraído, sem merecer um olhar sequer. E eu pertenço, é claro, à segunda categoria, a dos renegados que não têm escolha a não ser aprender sozinhos.

É difícil fazer progresso baseado em comentários pedagógicos como: "O que o senhor quer que eu lhe diga?" ou "O senhor errou quinze versos". Eu e meus companheiros decidimos, então, traçar nosso próprio caminho, prestando tanta atenção em Pierre Dux quanto ele presta em nós. E, se damos algum passo em falso, em uma maneira um tanto pós-moderna de declamar os clássicos, não é nossa culpa. Porque é exatamente isso que nos diverte: o exagero da paródia, a caricatura que desvirtua, tirar os textos do contexto.

Minha interação com Pierre Dux é completamente insignificante e neutra até o momento em que ele profere a famosa previsão errada a respeito das mulheres que eu jamais poderei ter nos braços, dos papéis de jovem protagonista dos quais serei privado para sempre.

Quando ele diz aquilo, apesar das aventuras que me tranquilizam a respeito dos meus encantos viris, levanto a voz. O comentário dele, que me parece inconveniente e inapto para um professor, é como uma traição, um golpe baixo, abaixo da cintura ou por trás. Não o perdoarei jamais por ter se permitido dizer aquilo para bancar o inteligente na frente dos alunos ou por outro motivo, não sei. Pouco importa.

Dux passa a me odiar por um motivo muito mais simples: uma piada. Um dia, invento de convidar um mendigo para ir comigo a uma festa no Conservatório. Finjo que se trata do meu pai e faço questão de simular que estou um pouco envergonhado de mostrá-lo para todo mundo. Enrubescido, com um ar tímido, apresento o pobre sujeito ao distinto professor. Ele fica muito constrangido, pois se impressiona com a indigência do meu querido e coitado papai. Continuo no papel de filho corajoso até quase o final da festa, o que é bom para o meu pai adotivo, que fica quase tão alcoolizado quanto eu.

Quando Pierre Dux fica sabendo que eu tinha caçoado dele, declara guerra contra mim. Sem dúvida, o culpado foi ele, por ter feito aquilo e por não fazer nenhum esforço para me ensinar, já que estou longe de ser um dos seus favoritos.

O modo de funcionamento do Conservatório me dá a oportunidade, nesse primeiro ano, de conhecer não apenas os ensinamentos de Pierre Dux. Também passamos por outras mãos, como as de Jean Yonnel, com quem aprendo desde o início e muito me divirto. Contudo, esse homem de voz grave prefere a extrema seriedade do drama à superficialidade da comédia. Além de ser sombrio, é um tanto místico, acredita em espíritos e se comunica com os mortos. Por exemplo: certo dia conta, bem sério, que o fantasma do célebre ator dramático

Mounet-Sully, morto em 1916, foi elogiá-lo pelo desempenho em *Hamlet*. Acho tanta graça dessa história que resolvo lhe pregar uma peça.

Enquanto os outros alunos ensaiam suas cenas com Yonnel, me escondo na parte de cima do teatro. Uma vez lá, começo a fazer leves ruídos para chamar a atenção. De repente, ele fica inquieto e pergunta: "O que está acontecendo aí em cima?". Provavelmente, não deve estar esperando uma resposta, mas me ouve falar, com uma voz do além: "Sou eu, Mounet". Mas, para ter certeza, o professor insiste: "Quem?". E repito: "Mounet". Ele então me desafia a me revelar: "Apareça!". Para não ser desmascarado, tento argumentar: "Não posso, estou morto". E essa resposta produz um duplo efeito. A turma inteira começa a gargalhar loucamente, e o professor se dá conta de que o fantasma do seu ídolo e amigo imaginário sou eu, o besta do Belmondo.

Além das aulas de Yonnel, também aproveito, nesse ano, do saber de Henri Rollan, um técnico ímpar e um professor sensato, que nos ensina dicção sem severidade, com benevolência e bom humor. Apesar de ser um ator dramático famoso, é capaz de ser bobo, aprecia o que é fora do padrão ou chocante, e não é preso ao passado como seus pares, apegados a um classicismo empoeirado e tedioso. Seu truque, de que eu e meus jovens amigos gostamos muito – afinal, éramos jovens atores mas também jovens virgens do 16º *arrondissement* –, é declarar: "Trabalhem as consoantes bilabiais à luz de velas. Papai, pantalonas, pinheiro do papa". Choramos de tanto rir cada vez que ouvimos essa ordem.

E ele não apenas consegue ser hilariante, mas também sabe dizer as palavras certas, de forma brilhante. Quando lhe apresento minha versão de um personagem que, até hoje, é meu papel fetiche – e me arrependo por não o ter interpretado de verdade fora do Conservatório –, Scapino, o criado magnífico de Molière, Henri Rollan profere palavras surpreendentes e memoráveis: "Meu querido, eu pedi um Tintoretto, e você me fez um Picasso", ou "Tenho a impressão de que você está tocando um Stradivarius como se fosse uma sanfona". Ele gosta de mim e não faz nenhum comentário maldoso. Pelo contrário, elogia meu jeito natural de ser. Em vez dos "O que o senhor quer que eu lhe diga?" de Pierre Dux, recebo um "Escute, não tenho nada a dizer. Não quero destruir isso".

Assim como com Henri Rollan, a sorte continua a sorrir para mim. No terceiro ano, faço parte da turma geral, aquela na qual podem me compreender e me ajudar me desenvolver, com o professor mais extravagante do Conservatório – e o mais cativante também: Georges Le Roy. Antigo integrante fixo da Comédie-Française, autor de um manual de dicção, foi aluno de Mounet-Sully quando este ainda era vivo e de Sarah Bernhardt. Le Roy se destaca por seu gosto pela marginalidade, pela originalidade. E pede que o surpreendamos em vez de apresentar uma interpretação pré-fabricada e convencional de uma cena.

Nascemos para nos dar bem, já que o efeito surpresa é minha paixão. Chego a me surpreender até comigo mesmo, com o que estou prestes a fazer, de tanto que deixo o meu famoso e perigoso jeito natural correr solto. A liberdade não deixa ninguém indiferente. Meus primeiros professores me reprovaram. Os últimos – que serão os primeiros – elogiam. Quanto aos outros, os meus iguais, ou ficam excitados como se minha liberdade fosse um afrodisíaco ou a acham horripilante.

Le Roy vive de um modo bem instintivo. Em retrospecto, suspeito que ele seja um louco autêntico. É até capaz de ficar debaixo do Arco do Triunfo, com trajes de época, usando uma papada de renda além da sua natural, uma peruca empoada e finos sapatos pontudos de chintz verde-água. Quando a polícia chega e pergunta sua identidade, ele afirma, não sem certa ênfase: "Sou Le Roy!", fazendo um trocadilho com o próprio sobrenome e a palavra "rei". Essa excentricidade extrema torna-o comovente e faz com que ele tolere as insanidades dos outros. E, quando me entrego às minhas macaquices espetaculares, o professor não ralha comigo. Pelo contrário, racha o bico junto com os alunos.

Certa vez, apostei com Bruno Cremer, novo elemento que se juntara ao nosso grupo de abobados, que eu era capaz de saltar do segundo andar me segurando nas cortinas. Enquanto esperava o professor voltar ao teatro, quis provar para meu amigo que tinha dom para acrobacias e executei meu número – que eu teria concluído com dignidade se a cortina fosse firme ou tivesse sido consertada. Mas não era o caso. Assim que me agarrei nela, senti que se soltava lá de cima e caía lá embaixo. Fui com tudo pro chão, junto com toda a poeira que tinha se acumulado no veludo desde a época de Mounet-Sully no século XIX.

Quando Le Roy entrou, me viu sentado no chão e todo sujo. Por pura curiosidade, perguntou qual era o motivo daquela posição e daquela maquiagem tão incomuns. Respondi: "Mestre, fui abrir a cortina, e desabou tudo!".

Uma vez, fui convidado, junto com Pierre Vernier, para estudar com Le Roy em sua casa de campo na cidade de Eygalières, no sul da França. Ele achou que estávamos um pouco distraídos e censurou nossa total falta de concentração. Para combater esse defeito, supondo que seja tão vergonhoso para os atores quanto para os cirurgiões, o professor encontrou um método especial: me levou até o jardim, me plantou diante de uma magnífica rosa vermelha bem aberta e disse: "Olhe para esta flor. E olhe bem. Não se mexa. Fique olhando assim por duas horas. Depois disso, estará concentrado". Não fiquei muito à vontade com esse procedimento porque, desde criança, sou incapaz de ficar imóvel por um minuto sequer. Meu lado contemplativo não se divertia tanto no campo quanto na montanha. Talvez faltasse àquele cenário rural a presença de uma vaca para dar à rosa um leve movimento. Talvez eu fosse impulsivo demais para passar duas horas fitando uma rosa.

A estadia na casa de Le Roy foi tudo, menos nutritiva. Apesar de ele não ser avarento em relação aos seus sensatos conselhos a respeito da arte da representação, regulava a comida. A frustração era a mesma a cada refeição. O professor ficava surpreso por não ter nada na despensa, nem sequer um ovo para nós três. Eu e meu amigo penávamos, morrendo de fome, e sabíamos que ela não seria aplacada nem no dia seguinte nem no próximo.

Gérard Philipe, que Le Roy treinava, costumava passar uns dias na casa. E, para se concentrar, se trancava no quarto. O professor, ao nos ver voltar esbaforidos, suados e excitados depois de uma boa pedalada, nos deixava de castigo, trancando-nos no quarto de Gérard. Dessa forma, seríamos obrigados a nos acalmar e nos concentrar. Porém, ele subestimou nossa revolta e nossas aptidões atléticas. Fugíamos pela janela e aproveitávamos para encher um pouco a pança negligenciada por nosso honrado mestre.

Ele devia estar convencido de que um bom ator é um ator faminto, ou de que devíamos treinar para a penúria da qual seríamos certamente vítimas, como todo artista de respeito.

No Conservatório, era tão difícil não ser um falido, porque era formalmente proibido exercer trabalho remunerado em outro local. Como essa instituição funcionava de um jeito soviético, todo contraventor ficava sujeito ao castigo de perder a bolsa de estudos. O olho de Moscou era uma velha ranzinza e antipática chamada srta. Suzanne, que tomava conta do dinheiro. Era impossível escapar da sua vigilância e do seu zelo que, infelizmente, engendraram sucessivas gerações de atores sem um tostão, que sonhavam em apunhalá-la coletivamente, como se ela fosse Júlio César. A srta. Suzanne era a alma penada do Conservatório.

7

Saint-Germain-da-Alegria

A vontade de bancar o palhaço já veio escrita no meu DNA, mas, em contato com fanfarrões como Marielle, Rochefort, Beaune, Vernier e Rich, ela se multiplica. E, no ritmo imposto pelo Conservatório, chego até a encontrar um horário diário consagrado à brincadeira: o almoço. Nosso restaurante universitário, bem incomum, é maravilhoso para isso.

Não compartilhamos as grandes mesas do refeitório com os residentes de medicina, caracterizados pelas piadas sujas, pelas bebedeiras e por pregar peças ousadas, mas com os jovens ratos da Opéra, de uma austeridade e sobriedade incorruptíveis. Alguém tinha que tomar para si a tarefa de não desperdiçar o vinho que ficava parado nas garrafas deles. E nos ocupamos disso de bom grado, tendo, como resultado lógico, uma taxa de embriaguez elevada, que faz nosso sangue e nossa fantasia ferverem. Chegamos até a passar um pouco do ponto, como se diz.

Não temos medo de ultrapassar os limites do bom senso ou da boa educação. Pelo contrário, nos excitamos com isso.

E, com a ajuda da rivalidade, mergulhamos na mais pura loucura com uma facilidade ímpar. Nos esforçamos para azeitar as engrenagens enferrujadas do Conservatório, sua turma de velhos e jovens envelhecidos. Mas seria uma pena não fazer os outros aproveitarem da nossa santa e alegre bagunça.

Naquela cantina de público heterogêneo, onde só temos tempo de nos alimentar entre duas piadas de estudantes psicopatas, não hesitamos, por exemplo, um dia em que bato boca com a moça do caixa, em virar nossos pratos cheios de lentilha em cima das notas e das moedas meticulosamente arrumadas dentro de sua gaveta.

Já estamos a meio caminho de construir nossa identidade, e a seriedade se degrada com uma velocidade perigosa. Começamos a escolher nossas brincadeiras em função do humor. Uma das diversões favoritas consiste, com Jean-Pierre Marielle e Bruno Cremer, em começar falsas brigas em plena rua para assustar os transeuntes. É Bruno que vem para cima de nós berrando: "Você roubou minha mulher, safado!", fazendo que vai me bater violentamente. Finjo que caio no chão e dou uma série de piruetas para levantar e atacar meu agressor, feito um leão viciado em anfetaminas. Os espectadores da rixa ficam paralisados diante de tanta selvageria e se juntam, inquietos, em volta daquele que interpreta o perdedor, o ferido caído no chão. Que, depois de alguns segundos, levanta de supetão, como um gênio saído da garrafa, e apavora o público, que sai correndo.

Um dos meus golpes fetiche, no caminho do refeitório da Opéra, é o do sapato. Vou andando com meus colegas pela calçada, e, de repente, atiro um dos meus mocassins no asfalto. As pessoas que estão atrás de mim – e que, convém admitir, são em geral muito boas fazendo o papel do ingênuo em nossos esquetes – não deixam de me avisar que eu o havia perdido, porém respondo com um inesperado: "Mas ele não é meu!". Então insistem, gentilmente, com uma benevolência maternal: "Mas o senhor percebeu que só está com um pé de sapato?". O diálogo chega ao fim quando declaro, com firmeza: "E daí? Eu gosto de andar assim!".

Além do papel de palerma do pé descalço, eu me aperfeiçoo no de débil. Para fazer meus camaradas darem risada, sigo as pegadas do meu ídolo, Michel Simon. Enfio a boina na altura dos olhos, fico com a boca aberta e caminho com os pés para dentro, parando na frente das bancas de jornal com ar aparvalhado. A vendedora acaba me perguntando, com pena: "O que você quer, querido?". Então, reviro os olhos e respondo, com cara de pateta: "A senhora tem revistas pornográficas?". Aflita e chocada, a senhora me expulsa para bem longe daquela literatura proibida para os jovens retardados.

De vez em quando, Marielle me acompanha nesse delírio e banca o irmão mais velho, que cuida do mais novo desajustado. Ele anda pela rua de mão dada comigo, o que suscita o interesse de quem passa por nós, e me delicio ouvindo os comentários cheios de compaixão. As pessoas têm pena de mim, pobre criança, e do meu irmão mais velho, sacrificado no altar da minha deficiência. Quando olham com muita insistência, Jean-Pierre adora xingá-las. Fica bravo e grita: "Vocês gostam de ficar olhando para o meu irmãozinho doente?".

Muito constrangidas, as pessoas dizem que não, baixam os olhos e vão embora discretamente. O restante da nossa congregação de dementes assiste àquele circo de longe e racha o bico, pedindo mais. E então, atendendo aos pedidos, baixamos o nível, em direção à provocação. Jean-Pierre aborda senhorinhas e pede para elas cuidarem de mim enquanto ele compra alguma coisa. As infelizes não ousam dizer "não" para meu irmão mais velho, tão sacrificado, tão sobrecarregado pelo seu fardo. Assim que meu amigo some, sinto um prazer maligno de dizer, com uma voz baixinha no começo, que vai aumentando, até que todo mundo daquela rua e das outras em volta fica olhando para nós: "PIPIIII! PIPIIII!". E minha guardiã morre de vergonha.

    Sempre tento me superar, bater meus próprios recordes de confusão. Sempre adoto o personagem de retardado do vilarejo, acompanhado pelo irmão mais velho, que tem crises nervosas. Um dia, me dá vontade de entrar em um restaurante chique onde damas muito recatadas degustam pratos de chucrute, a especialidade da casa, ao som agudo de uma orquestra de violinos.
    Um gorila na frente das portas do café-concerto La Maxéville impede nossa passagem, irritando meu irmão mais velho, muito sensível em relação às questões de discriminação das pessoas diferentes como eu. Ele começa a repreender severamente o segurança, solto a mão dele e entro no restaurante, ou melhor, literalmente pulo lá para dentro. Finjo que estou tendo uma convulsão, debato os braços e as pernas para todos os lados e pulo bem na passagem dos pratos, das travessas e dos copos. Faço uma carnificina. Derrubo todas as mesas e detono fogos de artifício de chucrute que aterrissam nas mechas com permanente cheias de laquê das idosas e em suas estolas de raposa. A orquestra para de tocar. Só se ouve o tilintar dos talheres que dançam e o ruído seco das mesas que caem. Um exército de garçons tenta pôr as mãos em mim, mas, naquele jogo de encolhe-pula-atira-salta-esquiva, ganho de longe.
    Tenho a meu favor longos anos de experiência, um bom reflexo e a agilidade necessária para me livrar dos meus perseguidores. Enrolo um pouco, para que meu caçador tenha a ilusão de que vai me pegar, deixo que ele se aproxime de mim para me dissipar melhor no ar ou na água. Tento ser volátil. Por causa do desastre geral que acabei de causar, os garçons do

estabelecimento me caçam com raiva. Ficariam muito felizes se conseguissem me agarrar pelo colarinho, me dar um corretivo e me levar – de olho roxo, nariz inchado e aspecto lamentável – até o patrão, que está arruinado e é obrigado a se desmanchar em desculpas para os clientes, que fogem do cataclismo com as roupas cobertas de repolho, bem na hora em que saio do local do impasse e volto para o bulevar Poissonnière.

Ficam no meu encalço até a altura do Golf-Drouot, o templo do rock em Paris, onde viro de repente. Despisto meus perseguidores muito bem, ainda mais naquele bairro, que começo a conhecer como a palma da minha mão de tanto vagabundear por ali.

É minha zona preferida, onde vivo os melhores anos da minha vida, um período que é a minha *belle époque*. Sou leve como o ar e mergulho em uma imprudência e um otimismo inigualáveis. Estou rodeado de amigos devotos dos mesmos deuses da preguiça e do prazer, e meu único esforço é inventar novos modos de dar risada e causar confusão.

É a época de ouro das noites de amor e dos porões de Saint-Germain-des-Prés. A gente dança, grita de alegria, compensa os dias difíceis da guerra. Ninguém vai impedir nosso desejo de arder em todos os sentidos, nos nossos e nos dos outros.

Na imprensa séria, senhores honoráveis e doutos dissertam sobre essa juventude em perigo, sobre o perigo jovem, que levará a sociedade ao fundo do poço da confusão. Sempre há indivíduos para anunciar o fim da humanidade quando a humanidade já desistiu deles. Eu, de minha parte, prevejo o melhor, especialmente para nós, magníficos degenerados, inúteis e anarquistas. Somos belos, sim, isso eu afirmo. Porque somos felizes simplesmente por estarmos vivos, por podermos rir depois de vermos milhões de túmulos serem preenchidos.

Talvez sejamos um pouco devassos, é certo. É verdade que, aos dezesseis anos, as moças raramente são virgens. Mas, graças à experiência, se tornam esposas melhores, e já não se encontram mais rapazes que não sejam iniciados nos comentários mordazes. Somos recriminados por ter abandonado a leitura. Mas não temos a velhice toda para isso? Para que se isolar do mundo e fazer o corpo se abster de uma vida física intensa? Antes da velhice, não. Não mesmo.

Até quem tem somente a roupa do corpo se sente rico. Temos, na verdade, um capital inestimável: o tempo. E o gastamos alegremente, invadindo os terraços dos cafés, os porões onde se escuta jazz – o baterista Art Blakey, um dos inventores do be-bop, é nosso ídolo –, perambulando pelas calçadas parisienses do perímetro escolhido, que vai de Saint-Germain-des-Prés até Saint-Germain-des-Prés.

Ali, temos nossos pontos de peregrinação diária, onde com certeza encontramos amigos. E tais lugares não são escolhidos por acaso nem em função apenas da localização. Vamos onde podemos cruzar com reis ou príncipes.

Na Saint-Germain-des-Prés dos anos 1950, se reúne a nata do mundo da cultura. Boris Vian e os dramaturgos de vanguarda Arthur Adamov e Eugène Ionesco podem facilmente ser vistos nos cafés concorridos da época, como La Rose Rouge, La Coupole ou Les Deux-Magots. Gastamos nosso capital porque faltava dinheiro.

Dentro de nossos bolsos furados, não há nada, mas nada nos falta. Com determinação, conseguimos tudo o que precisamos. O leite, por exemplo, um alimento básico, sem o qual não podemos passar. Muito menos quando ele nos provoca, parado na frente de portas mais discretas, recém-entregue pelo leiteiro em seu caminhãozinho, como é o costume da época.

Certo dia, escolho uma porta ao acaso e fico esperando o leiteiro passar por ali todos os dias. É só ele pousar a garrafa no chão que me precipito discretamente sobre ela, como quem não quer nada, e me abaixo de leve. Como dá certo, continuo voltando. Os proprietários da minha mercadoria roubada poderiam, depois de alguns dias, se sentir perseguidos, prestar queixa. Ou ter uma certa curiosidade e tentar me pegar com a boca na botija.

Na verdade, esquecem de beber leite. E, no dia em que os vejo sair na hora marcada para pegar a garrafa, a deixam lá. E me deixam também, surpreso. Porque as vítimas do meu furto diário não são ninguém mais, ninguém menos, do que Simone de Beauvoir e Jean-Paul Sartre. Desisto de roubar o leite daquela porta.

Em Saint-Germain-des-Prés, reina uma espécie de impunidade estabelecida por mim. No Deux-Magots, quase todos os dias, exatamente às seis e meia, sento em uma mesa no terraço e tomo as primeiras doses, dando início à noite que se estende madrugada adentro.

Quando meus amigos não vão para lá, me dirijo ao Café Bonaparte, por causa do ambiente amigável e do caça-níqueis, que manejo com certa habilidade. Em qualquer um desses pontos de encontro fixo, nunca fico sozinho por muito tempo, sempre topo com amigos. Alguns também moram na nossa jurisdição festiva, têm até casa, ou melhor, a casa que meus pais fazem a inigualável bondade de me emprestar, conhecendo meu gosto imoderado pela sociabilidade; outros vivem perto, como Maria Pacôme, que mora na rua d'Alambert, ou Jean-Pierre Marielle, na rua Guénégaud. Com ele, atrasamos a hora de nos separar ou de dormir, uma necessidade que tenho cada vez menos vontade de satisfazer quando a noite chega. Depois de jantar em grupo nos restaurantezinhos gregos e ver um filme ou uma peça – ou rever, como *A regra do jogo*, de Jean Renoir, que adoramos –, perambulamos sem outro objetivo a não ser andar pela cidade conversando. Chegamos, assim, ao L'Échaudé, um bistrô que fervilha de artistas e é administrado por um sujeito incrível, Henri Leduc. E aí começamos nosso jogo. Proponho acompanhar Marielle até a rua Guénégaud. Mas, por pura cordialidade e amizade, ele se oferece para ir comigo até o Café de L'Odéon, passando pela rua Dauphine. Nesse momento, Jean-Pierre diz: "Bom, já que não estamos longe, vamos dar uma passada no La Coupole". E é claro que concordo.

Depois de mais uma ou duas doses, a necessidade de continuar na companhia um do outro cresce e vai até umas quatro da manhã. Submetemos a noite às nossas pulsões de vida, que nem sempre nos levam muito longe, apenas a horas felizes e à lembrança delas depois.

No entanto, nem sempre acontece de essa existência livre e efêmera ser tão inconsequente. No meio dessa vertigem de prazeres, em março de 1953, pouso os olhos em uma jovem e deslumbrante morena, de olhar cintilante e belas pernas de dançarina. E é por isso: ela faz parte de uma companhia de dança be-bop, a Latin Bop Stars, que alcançou um certo sucesso e faz turnês pelo exterior. Quando a conheço, ela se apresenta no Bilboquet, um cabaré na mesma rua Saint-Benoît por onde eu perambulo.

A dançarina amável tem um temperamento bastante alegre e um espírito bem aberto, a ponto de se misturar com um bando de notívagos depravados, chegando até a escolher o mais incontrolável deles, ou seja: eu mesmo. Ficamos amigos muito antes de ver as coisas por outros ângulos, mais doces. Por vingança, eu a rebatizo imediatamente, como se quisesse me apropriar dela. Seu nome era Renée, e eu a apelido de

Élodie, como a heroína da peça *O artilheiro ardente*, de Tristan Bernard, que muito me impressionou. Demoramos seis anos para nos casar, ou melhor, nos acalmar o suficiente para ter a capacidade de assumir responsabilidades. Principalmente eu. Tenho certos hábitos um tanto criminosos que não convêm nem um pouco ao status de marido aceitável. Cultivo o excesso, venero a noite e procuro a companhia de criaturas pouco respeitáveis.

Praticar boxe no Avia Club já tinha me feito mergulhar em um mundo no qual se trocava a boa educação e a reverência por um tom mais agressivo. Cheguei, por um reflexo de defesa, a quebrar o nariz do meu comparsa Charles Gérard, ao cumprimentá-lo. Então, não me preocupo com as regras dos pequenos burgueses e me sinto à vontade no meio dos vagabundos.

Ando na maior naturalidade com uma fauna que não tem as boas maneiras que as amas do palácio de Luxemburgo tentam inculcar nas crianças privilegiadas. Esse mundo, portanto, muito me atrai, e sinto necessidade de encontrá-lo regularmente. Fica nas academias de boxe do 9º e do 10º *arrondissement*, onde ocorrem as lutas, nas ruas do entorno ou ao lado da rua Saint-Denis. É povoado por batedores de carteira com sapatos de camurça, prontos para dar o golpe, por prostitutas bocudas, por grandes caminhões e carregadores corpulentos, por álcool inflamável e brigas que costumam ser breves mas violentas. Mergulho na região de Les Halles como se fosse uma piscina do submundo, onde sou, ao mesmo tempo, ator e espectador.

Figuras como a prostituta Frisette – que tem uma cicatriz em forma de cruz tatuada na testa pelo cafetão –, que encontro certas noites em um bistrô onde as batatas fritas e o uísque não são muito caros, se tornam atores quando o dia se descortina. A bebida, o cansaço, a escuridão que só é cortada pela luz pálida dos postes, testemunhas reunidas ao acaso, os libertam de seus trajes diurnos. Uma nova verdade, altamente verossímil, emerge delas e me fascina.

Ouço histórias improváveis, compartilho da sua mesa e dos seus momentos de bravura vã, quando tentam salvaguardar a honra morta há muito tempo, cujo cadáver flutua em alguma garrafa perdida. Por nada, por nada mesmo, a conversa pode sair dos eixos. Os punhos começam a se agitar, os copos voam, as mesas bailam, e os narizes sangram.

É um milagre sair de uma dessas brigas sem um olho roxo ou hematomas. É menos arriscado levar socos dentro do ringue do que nessas lutas brutais e sem regras que me fazem dar risada e parecem uma guerra de travesseiros entre jovens selvagens. Não sou dos menos fogosos: coloco em prática as aulas que fiz no Avia Club. E também distribuo uma série de golpes de esquerda encadeados com golpes de direita, mas o espaço limitado onde a confusão acontece me impede de me esquivar dos golpes com rolamentos ou outras proezas de ginasta. Fatalmente, acabo encurralado contra algum balcão ou parede em que outros caras estão prestes a se estapear. Aceito os golpes graciosamente. Saio dali com um charme a mais no meu nariz estragado, com o olho roxo – mas não a íris –, ou uma mancha azul-amarelada na bochecha.

Nessa época, faço parte do elenco de *A megera domada*, de Shakespeare, com Jean Marais, que me vê entrar em cena com o rosto destruído pelas batalhas da véspera e exclama: "Mas o que foi que você fez ontem à noite?".

Quando não mergulho sozinho nas águas revoltas da região de Les Halles, faço palhaçada em Saint-Germain com a turma do Conservatório: Jean Rochefort, Jean-Pierre Marielle, Bruno Cremer, Michel Beaune, Pierre Vernier, Henri-Jacques Huet, Henri Poirier, Claude Brasseur…

Adotei, com a ajuda de Hubert Deschamps, a alcunha ambiciosa de Pepel, vagabundo interpretado por Jean Gabin no filme O *submundo*, de Jean Renoir. E não posso ficar mais orgulhoso. Ser agraciado com outra alcunha além do meu nome de batismo é sinal da minha popularidade e das minhas aspirações. E não me incomoda nem um pouco receber o título do papel que Gabin teve num filme que considero uma obra-prima – muito pelo contrário.

Ao ser Pepel, antes de ser apelidado de Bebel, me inscrevo em uma galeria de personagens improváveis que se torna minha segunda família. O mais peludo deles se chama Bigode, uma figura excêntrica do bairro, dotado de pelos tão impressionantes que fazem jus ao apelido, baterista profissional e organizador de duas corridas de carro amadoras lendárias com o Star Racing Team. Ele brilha à noite no cabaré L'Alcazar de Paris ao lado do amigo Jean-Marie Rivière, e seu sarcasmo nos faz companhia nos terraços dos cafés que colonizamos. Chega até a fazer as vezes de trilha sonora dos meus encontros com minha doce Élodie. Em comum com a equipe que formo com meus amigos atores, ele tem o conhecimento dos limites, ou melhor: de como ultrapassá-los continuamente.

Mas o primeiro prêmio de louco furioso vai, incontestavelmente, para um gigante, ex-domador de feras e fisiculturista vencedor do honroso título de Monsieur France: Mario David. Ele tem ideias de anarquista psicopata e os meios físicos para colocá-las em prática. É capaz de deixar os parisienses boquiabertos, andando por aí de trator, que faz questão de estacionar bem na frente da loja ou do restaurante a que quer ir.

Com ele, certa noite, bloqueamos a circulação da rua Saint-Benoît, antes de sermos levados pela viatura enviada para restabelecer a ordem. Contudo, somos inocentes: nossa atitude não tem nada de política, não manifestamos nenhuma animosidade em relação aos carros.

Nossa reivindicação, completamente espontânea e intempestiva, é antes por princípios filosóficos, do tipo libertário. Nosso objetivo é a diversão a qualquer custo; nosso caminho, a liberdade. E Mario David, nosso grandalhão, explora seus mais recônditos recantos. Tem o raro dom de semear a discórdia por onde passa, numa proporção que impõe respeito.

Um dia, o vejo bloquear, só pelo prazer de causar confusão, a praça de L'Étoile. Mario freia de repente, desliga o motor e sai do carro, fingindo uma braveza brutal. E, quando um guarda vem pedir para ele dar a partida de novo, ele reclama que um mal-educado imaginário tinha cortado a sua frente. Pouco a pouco, os carros em volta do Arco do Triunfo vão parando, alguns ficam presos atrás da conversa absurda entre Mario e o guarda, outros são paralisados pela curiosidade suscitada por essa comédia-pastelão improvisada.

Conheci Mario David como ator, sem fazer muito esforço. Nós dois fizemos parte do elenco de uma peça muito popular, *Oscar*, montada por Jacques Mauclair. As aulas no Conservatório deveriam nos abrir as portas dos teatros. Os diretores vêm nos avaliar, procurar atores iniciantes, e, de nossa parte, percorremos os castings à procura de pequenos papéis que possam fazer com que sejamos notados pelos atores mais velhos, com maiores ou menores chances.

Em 1953, tenho a sorte de ser escolhido para fazer duas peças, apresentadas em revezamento no teatro de l'Atelier: *Zamore*, de Georges Neveux (com dois colegas, Yves Robert e André Versini); e *Medeia*, de Jean Anouilh (com Jean Servais no papel principal, de Jasão, e a encantadora Michèle Alfa, por quem tive uma paixão secreta, no papel-título de envenenadora infanticida). Reencontrarei Servais anos mais tarde, na pele do pai de Françoise Dorléac no filme *O homem do Rio*, dirigido por Philippe de Broca.

A peça de Anouilh é uma excelente notícia para mim, porque não existe nada mais eficaz do que a última criação de um autor conhecido por lotar os teatros e garantir aos atores alguns meses de trabalho remunerado. É a melhor das oportunidades.

Uma heroína trágica como Medeia deveria me trazer felicidade, me conduzir às portas da glória e da segurança material. Mas, infelizmente, os críticos e suas canetas afiadas contrariam meus prognósticos. Depois da primeira apresentação, uma chuva de jornais muito maldosos esmagou *Medeia*, que só estava em cartaz havia dezesseis dias. Dou risada com os meus colegas por ter dado um jeito de figurar no único fracasso de Anouilh. Aprendo, com essa desventura, que o próprio conceito de segurança não é pertinente quando o assunto é arte. Presumir que os espectadores vão gostar de uma peça, de um filme ou de uma escultura, é como anunciar a direção que o vento terá no mar com um dia de antecedência. O imprevisto é a lei.

Felizmente, não tenho muito tempo para ficar triste com meu azar, porque sou contratado para atuar ao lado de uma glória da época, com uma carreira espantosa nos palcos: Jacqueline Gauthier. A estrela brilhava em *A rainha branca*, dirigida por Jean Meyer, no teatro Michel. Dois anos depois, já saído do Conservatório, fico nas nuvens ao me apresentar ao lado de Pierre Mondy em *Oscar*, um *vaudeville* de Claude Magnier, em cartaz no teatro de l'Athénée.

Foi graças a Maria Pacôme, que conhece os bares por onde faço minhas peregrinações noturnas, que consigo esse papel. Jaques Mauclair precisava encontrar um substituto para Claude Rich em cima da hora: ele precisava ser substituído naquele instante, naquela noite. Quando, depois de ter feito um tour por todos os antros de libertinagem do 6º *arrondissement*, Maria me encontra, muito pálido após dedicar horas e horas a comemorar sei lá o quê, ela me arrasta para fazer uma audição na casa do diretor.

Apesar do nível de álcool no sangue, tenho a presença de espírito de recusar o papel, por lealdade ao meu amigo Claude Rich, que suponho estar prestes a ser demitido por minha causa. Eles me juram que não, que não estou sacaneando Claude, que ele simplesmente arranjou um papel em outra peça. Mentira. A despeito de seus argumentos convincentes, prefiro ligar para Claude, que me confirma ter sido demitido mas roga para que eu aceite o papel. Diz que o fato de eu ser o escolhido torna as coisas menos dolorosas para ele.

É muito excitante entrar na peça com o bonde andando, ter o desafio de aprender um texto em apenas quinze dias. Tenho um papel importante, com muito espaço para brincar. *Oscar* é uma peça montada sobre uma cascata de falas cômicas, situações burlescas, surpresas deliciosas. Progrido a cada noite, feliz por representar minha especialidade em cena e por poder me divertir com Mario David nos bastidores. Sem ser incensado nem espinafrado pela crítica, posso continuar me divertindo discretamente.

Oscar não cai nas graças dos esnobes, e não corro o risco de suscitar a admiração dos professores do Conservatório por meu desempenho, por melhor que seja, no teatro de variedades. Até porque eles sequer têm o privilégio de assistir à peça. Não os vejo nos assentos das primeiras fileiras. No lugar deles, minhas amigas de Les Halles gargalham ruidosamente.

Um dia, a gerente do teatro chega a me perguntar, com ar severo: "Quem são essas moças vulgares que dão gargalhadas?". E me limito a responder: "Minhas primas".

O acaso transforma essa mesma senhora um tanto ranzinza em mensageira da infelicidade. É ela que me entrega, um tempo depois, a convocação para um evento bem diferente de *Oscar*: a Guerra da Argélia.

Tenho que partir à força, e deixo meu papel para Jean-Pierre Cassel. A ideia de conhecer dessa maneira o país de origem de meu pai não me agrada nem um pouco. Além do mais, não tenho boas lembranças de meus dias e minhas noites no Exército. Lembro, sobretudo, das coronhadas. Sou colocado na infantaria.

Mal chego e sou obrigado a pegar em armas e fazer patrulha. É o cúmulo do transtorno para mim, que não nasci para ser discreto e, muito menos, para andar armado. Ficar marchando por horas e horas, sobrecarregado pelo equipamento militar e pelo calor insuportável, sem falar, sem bisbilhotar, não me interessa nem um pouco. E me fazem decorar todos os pedregulhos e grãos de terra de Argel até Surcouf, passando por Hussein Dey. Passo mal.

Para mim, o país é tão árido e hostil que passo a admirar meu irmão, Alain, que foi morar e trabalhar lá. Quando os meus "sim senhor, não senhor" me dão cinco minutos para ir vê-lo, ele tenta aplacar minha dor, que é completamente anestesiada assim que tomo a decisão de sair daquela situação de merda...

Durante um desfile militar em que nos apresentamos diante do general Salan, marcho ao lado de um sujeito e vou com ele para a retaguarda do cortejo, onde ficamos conversando sobre as dificuldades de ser soldado raso na Argélia. Ele acaba declarando: "Estou pouco me lixando, porque no Natal não estarei mais aqui". Essa frase produz em mim um efeito mágico, abrindo de repente um horizonte que eu sequer imaginava existir.

E o destino coopera: sou ferido na perna. Gravemente, a ponto de me mandarem de volta para a França, para o Val-de-Grâce, depois de quatro meses de calvário. A impressão de já ter vivido essa cena – de ficar ferido, preso a uma cama de hospital – toma conta de mim, é claro, de um modo muito desagradável. O Exército, fato incontestável, não combina comigo. Estou farto. Já não gostava daquele hospital militar onde mantêm os soldados feridos ou moribundos. Dessa vez, foram abatidos na Argélia, mas agonizam diante dos meus olhos. Minha alegria natural começa a ficar seriamente prejudicada. Fui separado do meu trabalho, dos meus amigos e de Élodie, minha futura mulher, que me espera à noite na estação Denfert-Rochereau, a algumas paradas de distância do Val-de-Grâce.

Ao cair da noite, com a ajuda dos meus colegas de infortúnio, decidimos dar no pé. Porém, com a minha mobilidade reduzida pela perna quebrada e minha agilidade claramente destruída, subir o muro se revela ser tão difícil quanto nadar é para alguém sem braços. Certa noite, chego a ficar preso em cima do muro e tenho de ser tirado daquela situação delicada por um dos meus colegas.

Exceto para retomar essas acrobacias, não me sinto nem um pouco pressionado para me restabelecer. Ficar bom significa voltar a fazer patrulha, e não posso mais com isso. Graças às minhas breves fugas noturnas, posso contar meu problema para uns e outros, até que um sujeito legal, Jean-Louis Trintignant, me revela o segredo: tomar anfetaminas religiosamente para conseguir me transformar em um militar reformado.

Consigo, então, comprimidos de Présoline, que escondo nos banheiros. Nunca segui uma prescrição médica com tanto rigor.

O efeito desejado é ficar com cara de louco e perigoso, para que não possam tomar outra atitude a não ser me dispensar.

O efeito das anfetaminas na minha aparência – que já era próxima a de um gato faminto por causa do meu gosto pelo exercício físico e da irregularidade das minhas refeições – revela-se bem-sucedido. Minhas olheiras ficam tão fundas quanto uma pia batismal. Minha pele assume um tom branco-amarelado, minhas pupilas ficam do tamanho de um pires, dando ao meu olhar um brilho enlouquecido. Meus lábios estão rachados. Além dessa aparência preocupante, observo o mais completo mutismo. É assim que me torno verossímil no papel de militar perturbado, capaz de explodir de repente, de atirar nos colegas, de ter uma crise de pânico em pleno combate.

Graças às benditas anfetaminas, consigo uma consulta com um membro do Estado Maior e alguém da equipe médica. Eles fazem muitas perguntas, que me esforço para responder de forma absurda, com um ar desolado.

Depois de quinze minutos, ainda parecem ter dúvidas. Não a respeito do que fazer comigo, mas da autenticidade do meu estado. Dão fim ao meu personagem demente com a seguinte frase: "Ou o senhor é completamente louco ou é um ótimo mentiroso. Em ambos os casos, não precisamos do senhor".

Sou afastado por insanidade, é tudo o que importa. Não voltarei mais para a Argélia, não perderei mais tempo fora dos palcos.

Felizmente, o sucesso de *Oscar* me ajuda a voltar à cena. Depois da Argélia, consigo um dos papéis principais em *Trésor Party*, uma peça dirigida por Christian Gérard no teatro La Bruyère. A estreia é fulgurante. A imprensa se deslumbra, me cobre de elogios. Eles me chamam de "talentoso" e "hilário". Os jornalistas se interessam por mim, incitando as pessoas a me descobrir no meio da peça. "Andem! Corram para ver esse jovem ator!"

Mas poucos obedecem a essa ordem. Muito poucos. O teatro não lota, noite após noite. O sucesso, apesar do entusiasmo da mídia, se torna um fracasso. Ao contrário de *Oscar*, *Trésor Party* não dura muito.

O golpe de misericórdia que simboliza o fim irremediável daquele fiasco acontece quando, com meu colega Jacques Ciron, escorrego com um alicate afiado na mão atrás dos cenários, durante a apresentação. Por caridade, deixamos que a cabeça de cervo e os quadros conquistem sua liberdade, e eles caem um após o outro.

É melhor rir dessa desgraça. Mesmo que, no fundo, eu comece a abandonar as falsas esperanças, a ver apenas projetos abortados e desastres imprevistos. Estou paralisado, em ponto morto. É como se o teatro sempre me rejeitasse depois de ter me aceitado. Falta uma continuidade, um conforto psicológico nessa perpétua alternância. Olho para o horizonte e só avisto um muro. Estou estagnado em um beco sem saída.

8

Caminhos alternativos

Não temos nada a perder. E talvez muito a ganhar.

No verão de 1955, eu e Jean-Pierre Marielle estávamos no auge de nossa impulsividade e de nosso desejo. Nunca estivemos tão empolgados, levados pela esperança de brilhar, que volta junto com o sol. Nunca tive contato com a sétima arte, mas já sonho com ela, como a maioria dos futuros atores.

Nessa época, a palavra mágica, que faz nossos olhos brilharem, não é "Hollywood", é "Cinecittà", o templo do cinema em Roma, onde trabalham mestres como Roberto Rossellini, Federico Fellini, Dino Risi, Vittorio De Sica e Luchino Visconti. Eles fazem muitos filmes, e eu já tinha ouvido falar que dava para arrumar um papel pequeno: é mais fácil do que na França, os italianos são mais acolhedores.

Jean-Pierre, o grande romântico, fantasia com as gôndolas venezianas e os pombos soltos na praça São Marcos. Cada um com sua própria imagem de *la dolce vita*, resolvemos fazer um tour pela Itália. A irmã do meu amigo acaba de adquirir um sedan muito confortável, de contornos elegantes, com o interior grande, a ponto de a gente se sentir em casa. Não sei como Jean-Pierre convenceu a irmã a emprestar o seu Renault Frégate novinho em folha para nós dois, jovens loucos, que antecipamos a dupla de personagens do filme *Aquele que sabe viver*, de 1962, dirigido por Dino Risi. Os quilômetros que nos separam da península italiana nos dão tempo para aguçar nossa eloquência, nossa capacidade de improvisação e de aumentar nossa comunhão de alma e malícia. Depois de percorrer a costa italiana alegremente, somos obrigados a nos despedir, porque nossos caminhos se bifurcam.

Ao chegar em Roma, procuro um lugar onde passar à noite: estou a pé, não tinha mais o Frégate para usar de cama portátil. Dão-me um endereço dentro dos meus meios financeiros, ou seja: quase zero. Fico confiante, naturalmente. Sempre espero o melhor. Imagino um leito de rei à minha espera, em um daqueles esplêndidos palácios romanos. Vou sorrindo até chegar ao local recomendado: a sala dos fundos de uma velha igreja decrépita cujas paredes suam, e onde a temperatura é glacial. Passo uma noite muito ruim, com uma umidade maldita, no meio de uma decoração apavorante, com estátuas sinistras da Virgem Maria segurando o Menino Jesus e do Cristo crucificado.

É difícil levantar de manhã – quase não dormi. Começo a duvidar de que eu possa ser eternizado nessa cidade que não recebe bem os outros. A hospitalidade mediterrânea com a qual eu contava não vem ao meu encontro. Estou até pensando em estender o meu périplo até a Sicília, até Cefalù (Chiffalo), um pequeno vilarejo de pescadores perto de uma impressionante catedral. Contudo, não são as atrações turísticas que me motivam a fazer esse desvio, mas minhas origens. Minha avó paterna, Rosine Cerrito, veio de lá.

★

Ela era siciliana, de personalidade puramente mediterrânea: enérgica e expressiva. Tinha casado com um italiano e, por isso, se instalou no Piemonte. Ele se chamava Paul, porque meu pai recebeu o mesmo nome do seu pai, e tinha um temperamento tão forte quanto os materiais com os quais lidava todos os dias, já que era ferreiro de profissão. Era um rapagão robusto, corajoso e voluntarioso, que trabalhava duro para prover as necessidades da esposa. Apesar de batalhar muito, não era fácil ganhar a vida.

Na virada do século XIX para o século XX, as condições econômicas se deterioram rapidamente na Itália – os pobres empobrecem, e os ricos enriquecem –, preparando de forma lenta, mas segura, o aparecimento de um chefe de Estado como Mussolini. Paul tinha instinto de sobrevivência, compreendeu que tudo ia de mal a pior. Logo, não poderia mais alimentar a esposa; logo, lhe faltaria até o mínimo. Precisava ir embora, encontrar uma terra prometida, partir em busca do futuro.

Naquela época, entre 1830 e 1914, a melhor oportunidade por perto para os infelizes e miseráveis, o único país novo onde tentar tudo e se livrar de tudo, era a Argélia. Os demais iam para os Estados Unidos, reencontrar integrantes da vasta comunidade italiana já estabelecida por lá.

Por mais que Paul fosse apegado de modo visceral ao seu país, à sua cultura, e à vida que ali levava, resolve ir para o norte da África. Os pescadores de Nápoles e de Cefalù foram os primeiros a emigrar para lá e se instalaram no litoral, dando continuidade ao seu trabalho. Meu avô fez a mesma coisa: chegou a Argel e se estabeleceu com Rosine na popular e colorida Bab El Oued, onde os espanhóis imperam. O limite extremo da cidade, o bairro de La Marine, sofre influência italiana. Paul abre uma oficina lá, onde oferece seus serviços de ferreiro e também os de mecânico. O progresso, com efeito, tinha levado para a região carros e maquinário, que necessitavam de reparos com frequência. A política de grandes obras adotada no país lhe garante trabalho a longo prazo. Os trilhos de trem que são construídos, em especial os que ligam Argel a Orã, demandam muitos ferreiros. Seu pequeno negócio ganha fôlego, não faltam clientes – o exílio é bem-sucedido. A família pode crescer, ou melhor: o casal pode se transformar em uma família. Rosine dá luz ao meu pai. Paul segura o pequeno Paul nos braços. Um irmãozinho, Antoine, chegará em seguida.

É lá, na movimentada Bab El Oued, que meu pai cresce, arregalando os olhos para as belezas de Argel, a Branca, com suas formas, suas cores e seu cosmopolitismo. Seguindo a determinação do próprio pai, se entrega ao trabalho do nascer ao pôr do sol. Empenho: a primeira de todas as virtudes. Quando se torna um rapaz, papai declara que quer ser escultor. Paul-avô o leva a sério e fabrica os utensílios necessários. Em um bloco de pedra tirado de uma marmoraria, meu pai esculpe sua primeira obra: uma cabeça de homem. Torna-se de verdade aquilo que havia prometido. Entra na Escola de Belas Artes de Argel e, por prudência, também estuda arquitetura.

Nas missões que, mais tarde, realizará para o governo, seus conhecimentos de arquitetura lhe serão muito úteis.

A benevolência e o espírito aberto de um artesão nascido pobre, que não pode ser acusado de desconfiar da sua vocação de artista e para quem não podem ser recomendados trabalhos mais reais, mais úteis, me foram preciosos. Acredito que papai constatou o quanto foi boa para ele a liberdade que seu pai lhe dera para seguir o próprio destino. Isso despertou nele a vontade de seguir seu exemplo. Talvez meu pai também acreditasse em premonições, em sinais.

Em Argel, uma noite depois da leitura de uma peça, ele foi conhecer o dramaturgo Jacques Copeau nos bastidores, e alguém chamou alto seu nome: "Paul Belmondo!". E o dramaturgo exclamou: "Belmondo!... Que nome esplêndido para um ator de teatro!". E Copeau não se enganou. O destino, com a minha ajuda, confirmou sua intuição.

★

Não fiquei na Itália por muito tempo. Em primeiro lugar, preciso confessar, correndo o risco de passar por imbecil, que nunca encontrei a Cinecittà. Em segundo, fiquei completamente sem dinheiro. E, para terminar, tive de retornar a Roma em um vagão de carga de animais, na terceira classe.

De volta a Roma, enquanto perambulo pela cidade todo esfarrapado, tentando resistir à tentação de recolher as moedas acumuladas no fundo da Fontana di Trevi, recebo um telegrama da Comédie-Française. Que deveria ter me deixado louco de alegria, orgulhoso e feliz, como se eu tivesse ganhado na loteria. Não é esse o fim, o objetivo supremo, de qualquer aluno do Conservatório? Esta instituição não é a preparação oficial para entrar no santuário dos santuários para os atores?

Sempre que um dos nossos amigos do Conservatório é chamado pelos honrados integrantes da Comédie, ficamos com inveja. Integrar essa companhia é como se tornar funcionário público em uma profissão caracterizada, justamente, pela precariedade, pelo imprevisto. Aqueles que conseguem entrar recebem verbas para montar suas peças e até fazer turnê com elas. Quando precisam encontrar atores, dão preferência aos alunos do Conservatório, por bairrismo – quem sai aos seus não degenera – e por facilidade. Eu mesmo, e meus colegas, nos beneficiamos desse tratamento preferencial com Françoise

Fabian, Annie Girardot e Michel Galabru. Michel até fez a caridade de me contratar para duas peças de Molière, *Médico à força* e *Jorge Dandin: o marido confundido*. Em *Jorge Dandin*, farei o papel de Lubin, e tenho tudo para arrasar, de tanto que o ensaiei nas aulas do Conservatório. Conheço o texto e sei como utilizar de recursos cômicos.

Por isso não me abalo quando me avisam que vamos estrear sem ter ensaiado. No dia combinado, represento meu personagem como sempre faço: com brio e maestria. Entusiasmado pela presença de um público de verdade, completo minha cena e vou para os bastidores, onde começo a tirar a maquiagem.

É aí que chega Michel Beaune, que também faz parte do elenco. Ele me vê e fica boquiaberto, de olhos arregalados. Pergunto:

– O que foi?
– Mas o que é que você está fazendo?
– Você não está vendo? Estou tirando a maquiagem!
– Ficou louco? Você ainda tem mais três cenas.

Eu já tinha ensaiado a primeira cena de Lubin tantas vezes que acabei esquecendo que o personagem aparecia em outras. Sobre as quais não sabia nada, nem as cenas, nem o texto, nem minhas falas, nem as respostas que meu personagem deveria dar a Jorge Dandin/Michel Galabru. O segundo em que tenho consciência de que estou enrascado dura até que meu velho jovem cúmplice não me dá mais tempo de pensar em uma solução. Ele me pega pelos ombros e me obriga a atravessar a cortina. Fico cara a cara com o meu empregador, que não demora para se dar conta de que sou incapaz de dar sequência à cena. Ouço Michel Beaune, que tenta me soprar as falas gritando tão alto que as primeiras fileiras escutam. Mas não paro de me atrapalhar, apesar do esforço que meu colega faz para me ajudar. Quando consigo captar algum pedaço de fala vindo de trás da cortina, misturo tanto as palavras que minhas frases não fazem mais sentido. É uma catástrofe.

Lubin está com uma cara completamente bestificada, e a plateia não parece compreender. A certa altura, Jorge Dandin diz: "Acabo de descobrir que esse homem é estranho!". Mas não respondo absolutamente nada. E isso, sim, é que parece estranho. Não lembro de todos os detalhes do fim desse naufrágio, a não ser da gargalhada grave vinda de uma voz grossa. Michel Galabru me demite, como bem mereço. E é fácil me substituir. Candidatos é que não faltam. Mas o outro não fez muito melhor do que eu. Teve brancos do tamanho de uma trincheira, onde enterrou suas chances de continuar interpretando Lubin.

Não sei se esse episódio teve alguma influência sobre a disposição dos patrocinadores da Comédie-Française, mas espero em vão me chamarem de novo para fazer parte de alguma peça, como acontece com alguns dos meus amigos.

O telegrama, mesmo que tenha chegado em um mau momento, quando não estou em Paris, deveria, pelo menos, ter me deixado levemente satisfeito. Mas está longe de ser o caso: fico ofendido. É pior do que não ter recebido nada. O trabalho que têm para mim é de... estagiário. E, se o aceitar, terei que ficar na bilheteria, fazer café e mil outras pequenas tarefas que eu não qualificaria de imbecis, mas que não têm nada a ver com a minha profissão.

Sou orgulhoso demais para aceitar uma proposta que me parece uma afronta. Prefiro, então, para debochar um pouco deles e ajudá-los a dar valor à minha genialidade, enviar a seguinte resposta: "Compromisso na Cinecittà. Não posso aceitar a sua proposta".

Fico muito feliz com a minha piada, até que, finalmente, sou obrigado a me submeter aos desejos da Comédie-Française, sob pena de ser mandado de volta para o Conservatório. É melhor retornar logo e aceitar o que eles querem me dar, de cabeça baixa, decepcionado por ter que obedecer, como no Exército.

E eles me dão um osso: um papel pequeno em *Fantasio*, comédia em dois atos de Alfred de Musset, dirigida por um dos meus ídolos, Julien Bertheau, que tinha sido aluno de Dullin e escolhido do cineasta Luis Buñuel. Ele me encarrega de interpretar um dos camponeses que levam um caixão. Normalmente, minha aparição em cena é rápida. Precisamos liberar logo o espaço ocupado pelo cortejo fúnebre. Mas tenho a intenção de chamar atenção de qualquer maneira, já na noite de estreia. Então, fico enrolando e fazendo cara de sofrimento. Parece que estou movendo uma montanha: pingo de suor debaixo do grande chapéu preto e me curvo como se segurasse a cruz de Cristo e usasse a coroa de espinhos. Os olhos dos espectadores não têm como me evitar, de tanto que me destaco pela lentidão e pelo modo inesperado que interpreto essa desgraça. Além da originalidade da minha interpretação, tenho direito a uma única fala, minha oportunidade de brilhar.

Durante os ensaios, Bertheau me aconselhou a fazer uma pequena pausa antes do último trecho da minha fala: "Hoje enterramos Saint-Jean, seu lugar está vago, pode ficar com ele... se quiser". E me aproveito vergonhosamente do conselho, explorando a recomendação do diretor ao máximo. Faço isso movido pela minha boa vontade de distrair um público que parece morrer de tédio. Sendo assim, busco o efeito cômico, o sobressalto no fundo daquele túnel moroso. Saio de cena como previsto, falando a frase. Desapareço atrás do pano, como se tivesse terminado a fala. Mas reapareço diante do público com o meu "...se você quiser". O teatro explode em risos, o que me tranquiliza, recompensando minha audácia, da qual eu não me arrependo no dia seguinte, no momento em que sou violentamente repreendido pelo diretor da Comédie-Française, Pierre Descaves, que recrimina minha iniciativa.

Apesar da minha evidente indisciplina, me confiam um outro papel pequeno em *A anunciação de Maria*, que foi montada com a presença do autor, Paul Claudel. Meu amigo Marielle também é recrutado, o que nos dá mais uma oportunidade de fazer bobagens. A Comédie tem em comum com o Conservatório os modos austeros, o espírito de seriedade, os mestres profundos, a propensão de sacrificar a comicidade – considerada popular demais e desprezível – para valorizar o trágico, admirável e distinto.

Somos refratários à religião desse venerável estabelecimento e manifestamos essa opinião sempre que possível. A moderação, o valor máximo para esses homens e mulheres honestos que fazem a glória da Comédie-Française, nos cai tão mal que temos que despedaçá-la.

Quando nos pedem para besuntar as pernas de Bronzor, um autobronzeador de efeito imediato, para ficarmos parecidos com autênticos camponeses trabalhadores, obedecemos, é claro, mas exagerando um pouco. Não paramos nos joelhos: continuamos até a raiz dos cabelos. Assim que terminamos a aplicação, ficamos nos admirando no espelho do camarim no qual nos preparamos para a primeira apresentação do drama de Claudel. Nosso bronzeado nada natural é risível: parecemos dois pães de mel queimados ou banha derretida. Em vez de rapazes rústicos, parecemos americanos ricos que ficaram esquecidos sob o sol da Riviera. Pelo menos, dá para nos enxergar de longe. A gente se destaca.

O texto que eu tenho que dizer dessa vez era particularmente curto. Mas, igualzinho ao que fiz em *Fantasio*, sou muito inventivo e aproveito ao máximo a minha pequena fala. Emprego minha melhor voz, imitando Michel Simon, e faço uma série de caretas originais ao enunciar a seguinte frase, apaixonante e incisiva: "Meu pãozinho está congelado".

Mais uma vez, deixo os catedráticos da Comédie-Française zangados, que veem com maus olhos – retrógrados – minhas inovações contemporâneas. A opinião de Claudel sobre a minha interpretação jocosa de um camponês faminto não chega aos meus ouvidos; espero apenas que ele tenha uma. Tenho consciência do meu paradoxo de ator. Tento, cada vez mais, subir a escadaria de um templo onde eu jamais terei chance, nem vontade, de ser aceito. Procuro a consagração da ordem estabelecida, apesar de ter nascido para a transformação. Para falar a verdade, as regras estritas que imperam na Comédie, o sistema de classes, simbolizado pelas portas, principais ou de serviço, pelos mestres e pelos escravos, pelos famosos e pelos lacaios, me enojam. A Comédie-Française e o Conservatório às vezes me dão arrepios, como se fossem dois teatros de múmias. No segundo, se aprende especificamente a se conformar com o primeiro – ou, para os sujeitos como eu, a suportá-lo, cerceando sem parar a própria personalidade.

Apesar de todos esses defeitos, desejo o seu reconhecimento, quero conquistar o seu apreço. Quanto mais me rejeitam, mais me pego sendo demitido por motivos irrisórios; ou quanto mais me reprovam na seleção de entrada, mais desejo vingança, virar a mesa de uma maneira brilhante. Vou acabar caindo nas graças deles, deixando-os de joelhos – no mínimo – diante do meu talento. Não vou desistir frente às adversidades.

Minha mãe me ensinou como fazer isso: com força de vontade. E eu, enfim, provarei para ela que não sou um sujeito que não presta para nada: vou conseguir – farei de tudo para isso – um dos prêmios que os formandos recebem do Conservatório.

9

Fracassos, festas e cinema

No final do ano, os alunos passam por uma espécie de concurso de formatura, divididos por categorias, cujas provas podem ser assistidas pelo público em geral. Nosso futuro como atores depende dessas apresentações. Um primeiro ou um segundo prêmio em uma dessas provas constitui uma valiosa ajuda. Eu já tinha tentado me destacar duas vezes, sem sucesso. Desta vez, estou confiante: não vou embora de mãos abanando. E os meus amigos, talvez com um pouco de complacência, incentivam a minha presunção. Serei laureado, sairei do Conservatório de modo diferente do que entrei: sendo adulado.

Sei que vou enfrentar um júri que tem afinidades com o classicismo e sua própria opinião sobre as liberdades que tomo ao atuar. Mas vou com o meu talismã, meu personagem íntimo: Scapino, entre outros. Graças ao criado de Molière, não fico com medo daquele palco, o teatro de l'Odéon, que abriga juízes à paisana: diretores, produtores, críticos, atores.

No entanto, apesar das risadas que não deixo de provocar em quantidade suficiente para poder, de boa-fé, supor que tenho talento cômico, e das duas horas de reflexão secreta entre os avaliadores, com expressões impenetráveis, me dão apenas um sexto lugar, uma honra ao mérito. A decepção é uma comida que estraga fácil, e é melhor jogá-la logo fora para evitar intoxicação. Meu único consolo reside no fato de dois dos meus amigos, Michel Beaune e Dominique Rozan, receberem um prêmio empatado: o segundo lugar. E no fato de que, naquele dia, ninguém levou o primeiro prêmio.

No dia seguinte, tenho mais uma oportunidade de mudar aquela situação. É com *Amor e piano*, de Georges Feydeau, no concurso de comédia moderna. A peça, desde sua estreia, em 1883, quase não é montada no Conservatório, que a esnoba, provavelmente por bobagem, porque o texto, como é comum nas peças desse autor, é ágil, inteligente, vivo. Rola, salta e ricocheteia. Eu e ele nos tornamos uma coisa só, e sinto um prazer louco de representá-lo.

Pelo que posso ouvir, o público também o sente, e reage a mim, parecendo ter sido conquistado. Espero o resultado. Tenho fé, minha esperança nunca foi tão grande. Sem sombra de dúvida, os seis homens grisalhos da primeira fila vão se curvar diante do meu talento. Escolho a cena seis, cujo efeito cômico depende de uma situação de mal-entendido, mas reúno todas as falas divertidas da obra em um ato só.

Édouard, o personagem que represento, é um sujeito provinciano e um pouco ingênuo, Mas, sob o efeito dos meus acréscimos e da minha interpretação, se transforma em um jovem ardiloso, malandro, histriônico e meio doido. Sinto que, quanto mais enlouqueço na minha interpretação, mais provoco o riso dos espectadores que estão me assistindo.

A principal virtude do teatro é oferecer um espaço de liberdade total dentro de um ambiente seguro. Quando me finjo de louco, abro as comportas, os alçapões, as regras. Não faço, na verdade, nada além de propor que aqueles que me veem vivam por tabela, se libertem por um momento do cotidiano, das agruras, vão para longe sem sair da cadeira.

Nesse dia, ao apresentar Feydeau dessa maneira, me dou conta de que levo meu inconformismo às raias da provocação. Mas, de modo bizarro, confio na inteligência do júri e na influência do público sobre ele.

Chega a hora do veredito. Ficamos alinhados atrás do pano, uma fila de candidatos aos prêmios, esperando os resultados das longas deliberações que vão nos desempatar. A cada prêmio anunciado, o vencedor deve entrar em cena para ser aplaudido e agradecer aos deuses por ter sido escolhido. Mas, nesta noite, são dois os ganhadores que se destacam dos outros e levam o primeiro prêmio: Michel Aumont e Jean--Claude Arnaud. Nada de surpreendente, afinal, levando em consideração que as qualidades acadêmicas deles são bem maiores do que as minhas.

O fato de eu não ficar surpreso não me impede de sentir a tristeza daquele enésimo desaforo, à qual logo se junta a cólera, já que Roger Ferdinand, diretor do Conservatório, chama meu nome para "lembrar da menção honrosa de 1955". Vejo uma ponta de sadismo na sua atitude de me privar do prêmio ao mesmo tempo em que me oferece uma velha recompensa pela metade, datada do ano anterior. Além de se recusar a me dar a medalha de ouro.

Profundamente irritado com o que considero ser uma dupla afronta, fico escondido com os perdedores, atrás do pano. O diretor então repete meu nome, e começo a ouvir assovios. Não me mexo logo em seguida. Pouco a pouco, na sala, os espectadores começam a clamar por mim. Cada vez mais alto.

Espero que o público, cheio de alunos do Conservatório, com os quais me dou bem no geral e que têm uma espécie de estima pelas minhas audácias, me chamem batendo os pés até fazer o chão tremer. Dou um sorriso só de imaginar a cara do reitor prestes a ter um ataque de pânico. Os maquinistas, que estão nas coxias comigo, acabam me segurando e me arrastando até o palco.

Lá, meus amigos que tinham recebido o prêmio, Michel Beaune, Dominique Rozan e Victor Garrivier, indignados pelo que acreditam ser uma injustiça, me levantam e me levam nas costas, como se eu tivesse vencido uma grande batalha. O entusiasmo toma conta de mim, e literalmente voo sob os urras da plateia: ganho o prêmio do público. Por outro lado, os jurados oficiais, indignados com essa revolta do "povo", não querem assistir ao meu triunfo. Preferem ser cegos, talvez até morrer, a me ver fazer o "V" da vitória por cima da multidão. Vão embora tão rápido que só tenho tempo de lhes fazer um gesto obsceno lá de cima.

Fico no ar o tempo suficiente para recuperar o fôlego que as pequenas humilhações do Conservatório tinham me roubado e para pensar na ausência da minha mãe.

Apesar do meu discurso exaltado, eu tinha medo de ir mal no concurso, de não representar bem, de ser um zero à esquerda. Por isso pedi que ela não fosse. Hoje, me arrependo. Teria adorado que ela me visse ser ovacionado por aquela sala que se rebelou contra um resultado injusto, que tivesse ouvido Henri Rollan me dizer, comovido: "O professor não te aprova, mas o público te diz 'bravo!'"; Jacques Ciron disparar: "São todos uns canalhas!", e até Marcel Achard se dar o trabalho de me odiar com um "Você se acha palhaço? Não é não".

Mamãe teria ficado muito orgulhosa de ver que minha consagração foi imposta pela maioria.

Nunca me esqueci da máxima que o público sempre tem razão, sempre e acima de tudo. Sempre me pareceu que os críticos dão mostra da maior arrogância e burrice quando se permitem questionar os gostos e as diferenças dos espectadores.

Até hoje estou convencido de que um bom filme é uma unanimidade entre as pessoas de boa-fé e que passa muito bem sem críticas positivas ou negativas, apesar de dizerem que elas podem causar, pela intervenção do Espírito Santo da Comunicação, um aumento na venda de ingressos.

O episódio do concurso ocorreu na presença de jornalistas que, muito felizes por terem sido dispensados de mais uma enumeração tediosa dos candidatos e, em vez disso, terem recebido o material necessário para escrever um artigo narrativo e épico, mencionam meu caso. É a primeira vez que meu nome aparece no jornal, no *Paris Presse*, com foto e tudo. Mamãe pode assistir de outro modo à cena da qual a privei. E papai, para quem ligo para contar, lamenta que meu sucesso não tenha sido reconhecido pelo júri oficial, que não tenham me dado um prêmio de verdade, qualquer coisa gravada em mármore. Não faz mais do que exprimir aquilo que, no fundo, eu mesmo penso.

Assim que a alegria de ter recebido o reconhecimento do público passa, caio em um estado de tristeza sem igual.

É verão, mas o sol não me alegra. Meu amigo Pierre Vernier, vulgo Pilou, aflito por me ver tão triste, resolve me pôr dentro do seu Renault 4 CV conversível e me levar para o sul da França, para uma viagem entre amigos. Fomos, especificamente, perder um campeonato de bocha em Sisteron, disputado contra os amigos da minha família.

Graças a essa escapada, recupero, com certeza, meu sorriso. Meu ressentimento, ao contrário, não me larga e me instila uma poderosa sede de vingança que nunca me abandona, criando em mim uma garra saudável. Não paro de procurar meios de demonstrar àqueles senhores do Conservatório que estão redondamente enganados a meu respeito, e aos da Comédie-Française, que mereço – e muito – fazer parte do seu elenco.

Esse espírito de vingança contrabalança a falta de ânimo que me invade de tempos em tempos. Felizmente, Élodie está a meu lado para me devolver a confiança necessária, a energia vital. E meus camaradas de Saint-Germain-des-Prés, fiéis e sempre a postos, estão prontos para espalhar alegria. As oportunidades para fazer palhaçada são muitas, e não desperdiçamos nenhuma.

Uma caixa de papelão, por exemplo, pode servir de bola e dar o impulso para uma partida de futebol improvisada diante do café da Comédie-Française. Um dia, graças a essa improvisação, sou abordado por um homem que me pergunta, suscitando no nosso grupo uma explosão de risos: "O senhor não gostaria de fazer cinema?".

Achamos que ele estava brincando. Achamos errado, porque o sujeito na verdade se trata de um cineasta, Henri Aisner, e sua proposta é muito real e muito séria. Ele está produzindo um filme para a Confederação Geral do Trabalho, com o objetivo de comemorar a fraternidade operária, que deveria se chamar *Amanhã voaremos*, mas acaba intitulado *Os companheiros de domingo*.

A história me agrada, pois trata de um grupo de amigos que trabalha em uma usina e se junta para consertar as asas de um velho avião decrépito. No filme em questão, figura o experiente ator Marc Cassot, além de Bernard Fresson e Michel Piccoli, com quem logo faço amizade.

Passamos um mês e meio juntos, filmando num velho campo de aviação perto de Paris e, como de costume, bancando os palhaços. Entre uma brincadeira e outra, vou me familiarizando com a câmera. É uma sensação nova não ter outro público a não ser os próprios colegas de cena. É como representar sem espelho, no vazio.

Não sei como estou atuando sem reação imediata. Mas posso me ver depois e me criticar, e percebo apenas meus defeitos. Sobretudo, o que vejo depois de filmado nunca corresponde ao que tive a sensação de ter feito: o "eu" da película é outro, diferente daquele dos palcos. E essa distorção me incomoda demais para ter vontade de estudá-la.

Durante toda a minha carreira, fiz questão de evitar minha própria imagem: escolhi ser ator e me recusei a ser espectador. A experiência me fez duvidar do que os professores do Conservatório repetem ao longo do curso: que o ator de teatro é infinitamente superior ao ator de cinema, que o teatro é o primo rico, e o cinema, o primo caipira do interior.

Essa diferença gritante entre as virtudes exigidas de um ator de teatro e de um ator de cinema não me abala. Faço meu melhor para me familiarizar com a técnica cinematográfica, para me colocar em cena, prestar atenção aos detalhes que se veem na tela e que no palco ficariam camuflados. Não sei se sou bom, mas adoro fazer isso, a ponto de confidenciar a Marc Cassot que não posso fazer outra coisa além de cinema.

Na realidade, assim que a filmagem termina, percorro os castings para teatro, porque ainda não renunciei a ele e não posso me dar ao luxo de escolher entre a tela e os palcos. Aceito qualquer papel pequeno, desde que trabalhe.

Antes da curta felicidade de *Oscar*, sou contratado para interpretar uma sentinela romana em *César e Cleópatra*, peça de George Bernard Shaw, dirigida por Jean Le Poulain, no teatro Sarah-Bernhardt.

Meu papel pode até não ser primordial, mas tem uma cena ideal para mim: uma luta de gládio, na qual eu posso empregar meus talentos atléticos. Na pele de César, está um ator que admiro muito pelo estilo de capa e espada e pela aura alegre: Jean Marais. Ele já é famoso e, apesar disso, não age como se fosse, com ninguém. Dá risada com os outros atores e técnicos, nos incentiva fazendo elogios, fica conosco depois das apresentações... Comigo, é especialmente amável. Acredita que tenho talento, energia e encantos que ficaria muito feliz de explorar. Ao ser informado da minha inabalável heterossexualidade, que ele evidentemente lamenta, dá sua opinião e, certa noite, com um sorriso sugestivo, dispara: "Se, por acaso, você virar pederasta, vai me contar". Infelizmente, nunca pude lhe dizer isso, teria mentido.

Além do bom humor, do prazer de manejar uma espada e de exercer meus encantos em Jean Marais, tenho a oportunidade de fazer contato com o cineasta Marc Allégret, que me oferece um papel pequeno em um filme falado com nome de cinema mudo: *Basta ser bonita*, ao lado das estrelas Henri Vidal e Mylène Demongeot.

Vou assinar o contrato no escritório e, quando chego, outra pessoa já está lá e portanto passará na minha frente. Tenho, então, aquela sensação desagradável, chamada "impaciência", de estar na sala de espera do consultório de um clínico geral famoso. É claro que estou exagerando, mas não tenho tempo a perder com papelada e fico decepcionado ao saber que passarei um bom tempo lá, quando previra assinar o contrato rapidamente. O homem que chegou lá antes e parece tão iniciante quanto eu não dá nenhum sinal de estar aborrecido: não fica balançando os pés ou as pernas sem parar, não solta suspiros, não está com os dentes cerrados nem lança olhares furiosos. Ao contrário de mim, que estou absolutamente tenso, quase mordendo alguém, convencido de que me fazem esperar de propósito.

Pergunto, com um tom que revela meus planos de ir embora imediatamente, sobre a duração do meu calvário, interrogando o sujeito a respeito do dele: "Faz tempo que você está aqui?". Ele vira seus olhos azul-aço para mim e diz: "Calma, eles estão lá dentro".

E, de fato, as duas grandes portas do escritório se abrem, e alguém chama: "Alain Delon, pode entrar". O cara se levanta e some. Não por muito tempo, porque o encontro alguns dias depois, no meu bairro preferido. Começamos uma amizade que nunca mais terá fim.

As pessoas sempre vão nos tratar como oponentes ao longo da vida, procurando criar uma adversidade para alimentar a lenda. Na verdade, somos bem próximos, apesar da grande diferença de origem social. A infância dele foi triste, pobre e solitária; e a minha, alegre, burguesa e cheia de amor.

Nosso passado, com certeza, condicionou um a ser um sombrio, e o outro, a ser malicioso. Mas temos em comum o desejo de aventura, o prazer visceral de ser ator e a sinceridade ao representar. O destino nos poupou, evitando que fôssemos concorrentes. O único papel que deveria ser meu e acabou ficando com Delon foi o de *Cidadão Klein*. Mesmo assim, não competimos por muito tempo. O diretor e roteirista Costa-Gavras, que não conseguiu reunir os fundos para fazer seu filme, abandonou o projeto, até que Alain resolveu ajudar a produzi-lo. E ele foi perfeito no papel de homem perseguido pelos nazistas, bem melhor do que eu teria sido.

É com Laurent Terzieff que devo me preocupar nesses anos das minhas primeiras experiências cinematográficas.

Certo dia, estou entre os finalistas de uma audição de um filme importante, disputando com esse ator impenetrável e misterioso, que tem uma voz e uma dicção inacreditáveis. Marcel Carné, o gênio que dirigiu *O bulevar do crime* e *Os visitantes da noite*, quer fazer um filme sobre a juventude dourada dos anos 1950. Inspira-se em dois jovens que conhece para escrever um roteiro complicado, muito artificial e, aliás, questionável.

Apesar do imenso sucesso de público que *Os trapaceiros* conquista, o longa-dossiê – um estilo bem marcado do cinema francês da época – de Carné suscita críticas virulentas, que alfinetam sua visão tendenciosa e deturpada de uma geração que ele teve a pretensão compreender.

Em fevereiro de 1958, todos os atores iniciantes da capital francesa fazem teste para conseguir um papel nesse filme. Entre eles, acabo chamando a atenção de Carné, que hesita por muito tempo para me dar o papel principal. Fico sabendo que meu concorrente é Laurent Terzieff, um jovem ator de teatro com o qual simpatizei durante a seleção. Falamos francamente e resolvemos que quem levar o papel vai pagar um jantar para o outro.

Nem eu nem ele estamos dispostos a nos odiar só para ficar com o nome no alto do cartaz do filme. Isso não faz o meu tipo. Aprendi com o esporte: só quem não tem o menor orgulho é capaz de agir como mau perdedor.

Depois de um mês e meio de tergiversações, Carné acaba escolhendo Terzieff, que me convida, conforme combinado, para jantar. E dou razão ao cineasta, porque não consigo me ver interpretando um jovem filósofo calmo e pedante. Como prêmio de consolação, me dão outro papel. E fico ainda mais satisfeito quando, pela primeira vez, recebo um pagamento de encher os bolsos. Além disso, vamos filmar na minha jurisdição, em Saint-Germain, nos terraços dos cafés que acolhem a libertinagem e os figurantes, em lugares verdadeiros que frequento há muito tempo.

Todo o pessoal da rua Saint-Benoît está lá. Apesar de meu personagem ser secundário, sou bastante requisitado, nem que seja como objeto decorativo, na maior parte das cenas. Sendo assim, passo muito tempo fazendo besteiras com os meus amigos da rua, que ficam horas e horas sentados nas mesas diante do uísque pago pela produção. Depois de um tempo, ficamos completamente bêbados e difíceis de controlar. *Oscar*, a peça que faço à noite, contribui para a energia que gasto, ainda que sentado, em *Os trapaceiros*.

O pobre cineasta, ultrapassado em número pelos jovens que deveria retratar no filme, luta para conseguir impor sua autoridade. Mas, incentivados pelo álcool, nós o desprezamos. Primeiro educadamente, depois de modo grosseiro.

Não é raro gritarmos "Cala boca, Marcel!", o que o deixa morrendo de raiva. Sua expressão confusa faz a gente se soltar ainda mais, e caímos na gargalhada, acabando, na maior parte do tempo, debaixo da mesa.

Como ajudo, e muito, a criar confusão, Carné pensa que é uma maneira de me vingar por eu não ter conseguido o papel de Terzieff e que estou magoado com ele. Como ele me leva muito a sério, atribui um sentido às minhas atitudes que não têm outro motivo que não a diversão, supondo uma premeditação ao que é feito no calor do momento.

No mesmo ano, Marc Allégret, com quem minha interação é bem mais simples do que com o cineasta de *Os trapaceiros*, me chama para fazer parte do elenco de *Estranho domingo*.

Ele tem boas lembranças da minha atuação em *Basta ser bonita*, apesar de eu ter um defeito, causado pelo teatro, que o cineasta me ajuda a corrigir: dizer minhas falas com uma voz retumbante. No set, o diretor dá risada quando os técnicos de som pulam de susto e me diz, achando graça: "Fale um pouco mais baixo!".

A filmagem desse segundo longa com Allégret estava prevista para acontecer em Paris. Mas, como a previsão é de tempo muito ruim, mudamos para Marselha. Quando chegamos à cidade, começa a chover a cântaros. Todo mundo dá risada. Para a equipe, foram recrutados bons companheiros: Danielle Darrieux, Arletty e André Bourvil.

Com ele, passamos momentos formidáveis. André conta histórias hilárias que desencadeiam risadas tão contagiantes que todo mundo cai na gargalhada. Gosto de Arletty, cujo talento e comportamento aristocrático admiro. Como terminamos de filmar tarde, de madrugada, e não tenho carro, chego a acompanhá-la até o hotel de táxi.

Já que fico rico com *Estranho domingo*, compro um carro que é a minha cara: um Sunbeam preto. Pela primeira vez na vida, ponho as mãos em um milhão de francos antigos, uma soma considerável que tento gastar com bom senso. Especificamente, levando a minha prometida, Élodie, para uma viagem romântica e luxuosa no sul da França, uma estadia inesquecível em um grande hotel, o Noailles, em Marselha.

O conforto proporcionado por um cachê digno acaba me convencendo a casar. Chegou a hora de mudar, minha vida precisa tomar forma.

10

E então, Godard

Tudo nele me apavora. Para começar, ele se dirige a mim sem jamais tirar os óculos de sol, o que me parece a maior das grosserias e absolutamente suspeito. Como saber com quem ele está falando se não dá para ver seus olhos? Como ter certeza de que não vou arrancar aqueles óculos e atirá-los na sarjeta? Além disso, o sujeito parece cultivar uma aparência desleixada: não se barbeia nem se penteia e fuma carregamentos inteiros dos abomináveis cigarros Boyard.

E mais: fala com tamanha lentidão que, se dependesse dele, a peça *O sapato de cetim*, de Paul Claudel, que normalmente dura onze horas, demoraria sete dias, e eu precisaria de ópio para aguentar essa lerdeza verbal sem pular em cima do cara. Enfim, o ar triste que emana de todo o seu ser esguio dá a impressão de que acabaram de atropelar seu cachorro, matar sua mulher e destruir seu futuro.

E, sua voz, que é bastante grave, não contradiz essa neurose evidente.

Ele acaba de me abordar na rua onde nos conhecemos. Fico só observando, desconfiado. E minha impressão piora quando ele me faz uma proposta duvidosa: "Venha até o meu quarto no hotel, vamos fazer uma filmagem, e te pago 50 mil francos". Não dou uma resposta muito clara. Corto a conversa e volto para casa, com a certeza de que é uma proposta duvidosa.

Em casa, Élodie, minha esposa, para quem conto essa conversa, tenta me tranquilizar. Lembra dos meu talentos de boxeador e da minha facilidade para socar os outros. E completa dizendo que, se o cineasta da Nouvelle Vague tentar algum outro tipo de aproximação, serei capaz de me defender.

As críticas de Godard na famosa revista *Les cahiers du cinéma* fizeram um barulho muito especial, a ponto de minha mulher, intuitiva e inteligente, ter notado. Élodie percebe a modernidade e aposta no talento dele, me incentivando a me associar ao cineasta. Dou-lhe ouvidos e vou até o hotel no bulevar Raspail onde ele fixou residência.

Quando chego ao seu quarto, compreendo na mesma hora que não é uma armadilha. Um curta-metragem está mesmo sendo filmado ali: Godard não está sozinho, mas cercado de toda uma equipe de jovens alegres e simpáticos. O que transparece dessa reunião cinematográfica em um quarto de hotel é uma atmosfera de liberdade e alegria cativante.

A história de *Charlotte e seu namorado*, uma lengalenga misógina na qual uma mulher larga o homem que está no apartamento por um outro que a espera embaixo, na entrada do prédio, depois de pegar a escova de dentes, contribui para isso. Mas é o modo de dirigir sem dirigir de Godard que garante isso. Para ele, nada nunca é escrito. As cenas devem nascer no momento, e os personagens continuar flutuantes, complexos, tão pouco caracterizáveis quanto acontece na vida real. Somos máscaras e máscaras seremos. Ele dinamita as noções de personagem e de roteiro. Só se encontra quando se perde, e evita solenemente saber aonde vai para ter certeza de atingir seu objetivo. Busca a surpresa incessante, a improvisação, algo vivo.

Essa maneira natural de fazer cinema me agrada tanto que me solto completamente na interpretação. É um prazer desconhecido, novo. No final dessa breve e animadora filmagem, Godard me diz, com seu sotaque suíço do cantão de Vaud: "Quando eu fizer meu primeiro longa-metragem, vai ser com você".

Essa promessa, confesso, aquece meu coração, mas a encaro como um desejo, uma promessa do cinema, uma ilusão do momento. Os artistas, muitas vezes, não têm meios de realizar seus projetos, muito menos a constância.

Algumas semanas depois, contudo, ele entra em contato de novo – dessa vez por escrito. Como estou prestes a me esfalfar na Argélia, tenho o privilégio de receber uma carta de Godard, na qual pede minha autorização para ele mesmo dublar meu personagem de *Charlotte e seu namorado*. E termina a carta com o compromisso de me dar o papel principal no seu primeiro longa-metragem.

Ali, no fundo do buraco onde estou, fico encantado com sua mensagem, que me parece ainda mais louca do que o primeiro convite. É claro que dou autorização para ele assumir meu lugar, já que estou preso naquele fim de mundo, para que seu curta-metragem possa ser finalizado.

E *Charlotte e seu namorado* não apenas é lançado, mas também recebe a opinião favorável dos críticos. Por outro lado, me ouvir recitando aquele monólogo em versão suíça, entrecortado de exclamações ditas com indiferença, me causa um efeito estranho. E em outras pessoas também. Jacques Becker, que queria me contratar para o seu filme *A um passo da liberdade*, desiste por causa daquela voz que não é minha. As pessoas notam a minha atuação no curta-metragem de Godard, mas se cria um mal-entendido em relação ao contraste entre minha aparência e meu timbre de voz.

Pouco tempo depois de o filme sair e eu voltar da Argélia, Claude Chabrol – que faz parte da mesma corrente libertária que meu novo amigo suíço e já devia saber que fui dublado em *Charlotte e seu namorado* – aceita a proposta dos irmãos Robert e Raymond Hakim, que produzem seu filme *Quem matou Leda?*.

Eu os conheci por acaso, quando um dia, andando pela avenida Champs-Élysées, encontro Jean-Claude Brialy, com o qual muito convivo lá pelos lados da rua Saint-Benoît. Ele parece estar muito mal: sofre de um horroroso problema na coluna e precisa fazer uma cirurgia que o obrigará a abandonar, três dias antes de as filmagens começarem, seu papel no longa de Chabrol. "Ligue para os produtores, os irmãos Hakim", diz ele. "Estão procurando alguém para me substituir com urgência!"

Agradeço a dica e vou embora. Quando chego ao escritório dos magnatas, eles começam por me achar feio e exprimir claramente sua opinião. Em função disso, vou logo virando as costas, mas os dois se desculpam com palavras melosas. Alguns instantes depois, se aproveitam da minha credulidade de ator iniciante na sétima arte para economizar no meu cachê. Contam que o diretor tem sérias reservas a meu respeito, que não quer me dar aquele papel, que a única maneira que têm de me impor, apesar de serem produtores, é o argumento do custo. Se eu sair barato...

É só mais tarde, conversando com Claude Chabrol, que descubro o golpe. Mas consigo o principal: sou contratado para interpretar um personagem com o qual tenho afinidade, um indivíduo perturbador que denuncia a hipocrisia da sociedade, um verdadeiro rebelde.

Com Chabrol, a liberdade do tom também me permite brincar com a minha loucura, perseguir minhas intuições ao ponto do excesso, ir além do que me pedem. Às vezes, contrariando as boas maneiras. Certa vez, tiro a cueca diante de Madeleine Robinson, que não esperava que eu fizesse aquilo. Fica tão vermelha que dá para ver no filme.

Mario David, o mais louco dos meus amigos, também consegue um papel em *Quem matou Leda?*, o que acaba fazendo com que eu me solte ainda mais. E Philippe de Broca é assistente de direção...

O fim dessa filmagem nos deixa tão tristes quanto uma despedida numa estação de trem em um dia de mobilização das tropas para a guerra. E fico definitivamente convencido de que adoro a Nouvelle Vague. Seus gênios – Chabrol, Truffaut e Godard – se ajudam para levar a cabo a revolução. Escrevem juntos, se inspiram mutuamente, se beneficiam do sucesso uns dos outros.

Jean-Luc Godard não tinha mentido. Corre o boato de que seu projeto de longa-metragem com roteiro de Truffaut e assistência de Chabrol – que tinha sido coroado com o sucesso de *Nas garras do vício* e *Os primos* – está prestes a se concretizar. Um pequeno produtor tinha aceitado financiar o filme, e o diretor procura sua atriz principal. Já tinha recebido um não de Annette Stroyberg – ou melhor, de Roger Vadim, que tinha medo de deixar a namorada nas garras do conquistador suíço. Quanto ao ator, eu não tinha ouvido nada a respeito, mas supus que Godard contrataria a primeira celebridade que aceitasse. Eu já tinha experiência suficiente para não acreditar naquele tipo de declaração.

Porém, dessa vez, a oferta parecia séria, foi mantida desde que ele teve a ideia. Godard me telefona para anunciar que serei, se estiver de acordo, o ator principal de *Acossado*. E não fico sabendo mais nada antes que comecem as filmagens. Sem me dar o roteiro de Truffaut, ele resume a história do filme nos seguintes termos: "É a história de um cara que está em Marselha. Ele rouba um carro para encontrar a namorada. Vai matar um tira. No final, morre ou mata a mulher, veremos". E depois marca um encontro comigo no Fouquet's, na avenida Champs-Élysées, para fechar o contrato.

Contrato que assino contrariando a minha agente. Ela afirma que estou cometendo o maior erro da minha vida, porque preferia me ver em um filme do consagrado Julien Duvivier, diretor de *Um carnê de baile*. Ela está tentando conseguir um papel para mim no novo filme dele e acha o cachê que receberei de Godard ridiculamente baixo: 400 mil francos antigos.

De fato, Georges de Beauregard é um produtor pobre que se vale de subterfúgios para economizar um dinheiro que não tem. Aceitou a escolha de Godard, pouco onerosa, mas também se preocupa em contratar uma atriz de baixo custo.

O diretor que, embora tolo, não deixa de ser malicioso, sugere Jean Seberg, que tinha alcançado uma certa notoriedade com *Joana d'Arc* e *Bom dia, tristeza*, dirigidos por Otto Preminger. Ele argumenta que, por estar morando em Paris, a atriz não vai mais para os Estados Unidos com tanta frequência e que vai ser fácil cancelar o contrato dela com a Columbia Pictures por uma ninharia.

Ao escutar a estratégia do cineasta, Beauregard tira os óculos, o que equivale a emitir uma opinião muito favorável.

Até pergunta ao intelectual astuto, para não parecer muito prosaico, muito filisteu, se não é uma concessão muito dolorosa para ele contratar Jean Seberg para fazer *Acossado*. É o mesmo que perguntar a um urso se ele gosta de mel: Godard, na época, tem uma paixão secreta pela atriz americana e sonha em filmar com Jean para se aproximar dela.

Georges de Beauregard manda um telegrama de vinte páginas para a Columbia pedindo que emprestem Jean. E a produtora concorda, feliz por se livrar de uma atriz que custa os olhos da cara e não lhe rende nem um tostão.

Godard fica mais do que satisfeito. E me confessa antes de começar a filmagem: "O que amo nela é o mistério que exala. Podemos pedir para interpretar qualquer coisa com verossimilhança. Jean pode ser uma garça, um anjo, uma puta. Uma virgem retardada ou uma ninfomaníaca".

De fato, Jean corresponde ponto por ponto à imagem que Godard faz das mulheres na época, que é muito ruim. Ele critica o sexo frágil por ser impenetrável, egoísta e preguiçoso demais, a ponto de sacrificar tudo pela segurança. Sofre, creio, por não causar nas mulheres o efeito que causa nos produtores e nos jornais. Em sua defesa, pode-se dizer que as mulheres preferem mesmo um belo rapaz musculoso e bronzeado a um intelectual pálido e torturado. Em defesa delas, pode-se dizer que Godard nem sempre se esforça para parecer amável e vencer sua timidez. Sua propensão à mudez não ajuda em nada.

Certa noite, ele me leva para jantar. Fico feliz de ir à pizzaria da rua Saint-Benoît com ele, mas logo me decepciono: o cineasta não se dá o trabalho de pronunciar uma palavra. Estar comigo naquela mesa parece lhe causar sofrimento.

Será que está conversando comigo por telepatia? Minha noite é de um tédio mortal, mas original. Quando nos despedimos, ele me parece estar encantado, porque diz: "Foi uma ótima refeição, você não acha?".

Nada é comum com Godard. Acabo descobrindo que o famoso roteiro escrito por Truffaut, no qual supostamente *Acossado* foi baseado, não é nada mais do que um pedaço de papel com um resumo da história, ou melhor: com um ponto de partida: "Em Marselha, um jovem gângster rouba um carro americano para voltar a Paris. Para escapar de um posto policial na estrada, ele mata um patrulheiro rodoviário. Em Paris, se reencontra com uma jovem americana e tenta convencê-la a sair do país com ele. A moça hesita, mas não pensa duas vezes antes de denunciá-lo para escapar de uma chantagem da polícia. O jovem gângster, traído pela mulher e decepcionado, se deixa assassinar pelos dois policiais que estão no seu encalço". Outra mentira no anúncio dos créditos do filme é a "supervisão de Claude Chabrol".

Evidentemente, Godard é habilidoso demais para precisar de babá. E de roteiro.

Na véspera do primeiro dia de filmagem, ele ainda não tem nada escrito. Eu, que estou habituado a ver diretores andarem por aí com toneladas de papel e pacotes de adaptações xerocadas, me surpreendo ao vê-lo de mãos vazias e pergunto, por curiosidade: "Você sabe, pelo menos, o que vai fazer?". E recebo uma resposta bem longa: "Não", que atiça ainda mais a minha curiosidade.

No dia seguinte, 17 de agosto de 1959, ele chega com folhas de caderno cheias de anotações e de desenhos. Das quais nunca se utiliza. As únicas certezas que tem são em relação ao perfil psicológico dos seus dois heróis e às três linhas da história. O resto vem sozinho, na hora. O tom do filme de Godard me é dado desde os primeiros minutos da filmagem:

liberdade absoluta, por vezes desconcertante. Aponta para o Univers, no bulevar Saint-Germain, e me diz:

– Está vendo aquele bar? Entre nele.
– E faço o quê?
– O que você quiser.

Em seguida, quer que eu entre em uma cabine telefônica. Do mesmo modo, pergunto:

– E falo o quê?
– O que você quiser.

E o dia se desenrola como começou, na vagabundagem. O que muito me agrada. Não penso mais no que Godard quer, já que ele mesmo parece não saber. Interpreto, improviso, digo algumas frases. Reencontro a pureza dos meus espetáculos de verão com outras crianças em Clairefontaine, nossa criatividade correndo solta, nossa audácia estimulada pela benevolência do público, composto pelos nossos pais.

Mais uma vez, sou um menino que não cresceu, um delinquente que ninguém pode condenar, um criminoso sem crime, um assassino de mãos limpas, uma criança-prodígio. Godard está prestes a me conceder a formidável impunidade por ser eu mesmo. Tenho plenos poderes sobre o meu ser, o autêntico, aquele que a câmera pode capturar mas não aprisionar. Sou eximido da realidade: posso mijar na pia, fumar de peito nu na cama por quinze minutos, fazer amor debaixo dos lençóis e injuriar os espectadores: "Se você não gosta do mar, se não gosta da montanha, se não gosta da cidade e não gosta do campo, vá se catar!".

Esse primeiro dia de filmagem parece um dia de férias. Horas antes do previsto, o cineasta decide, para a nossa surpresa, que vamos parar. E faz isso mais algumas vezes ao longo da filmagem, sem que fiquemos chocados nem incomodados. Pelo contrário.

A única pessoa que leva a mal essa redução da jornada de trabalho é o produtor.

Jean Seberg e eu nos entendemos muito bem e nos divertimos como crianças. Preciso confessar que temos nossas dúvidas quanto ao destino desse filme maluco. Temos consciência de todas as transgressões acumuladas por *Acossado* e imaginamos que será um fracasso. Mas nos rendemos à loucura – não temos mais nada a perder.

A equipe técnica, reduzida ao mínimo, com um câmera, Raoul Coutard, armado de uma compacta Caméflex, pode seguir todas as nossas torpezas com agilidade.

O resultado, do qual duvidamos, assim como Jean, é determinado na cabine de imprensa do filme. A reação dos críticos ali presentes – um deles ri quando, no começo, pego no volante do carro que acabei de roubar e digo: "Pé na tábua!" – prova que não acabamos de participar de uma porcaria qualquer.

Minha agente, com sua opinião virulenta, pensa o contrário e se opõe ao lançamento do filme. Ela me ameaça, afirma que o filme será meu fim precoce, que é vergonhoso e acabará com a minha carreira de uma vez por todas.

Quando, no dia 16 de março de 1960, *Acossado* é lançado no cinema, em quatro salas de Paris, peço para Élodie observar e escutar os espectadores que são, em sua maioria, intelectuais esnobes cuja opinião sei que vai determinar a recepção do público.

De minha parte, fico na Champs-Élysées com meu amigo Charles Gérard, do Avia Club.

No começo da tarde, ficamos em volta do cinema Le Balzac, onde o filme será projetado. Vemos uma fila que já se avoluma na entrada. Não volto lá: quase fico tentado a contar para as pessoas que estou no filme. O dono da sala – que conhece Charles – nos vê desviar do público e dispara: "Seus canalhas, em vez de pagar figurantes para formar a fila, seria melhor ter investido mais em divulgação!", comentário que nos surpreende de início e nos deixa lisonjeados em seguida.

Quando minha mulher volta, com um sorriso tão grande que mal passa pela porta, tenho certeza de que o filme foi um sucesso. Pergunto: "E então, o que disseram?". E ela responde: "Não lembro mais, falaram tanto, todos ao mesmo tempo!".

No dia seguinte, me dão todos os detalhes e me contam, principalmente, que, em uma das exibições, Jean Cocteau exclamou, diante de sua plateia de admiradores: "Ele teve sucesso onde todos os outros falharam", se referindo a Godard. Sobre mim, declarou: "E aquele jovem, cujo nome nem quero saber, está acima de todos os outros".

É uma nova categoria de filme e constitui uma verdadeira explosão libertadora. As pessoas ou se indignam ou ficam extasiadas. Todos têm uma opinião. As regras, morais e cinematográficas, foram meticulosamente dinamitadas. Mesmo aqueles que só podem invejar a genialidade de Godard, seus colegas cineastas, o colocam em um pedestal.

Dessa vez, há algo que ultrapassa o simples enquadramento da tela: as pessoas estão assistindo a um fenômeno, a um filme impregnado de vida e que exerce influência sobre ela. Nada mais será igual depois de *Acossado*, cujo efeito é, ironicamente, libertador, ao contrário do que o título sugere.

No dia seguinte ao lançamento, minha cara figura na primeira página de todos os jornais. Mas é a reportagem de um jornal respeitado e sério, o *L'Express*, que mais me deixa lisonjeado.

A jornalista Madeleine Chapsal não se contenta em celebrar a modernidade do filme; ela me descreve como o representante de uma geração, o herói de um novo gênero, ao mesmo tempo forte e frágil. E relata minha resposta para uma pergunta que, na verdade, foi bem imbecil: "O que você acha da sua aparência?". Desde o Conservatório, me davam epítetos nem um pouco lisonjeiros: "jovem protagonista feio", "iniciante dos traços ingratos", "cara esquisita". Esses comentários incessantes não me magoam, mas continuam me espantando. As comparações – desfavoráveis para mim – com Alain Delon nem tinham começado, eu sou um feio genérico. Édith Piaf ainda não havia declarado: "Saio com Delon, mas volto com Belmondo".

Mas o papel muito romântico que desempenhei em *Acossado* acaba me colocando na categoria "sedutor de aparência tosca". Minha feiura ganha um novo valor. E eu, uma eterna vermelhidão de vergonha pela minha resposta à famosa pergunta: "Acho que sou charmoso".

No dia seguinte à projeção de *Acossado*, tudo muda. Meu telefone não tem mais paz, a ponto de me convencer a mudar de número. Os contratos pululam como os peixes da pesca milagrosa da Bíblia, e os cachês que me oferecem parecem gigantescos. Depois de dez anos lutando para tentar conseguir um papelzinho aqui, outro ali, e para impor meu jeito tão natural de representar, enfim sou reconhecido, amado, requisitado. Dali em diante, as pessoas viriam até mim. E eu não teria mais que me esfalfar arranjando oportunidades de ganhar a vida exercendo minha profissão. A obra-prima de Godard é o meu cartão de visitas.

A glória tinha chegado, por enquanto. Será preciso que dure um pouco mais para que eu me convença completamente. Passei muitos anos de sufoco antes disso para ficar confiante de uma hora para outra, compreendo o significado das palavras "provisório", e "efêmero". Tenho, acima de tudo, uma dívida eterna com os cineastas que me escolheram enquanto eu ainda era um nome obscuro, que tiveram a coragem de confiar em mim antes de *Acossado*.

Claude Sautet é um desses sujeitos audaciosos, capazes de afrontar os produtores para impor os atores que deseja. Ele quer que eu contracene com Lino Ventura em *Como fera encurralada*, uma adaptação para o cinema de um romance de José Giovanni, feita com a colaboração do autor, que narra a amizade entre um velho gângster e um jovem mafioso generoso.

Mas os produtores vetam meu nome, que não vale nada, não quer dizer nada. Querem Gérard Blain, Laurent Terzieff ou Dario Moreno para o papel e ignoram os desejos de Sautet. Mas ele não desiste, apoiado por Ventura – cujo agente diz que serei responsável pelo fracasso do filme – e Giovanni. Por semanas, meu nome envenena a maioria das conversas com os investidores. Mas Claude bate o pé e é firme. E acaba vencendo, porque se sente à vontade para não fazer o filme se os produtores se recusarem a pôr minha cara na tela. Se não for comigo, nada de filme.

É claro que eu fico lisonjeado e feliz de ser tão desejado para esse filme que, além do mais, me agrada muito. O personagem, um bandido que revela ter mais moralidade que o previsto, e suas trocas de afeição viris e silenciosas com seu amigo mais velho, me comovem a ponto de eu me entregar ao trabalho com energia e entusiasmo.

Meu companheiro de cena, Lino Ventura, cujo lado "brutamonte" o cineasta tenta atenuar, também é mais amável do que parece, gentil e brincalhão, como eu gosto. Além do mais, tem a nobreza de aceitar dividir o alto do cartaz comigo, com o mesmo tamanho de letra, quando *Como fera encurralada* sai, junto com *Acossado*, conquistando um sucesso equivalente em número de ingressos: dois milhões.

O ano de 1959 é um ano erótico para mim, o ano em que sou recompensado, e me dá a impressão de ser rico como um marajá e tão desejável quanto Brigitte Bardot em *E Deus criou a mulher*.

Com o que mais eu poderia alimentar o meu furor pela vida a não ser comprando meu primeiro AC Bristol, cinza, um carro esplêndido com o qual eu flertaria com o perigo, a duzentos quilômetros por hora?

11

COM TUDO E A TODA

Uma chuva fina começou a cair sobre a pista escorregadia, que não absorve mais a água. Meu Dauphine Gordini laranja é uma pequena joia precisa, e dirijo o carro como ele merece: bem e rápido.

A paisagem de Charentes, no sudoeste da França, com suas inúmeras curvas, é perfeita para essa viagem de carro. Aproveitei a tarde de folga combinada com a produção para levar Jérôme, filho de Jeanne Moreau, que tem dez anos, para a praia. O menino a acompanha nas filmagens de *Duas almas em suplício*, dirigidas por Peter Brook, uma adaptação do livro de Marguerite Duras, que está no auge da fama depois que Alain Resnais levou *Hiroshima, meu amor* para as telas.

Irritada por não ter recebido um percentual da bilheteria do filme *Os amantes*, de Louis Malle, onde interpretou a heroína, a atriz decidiu coproduzir *Duas almas em suplício* com Raoul Lévy e sugeriu meu nome para interpretar o personagem principal à autora e ao diretor. Eles quiseram me encontrar para conversar, o que me rendeu uma noite muito desagradável.

Eu os encontrei em um restaurante, onde achei que queriam descobrir mais sobre mim fazendo perguntas. Mas não falaram nada durante a refeição, exceto com o garçom. Compartilhei um jantar com uma galeria de estalactites que, para completar, não paravam de me olhar fixamente.

Depois de uma hora e meia dessa convivência excessiva, Marguerite Duras se levantou da cadeira e, dirigindo-se a mim, exclamou, em um tom marcial: "Você não tem nada a ver com o personagem!". Peter Brook, sem se mexer, repetiu: "Nada a ver".

Eu levantei e fui embora sem dizer uma palavra e sem me arrepender. Jeanne Moreau insistiu: "Não se preocupe. Eu acho que você é perfeito para o personagem".

E ela também é muito teimosa. Conseguiu convencer os dois que seria interessante chamar o ator "fabuloso" de *Acossado*. Eu sonhava em atuar ao lado dela, por isso assinei o contrato, feliz, e até abandonei os ensaios de *Um castelo na Suécia*, peça de Françoise Sagan.

Minha alegria, infelizmente, se transformou em tédio e irritação. Eu não tinha com Peter Brook nenhuma afinidade, e, entre nós, reinava uma forma muito avançada de falta de comunicação. Sua primeira assistente, Françoise Malraux, era mais simpática do que ele.

Além disso, a cruel ausência de ação dramática, a insustentável gravidade dos personagens, cuja introspecção era bem pouco cinematográfica, a história de amor sem graça, para não dizer platônica, o hermetismo total e magnífico de um texto que, por ser tão obscuro e cansativo, devia ser muito inteligente, minaram o meu entusiasmo inicial. Jamais me senti tão exausto durante uma filmagem.

Duas almas em suplício me parecia ainda mais maçante que o conjunto dos professores franceses que tentaram estragar minha infância. A severidade de Peter Brook não me convinha, e as complexidades de Marguerite Duras me deixavam exausto.

O set era vítima de um intelectualismo ridículo. E o francês macarrônico do diretor não facilitava nossas conversas. Brook chegou a me perguntar se eu compreendia minhas falas, como se tivesse me pedido para traduzi-las em inglês porque ele mesmo não as entendia. Avançamos aos trancos e barrancos, fingindo que estava tudo bem, o que me perturbava, já que não gosto nem um pouco de hipócritas e pretensiosos. Por causa de suas inseguranças, o diretor não hesitava em nos perseguir, multiplicando o número de tomadas até nos causar esgotamento.

Certa noite, em que estamos mais uma vez vagando sem rumo, perco a paciência. Como não consigo entender qual a intenção de Peter Brook – nem ele, aliás – e vejo que vamos ficar acordados até a hora do café da manhã, informo que vou dormir. Com um tom mordido, ele dispara: "Como assim, você vai dormir? Logo você, que é boxeador?". E respondo com uma calma que mais parece sonolência: "Sim, quando as lutas são duras demais, eu jogo a toalha".

Com esse bando de neuróticos, fico deprimido e quase me arrependo de ter largado o alegre cinema italiano, do qual desisti por vontade própria, consumido por uma espécie de antipatia pelo país. O sucesso de *Acossado* tinha ultrapassado as fronteiras da França e chegado a Roma, de onde começam a me chamar. Por fidelidade às minhas aspirações de jovem e saudade da minha viagem no Frégate com Marielle, acabo por combinar uma sequência de filmagens com cineastas italianos. A imprensa do país da bota tinha me apelidado de "il Bruto", que traduzi erroneamente como "o Bruto", apelido que me parecia inadequado, mas divertido. Quando fiquei sabendo que significava "o Feio", parei de achar graça.

Os jornalistas italianos se deleitavam com os casais que eu formava. Eu, no papel de vilão, com as maiores estrelas femininas, beldades formidáveis e exuberantes, tigresas indomáveis como Gina Lollobrigida, Claudia Cardinale, Sophia Loren e Pascale Petit.

Em comparação com a França, a cena cinematográfica italiana é puro brilho e glamour. As atrizes se comportam como divas, andam de Rolls-Royce, bebem champanhe como se saísse da torneira e usam capas vermelhas para incitar o frenesi dos paparazzi.

No começo, não me sinto muito à vontade naquele ambiente reluzente. Mas acabo me dando bem com as minhas colegas mulheres, me divertindo com elas. Eu brincava com Sophia Loren – que se aproveita do poder de Carlo Ponti, seu marido e produtor do filme – e caçoava um pouco com trocadilhos simplórios com seu nome, como "Quiche Lorraine".

A filmagem de *Duas mulheres* me permite trabalhar com o grande Vittorio De Sica. E o que mais me impressiona é a postura do *commendatore*. Bígamo assumido, nos apresenta à família matriz no primeiro fim de semana e à filial no segundo. É capaz de pegar no sono entre as tomadas de uma cena crucial, de declaração de amor, acordar depois de trinta minutos, durante os quais ninguém tinha ousado sair do lugar, e dizer: "Corta! *Perfetto!*".

Desde o início, me divirto interpretando um jovem camponês ao lado de Claudia Cardinale em *Caminho amargo*, dirigido pelo encantador Mauro Bolognini. Gosto muito do entusiasmo, da poesia e da doçura que dele emana.

No começo, tive minhas reservas para aceitar o papel, porque queria fazer uma pausa, parar de trabalhar depois de ter filmado quatro filmes no mesmo ano. Tinha me casado, mas não tive tempo de fazer minha lua de mel com Élodie. Era o momento certo.

Ao voltar para Paris, passo na produtora para resolver alguns assuntos e confirmar minha recusa. Tem um sujeito sentado numa cadeira, me esperando. Tenta me convencer a aceitar o papel em *Caminho amargo*. A cada argumento dele, respondo com firmeza: "Não, não posso". Mas, de repente, meu interlocutor, muito seguro, põe uma maleta cheia de notas em cima da mesa. Fico olhando para toda aquela fortuna, penso por alguns segundos e me convenço de que nossas férias podem ser adiadas e que serão mais do que merecidas e... bem luxuosas. Aceito a proposta irrecusável.

Na filmagem com Claudia Cardinale, cujo temperamento não é muito diferente do meu, me sinto um peixe dentro d'água. Ela recompensa minhas piadas com uma bela risada, grave, espontânea e contagiante. Voltamos à infância, com um prazer inigualável. O filme acaba conquistando um lugar especial no meu coração. Ainda bem que não deixei escapar essa proposta. Teria me arrependido.

Deveria ter tido essa mesma cautela com o longa-metragem *Mar louco*, de Renato Castellani, que foi um fracasso de público. A filmagem com Gina Lollobrigida foi uma oportunidade para entender que aquilo que os atores dizem no set às vezes não tem a menor importância, porque as vozes não são registradas pelo som direto. Durante as tomadas, eu falava francês; Gina, italiano, e, pouco a pouco, nossas falas se tornam absurdas. Descobri uma nova diversão. E já abusava dela.

Depois de um tempo, saí da Itália para voltar ao local onde outros projetos já estavam à minha espera: a França. Com Henri-Georges Clouzot, que preparava o filme *A verdade*, com Brigitte Bardot, a superstar da época, no papel principal. Ela queria que contratassem seu namorado, Jean-Louis Trintignant, para ficar mais à vontade nas cenas de amor, que eram bastante "fortes".

Mas o diretor, um tanto manipulador, fez questão de prolongar as audições e impor a B.B. uma série de testes com todos os jovens atores de Paris. Incluindo eu.

É claro que, para irritar Bardot, Clouzot pediu que fizéssemos uma cena tórrida. E não foi nenhum sacrifício para mim abraçar, acariciar e beijar aquela mulher magnífica. Eu estava prestes a desmentir Pierre Dux, que tinha me condenado por causa da minha aparência. Na Itália, eu tinha segurado em meus braços beldades mundialmente famosas, e a mesma coisa acontecia no meu país. Brigitte Bardot.

Mais tarde, pude me vangloriar de ter filmado com todas as mais belas atrizes da minha época. Como Romy Schneider, com a qual trabalhei em *Um anjo sobre a Terra*, do diretor húngaro Géza von Radványi, logo depois de *Charlotte e seu namorado*, de Godard. Ela era esplêndida e atuava de modo formidável, mas se comportou um pouco como estrela durante a filmagem em Mônaco, caprichosa e desdenhosa. Henri Vidal, a outra estrela do filme, reclamou que ela o tratava como "uma criada".

Clouzot, satisfeito com os meus testes ao lado de Bardot, me chama de lado para me explicar o papel, que é de um maestro. Não me sinto capaz de interpretá-lo, dada a minha vasta ignorância em matéria de música, que eu não tenho nenhuma intenção de superar por meio do estudo. Confesso ao cineasta que não estou empolgado, mas que vou pensar no caso.

Naquele dia estou apressado – ele mesmo disse –, porque tenho uma reunião marcada para fazer uma outra audição, para *Duas almas em suplício*, o longa de Peter Brook. Mas Clouzot decidiu que eu não ia embora sem antes aceitar sua proposta. Ele me segurou tanto quanto pôde, até eu levantar e tentar ir embora, porque estavam me esperando. Tento abrir a porta, sem sucesso: ele havia nos trancado. Sou tomado pela irritação: ameaço arrombar a porta ou pular pela janela.

Diante do meu furor, ele acaba por se resignar e tirar a chave do bolso. Permite que eu vá embora, não sem antes me insultar e vaticinar a morte da minha carreira.

Acabo escapando de Clouzot só para cair nas garras de Peter Brook, que não é nem mais agradável nem menos temperamental.

Sempre que tenho oportunidade, pulo no meu possante para escapar aos rigores da dupla maléfica que o cineasta forma com a autora, Marguerite Duras.

Convidei Jérôme – que está quase tão incomodado quanto eu, preso com aqueles loucos de cara feia quase sem senso de humor – para ir à praia à tarde. Meu carro tem um motor nervoso; então, para distrair o pequeno, piso fundo. É o meu hábito: treino para ser piloto amador de Fórmula 1 desde que comprei meu primeiro bólide.

A velocidade corre no meu sangue; ou me falta totalmente adrenalina na filmagem. Até este ponto, fiz todas as curvas sem derrapar. Mas, na saída de Lorignac, sou surpreendido por uma curva mais fechada do que eu havia previsto e a faço rápido demais, a noventa quilômetros por hora. Derrapo e freio bruscamente para não cair em uma vala. Então, o motor acelera, o carro escapa ao meu controle e capota diversas vezes antes de aterrissar no meio de um campo com um nome profético: "A queda do homem".

Acordo no hospital de Saintes em pânico. "E o menino?", grito, com os olhos entreabertos. As notícias não são nada boas: ele foi encontrado desacordado, com a cabeça sangrando, estirado a alguns metros do meu carro. Está em coma, fazendo radiografias. Os médicos detectaram um grave traumatismo craniano. Nunca me senti tão mal em toda a minha existência. A dor do meu braço quebrado é mascarada por outra, bem mais aguda e insuportável: culpa, preocupação e tristeza. Não paro de rever o acidente na minha cabeça e refazer aquele filme, mudando o resultado.

Entretanto, eu não estava rápido demais. O carro não poderia ter saído da pista daquele jeito. Isso não poderia ter acontecido. Pela primeira vez, eu adotava o mínimo de prudência, era um cara responsável.

A compaixão que sinto por Jeanne Moreau não é apenas por obrigação. Também sou pai.

Naquela época, minhas duas filhas, Patricia e Florence, já tinham nascido. Eu era um pai contente, afetuoso, muitas vezes indulgente e amoroso. Amadureci de uma hora para outra, me tornei um adulto com deveres e responsabilidades. Já ao casar, tinha me acalmado um pouco em relação às palhaçadas, às saídas e ao uísque. Ser pai, por sua vez, me incitava a voltar às palhaçadas para divertir minhas pequenas.

Dessa vez, não tenho a menor vontade de rir. Penso nas minhas filhas, em Jérôme, em Jeanne, e a angústia me invade.

Os médicos suavizam os horrores que me sufocam me injetando barbitúricos. Mas o calvário dura uma semana, durante a qual estou disposto a morrer para salvar o menino. Ele continua em coma, e ninguém pode garantir que sairá desse estado. Não ouso mais olhar seus pais nos olhos, fico arrasado, me comendo por dentro.

Jeanne, lívida e perturbada, permanece ao lado do filho noite e dia, mas jamais me diz uma palavra de censura nem menciona a minha imprudência.

Felizmente, a vida do menino e a minha são poupadas, graças a Jérôme, que sai do coma, e ao testemunho do motorista do Citroën 2CV, que estava atrás de mim no momento do acidente e confirma que eu não estava correndo. Eu poderia, merecidamente, ser convocado para um julgamento no tribunal de Saintes e responder à acusação de homicídio culposo.

Esse acontecimento acabou terminando bem pra mim. Jeanne Moreau não quis prestar queixa, e Jérôme voltou para a escola depois de três meses de convalescência, para a minha grande alegria. Nunca fiquei tão feliz de ver uma criança voltar para a escola.

As filmagens foram encerradas antecipadamente por causa desse drama, sem comprometer o filme, que Peter Brook apresentou no Festival de Cannes. *Duas almas em suplício* recebeu vaias e xingamentos, mas minha amiga Jeanne Moreau saiu de lá com o prêmio de melhor atriz.

Alguns ficaram tristes ao ver que Brook foi indicado à Palma de Ouro que Godard merecia por *Acossado*. Mas, como disse Jean Cocteau durante a projeção: "É como pedir para os canibais batizarem o seu filho. No final da cerimônia, você não encontra mais a criança". A obra-prima de Jean-Luc escapou dos dentes do júri e o ajudou, na verdade, a se lançar na produção do seu segundo longa-metragem, uma comédia na qual ele também quis que eu trabalhasse.

Dessa vez, para interpretar o papel feminino de *Uma mulher é uma mulher*, ele descobre uma antiga modelo de

Pierre Cardin, Anna Karina, por quem está, como sempre, completamente apaixonado. Além de contracenar com essa encantadora e talentosa atriz, atuo também com Jean-Claude Brialy, meu velho companheiro, que é diversão na certa.

Godard, por sua vez, não mudou nada: continua o mesmo varapau bizarro, mudo e fanático por notícias sobre esporte, em particular tênis e boxe. No set, sempre deixa as cenas correrem ao acaso. Mas não me habituo ao seu culto ao silêncio, que às vezes me soa quase como desprezo.

Um dia em que ele não dá a menor atenção para mim e para Brialy, eu lembro a ele de que não somos móveis decorativos, que não fazemos parte do cenário e somos dignos de ser seus interlocutores.

Na esteira de *Acossado*, ele conseguiu fazer uma obra explosiva, subversiva, chocante, revolucionária. Mas, dessa vez, foi longe demais nos conceitos, nas inovações pós-modernas. E suas alusões, suas referências à vida real no filme, aos atores por trás dos personagens, não convenceram os espectadores, habituados a uma loucura mais direta, menos cerebral.

Com esse segundo filme, Godard se distanciou do grande público. Já os críticos não cansaram de fazer inúmeras observações e análises, para as quais *Uma mulher é uma mulher* se prestava perfeitamente.

E, no Festival de Berlim, lhe deram o Urso de Prata de melhor diretor, por motivos que só poderiam satisfazer Godard: "A originalidade, a novidade, a audácia e a impertinência desse filme, que abala as normas da clássica comédia cinematográfica".

12

Padre, sim. Mas sem igreja

Afinal de contas, o hábito não é tão difícil de usar. Debaixo dele, dá para esconder muita coisa, incluindo a nudez, e se evita a fricção causada pelo tecido áspero da calça.

A batina me cai tão bem que penso em não mais em tirá-la. Vivo com ela, por assim dizer. Mal acordo e a visto com o mesmo prazer do menino que usa uma fantasia de super-herói. E só durmo sem ela para não a amarrotar demais.

Após um copioso café da manhã, subo no meu AC Bristol conversível cinza, com um sorriso nos lábios, o colarinho meticulosamente abotoado até o pomo de adão e me dirijo aos estúdios. É minha oportunidade de me pavonear pelas ruas de Paris por longos minutos usando minha roupa preta, dando a volta na praça d'Italie, parando nos sinais vermelhos e me deliciando com o espanto dos pedestres. Com um prazer inédito, eu os vejo piscar os olhos, como se tentassem se livrar de uma alucinação. Mas os pobres pecadores voltam a ver, sem parar, essa estranha imagem de um padre dirigindo um carro esportivo conversível. Ainda por cima, não me contento em dirigir de batina: também a uso para praticar esportes. Ao meu rebanho de almas a salvar, adiciono uma goleira. Graças à amplitude de minha vestimenta eclesiástica, defendo melhor a bola do adversário, fazendo-o, de quebra, perder a concentração. Meu placar aumenta de modo espetacular.

Eu não poderia imaginar que uma roupa de padre se tornaria como uma segunda pele para mim. Jean-Pierre Melville literalmente me assediou para que eu interpretasse Léon Morin, um padre destruidor de corações, contracenando com Emmanuele Riva, que chamara sua atenção em *Hiroshima, meu amor*, de Resnais. Eu tinha recusado a proposta em Paris e dado o assunto por encerrado. Mas, durante a filmagem de *Duas mulheres*, acabo caindo em uma armadilha montada por Carlo Ponti, que planeja produzir o filme de Melville.

O cineasta está diante de mim, amarfanhado pelo calor italiano, suando em bicas debaixo de um chapéu Stetson. A exemplo de Godard, ou vice-versa, é apaixonado pelos óculos escuros. Está eternamente com um Ray-Ban modelo aviador.

O diretor tenta me persuadir com diversos argumentos inteligentes. Na verdade, lamenta eu estar perdendo tempo com papéis que acredita serem simples demais e sonha em me ver na pele do seu personagem complexo, um padre carismático e brilhantemente perverso. Melville, evidentemente, é um homem de fé: acredita de verdade nisso. Mas eu não: sempre fui ateu, sacrílego e ímpio. Não tenho nada contra Deus, nem contra seus servidores, mas eles me parecem tão distantes de mim quanto a lua sob a qual caminhamos.

Só de pensar em encarnar um padre, de usar uma roupa de lã quando faz quarenta graus em Nápoles, onde estamos, começo a suar. Impossível. Lamento, mas o cineasta foi até a Itália por nada. Melville vai embora, e eu esqueço do assunto.

Ao voltar para a França, trabalho de novo com Godard, em *Uma mulher é uma mulher*. Os jovens da Nouvelle Vague respeitam Melville, que consideram uma espécie de precursor do movimento, por causa do filme *O silêncio do mar*, lançado em 1947. Só falam bem dele e lamentam que o mestre continue sendo incompreendido, que *Bob, o jogador* e *Dois homens em Manhattan*, seus dois últimos filmes, não tenham alcançado sucesso.

Os produtores o censuram por não ser comercial, de oferecer foie gras para quem quer torresmo. Além de sua genialidade secreta, a persistência está entre as suas qualidades.

Por fim, Melville aparece no set do filme de Godard com um meio sorriso e uma batina dentro da sacola. Devo admitir que sua atitude me agrada, sua convicção me comove. Toda a equipe de *Uma mulher é uma mulher* assiste, encantada, a Melville andar com o figurino debaixo do braço. É tudo ou nada, a última cartada. Ele me pede para vesti-la, para experimentá-la: assim posso saber como vou me sentir com o figurino – o que me soa como um desafio. Como sou ator, visto a roupa de corvo, feliz por encontrar uma oportunidade de divertir os outros. Mas, uma vez debaixo do pano, mudo de opinião. Primeiro, porque todas as mulheres presentes me elogiam, me acham magnífico com aquele figurino. Segundo, porque, como por milagre, sou tomado pela solenidade e quase começo a falar em latim fluente, com um tom austero. Em um minuto, me transformo em padre.

Aceito o convite de Melville para participar de *Léon Morin, o padre*, uma adaptação sofisticada do romance de Béatrix Beck, que recebeu o prêmio Goncourt em 1952.

Ao ler o roteiro, minha admiração pelo cineasta aumenta. Aquele sujeito não tem medo de nada, nem de longos diálogos filosóficos e entediantes sobre a existência de Deus, nem de inumeráveis conversas sobre o pecado e as virtudes, nem dos mistérios da psicologia dos seus personagens, nem da frustração voluntária criada por uma história de amor condenada a permanecer platônica, nem dos momentos sombrios do período da ocupação nazista. Sua audácia merece respeito. Ele busca a dificuldade, e adoro isso.

Melville duvida que eu consiga permanecer em um fervor absoluto durante as filmagens. Não tinha contratado nem um boêmio nem um rato de sacristia. Com ou sem batina, não posso me meter a besta, continuar achando que estou na escola, com professores para afrontar e colegas para distrair.

Na aula que eu deveria lembrar, o meu texto, há uma longa passagem em latim que deve ser recitada com uma voz sábia para a alma vulnerável de Barny, a jovem que se apaixona por mim no filme. Essa língua morta tem a tendência a entorpecer minha memória, que não gosta dela. Mas tenho que filmar essa cena e declamar o monólogo.

Resolvo usar um velho estratagema da infância: a cola. Grudo papéis por toda a parte de baixo do confessionário no qual dou a absolvição a Emmanuele Riva. Infelizmente, papai Melville me pega e puxa minhas orelhas com severidade.

Ele me pede um pouco de seriedade, porque não estamos no circo, e exige que eu me acalme, que tenha um mínimo de concentração. Invariavelmente, diz: "Concentre-se". Invariavelmente, respondo: "Se eu me concentrar, vou pegar no sono".

O cineasta acha que estou gozando da cara dele, e não está completamente enganado. Quando chega a hora de filmar a cena da declaração de amor de Barny a Léon, Melville rói as unhas. Me acha agitado, quer que eu fique mais sereno. Então, tem a ideia de me deixar de castigo e me manda para o trailer que serve de alojamento para que eu me concentre.

Essa ordem me parece completamente ridícula e infantil, mas obedeço sem reclamar e vou para o castigo.

Contudo, na hora em que eu deveria voltar para o set, não me mexo. Espero pacientemente que os assistentes venham me buscar e me encontrem dormindo, roncando, e contem para Melville.

Na verdade, para entrar no papel de Léon Morin não preciso me concentrar. No começo das filmagens, recorri à ajuda de um profissional, o abade Lepoutre, para me ajudar a ter credibilidade como padre. Eu lhe mostrei como eu imaginava que devia caminhar de batina. Ele encolheu os ombros e declarou: "Não tenho nada para lhe ensinar. Cada padre anda do jeito que quer. Não existem dois padres iguais!". O religioso reconheceu que era inútil – e, mesmo assim, não poderia adivinhar que eu já tinha um modelo na cabeça, que inspirava minha maneira profunda de ser Léon Morin: o abade Grazziani. Robusto, franco e humano, ele marcou minha infância. Eu sempre o acompanhava, ajudando a enterrar soldados americanos, o que me tornou capaz de pegar emprestado seus traços de personalidade, suas atitudes, sua aura. Lembrar dele era o suficiente.

Quando o filme foi lançado, e ninguém teve nada do que reclamar da minha atuação como padre, agradeci mentalmente a Grazziani. Os críticos acreditaram no personagem. Não fiquei ridículo em um papel sutil e sério. Até hoje, penso que Léon é uma das minhas melhores atuações da juventude.

Melville acabou se adaptando ao meu modo de ser, e vice-versa. Encontramos um terreno de estima mútua, onde conseguimos trabalhar juntos com eficácia apesar de nossas diferenças e das nossas personalidades fortes. Tanto que repetimos a experiência um ano depois, em 1962.

Filmamos *Técnica de um delator*, um filme *noir* baseado em um livro de Pierre Lesou, no qual aparentemente faço o papel do vilão, o contraponto ao personagem de Serge Reggiani. Na verdade, à medida que a história se desenrola, o espectador compreende que tenho razão, que não sou esse "delator" que, na gíria francesa, é uma palavra que significa tanto "chapéu" quanto "dedo-duro". É interessante interpretar a ambiguidade do personagem. Mas, no set, as tensões com Melville acabam surgindo.

Ele se mostra menos compreensivo, menos paciente do que durante as filmagens de *Léon Morin, o padre*. Como se tivesse desistido de se aclimatar ao meu estilo descontraído e risonho e resolvido que ia me fazer andar na linha. Faço, por generosidade, algumas concessões à sua autoridade e ao seu mau humor, mas isso não impede que surja uma animosidade que logo aumenta, até se tornar uma completa ruptura.

Mais tarde, sugeri ninguém mais, ninguém menos do que ele para fazer uma adaptação de *Um homem de confiança*, do autor de romances policiais Georges Simenon. Herdei um papel muito atrativo no filme, graças a Delon – que o trocou por *O eclipse*, de Antonioni, que eu havia recusado! Eu devia interpretar um ex-boxeador, que se tornou secretário de um antigo banqueiro forçado a fugir para os Estados Unidos e faz amizade com ele ao longo de suas peregrinações. Na hora, pensei que Jean-Pierre seria o cineasta ideal para tal projeto, que exigia fineza e talento, e impus seu nome. Para interpretar o banqueiro em apuros, seria preciso um ator bom, de idade avançada, famoso e disponível. E, por fim, Charles Vanel acabou sendo contratado.

Melville se jogou de cabeça em um grande trabalho de adaptação, bastante livre mas aprovado por Simenon, que não tinha o hábito de se apegar às suas obras e dificultar mudanças na hora de levá-las para as telas. As filmagens podiam começar, e espero impacientemente pela primeira cena do filme, uma luta de boxe com Maurice Auzel, meu amigo do Avia Club.

Eu e Charles Vanel nos tornamos amigos desde o nosso primeiro contato. Com o cineasta, foi o contrário: surge uma antipatia espontânea e intransponível entre eles. O idoso, protegido por um bom advogado, fez Melville assinar um contrato cheio de cláusulas que o deixaram irritado, sendo que uma estipulava que Vanel tinha poder de decisão. Em seguida, o desacordo se concretiza por causa da viagem aos Estados Unidos, prevista para filmar as cenas que se passavam lá. Charles não gosta de andar de avião; Melville providencia um navio, mas depois não quer mais que o ator embarque.

Nesse meio-tempo, por medo da viagem e da melancolia, o ator pede para que sua mulher o acompanhe, e isso horroriza Melville, que tem a indelicadeza de declarar: "Todas as mulheres de atores são megeras!". Depois disso, há uma troca de gentilezas mordazes.

Por causa dessas interações malcriadas, agressivas até, entre o cineasta e o ator, o clima no set fica cada vez mais pesado e nefasto. No início, prometo que me manterei neutro, para garantir uma paz relativa, mas depois apoio Vanel ostensivamente, porque Melville tem prazer em persegui-lo. Não apenas falta com respeito toda vez que fala com o ator, insistindo em mencionar sua idade, afirmando que ele não vale mais nada, mas o obriga a ter uma interpretação completamente oposta à que ele propõe. Por puro sadismo.

Como nunca deixei de ser pueril, tenho um horror saudável à injustiça. Que uma pessoa seja punida pelo mal que cometeu, tudo bem. Mas por algo que não fez ou pelo que é, acho inadmissível. Então, se o destino faz de mim testemunha de uma injustiça, eu me revolto, fico furioso, cerro os punhos, principalmente o esquerdo, ou vou logo virando a mão na cara de alguém.

Quase todos os dias, Melville procura um motivo para perturbar Vanel, que fica quieto para não envenenar ainda mais essa atmosfera já viciada. Além disso, o cineasta tem a arrogância de nos deixar esperando, e chega atrasado no set com frequência, sendo que eu e Vanel respeitamos todos os horários. Sabemos dos seus problemas de insônia, mas sua atitude desagradável não nos dá vontade de perdoá-lo. Não que ele tenha pedido desculpas, aliás. No desfiladeiro do Verdon, na região da Provença, onde fomos filmar certas sequências, a situação piora quase a ponto de se deteriorar de vez, um dia em que Melville não aparece.

A filmagem tinha sido combinada para às oito horas da manhã. Sou pontual, Charles também. Estamos prontos, assim como a equipe técnica. Só falta o chefe, Melville. Como estamos acostumados a vê-lo chegar depois de nós, não nos preocupamos. Mas, dessa vez, ele ultrapassa absurdamente o seu atraso costumeiro.

Já são dez horas, e nem sombra do cineasta. A paciência, confesso, não é uma das minhas qualidades, e começo a ficar irritado. Não gosto de ter que levantar com o galo, ainda mais quando não é para cantar. Quando vejo no relógio que já são onze horas, fico com muita raiva de Melville, que goza ostensivamente da nossa cara. Às onze e meia, estou prestes a explodir, e o coitado do Charles tenta me acalmar. Trinta minutos depois, ainda estamos na mesma e, para completar, estou com fome, o que não ajuda nem um pouco a diminuir minha cólera.

Para não ficar cozinhando a minha fúria, proponho a meu colega que aproveitemos para ir almoçar. Estamos no meio da refeição quando Yves Boisset, primeiro assistente de Melville, vem nos procurar, a pedido do cineasta. Saímos e, quando chegamos ao set, eu o ataco. Minha explosão foi filmada, o que não deixa dúvidas até hoje da extrema doçura das conversas que tínhamos naquela época:

– Não somos fantoches. Eu também estou farto, sr. Melville. E muito! Não sou um fantoche. Ontem, já esperei das oito às onze. Fiquei esperando, e o sr. Melville ficou procurando as suas abotoaduras. Se não conseguirmos filmar, a culpa é sua.

– E por que você está fazendo isso? Com que propósito?

– Com o propósito de dizer que você me dá nos nervos. Vou embora.

– Então nunca vamos terminar o filme.

– Estou pouco me lixando.

Saio dali. Por um momento apenas. Porque, por profissionalismo e amizade pela equipe como um todo, aceito continuar trabalhando sem terminar meu almoço. Apesar de tudo, tento agir corretamente, mas não me sinto no auge da minha arte, estou desmotivado com essa sucessão de atritos. Espero que as coisas se resolvam, mas Melville, infernal, dá o golpe de misericórdia.

Pela enésima vez, ataca o meu camarada Vanel, que também faz o melhor que pode. Isso me dá uma raiva que não quero mais controlar: "Deixe ele em paz. Não suporto mais o jeito como você fala com Charles. Eu já te avisei, vou embora". Mas, antes de sair andando, desconto minha raiva. Chego perto de Melville bem rápido, arranco seu Stetson e seu Ray-Ban e o empurro violentamente para que ele caia. Quando ele já estava no chão, disparo a seguinte frase: "Sem esses óculos e esse *sombrero*, você parece o quê, hein? Um sapo gordo". Chamo Charles Vanel e vamos embora. Para não mais voltar.

Depois de ser ridicularizado, o cineasta se comportou e terminou a edição do filme. Mas precisava de mim para a sincronização. Entretanto, eu ainda não havia sido pago pelo meu trabalho, como se minha saída violenta da filmagem tivesse anulado essa necessidade. Eu estava muito irritado, e mandei dizer para Melville que eu não apareceria enquanto aquilo não fosse resolvido. Demorou seis meses.

Finalmente, pagaram a dívida, e *Um homem de confiança* estreou. Mas, como se estivesse sob o efeito de uma maldição, não alcançou o sucesso esperado para um filme de Melville.

Nos anos seguintes, faço questão de lhe virar a cara. Sempre que ele tem a oportunidade, o projeto de um filme, tenta reatar o contato comigo. Em vão.

"Sou como sou, é assim que sou", diz o poema de Jacques Prévert, não posso fazer nada. Acabo por apagar da memória quem me incomoda ou me magoa. Não é uma vingança, já que eu ajo assim naturalmente, sem pensar. A outra pessoa não existe mais para mim. É simples e indolor. Geralmente, já sofri antes por isso.

E eu não o veria novamente a não ser uma única vez, por acaso. Em 17 de junho de 1972, estou em Colombes, um subúrbio de Paris, assistindo a uma luta de boxe muito importante: o argentino Carlos Monzon contra o francês Jean-Claude Bouttier. Assim que me sento perto do ringue, um homem de Stetson se senta do meu lado direito e me cumprimenta. É Melville.

Nessa noite, trocamos nossas antigas brigas pela felicidade do reencontro. Gosto dele, tenho um respeito infinito pelo cineasta. Minha opinião sobre o seu talento nunca mudou. Para mim, ele é um dos grandes, e seus filmes estão à sua altura. Nossa reconciliação ocorre no calor de uma academia de boxe, e prometemos que trabalharemos juntos de novo.

Damos risada. No fim, tudo acaba bem. Ou quase: um ano depois, ele se foi. Nos braços do escritor e compositor Philippe Labro, seu maior admirador e filho adotivo.

Depois do drama de *Um homem de confiança*, não é nenhum sacrifício pegar a estrada para a região de Camargue, no sul da França. Vou me juntar aos amigos que convidei para fazer comigo um filme com roteiro de Claude Sautet e Marcel Ophüls, que também o dirige. Trata-se de uma comédia, *Casca de banana*, que conta a história de uma mulher que recorre ao ex-marido para enganar outros vigaristas.

Uma parte da turma aceita assim que recebe meu convite: Henri Poirier, Jeanne Moreau, Claude Brasseur e meu inseparável comparsa Jean-Pierre Marielle. Começamos nos hospedando em um hotel na cidade de Martigues, cujo gerente logo passa a nos odiar. Confesso que nos esforçamos ardentemente para provocar sua irritação, criando uma alegre e permanente confusão no hotel. Como o bom humor não é seu forte, ele acaba ficando muito bravo e sobe no teto do edifício com uma espingarda. Sem saber direito quais são suas intenções, decidimos recuar. Para trás da chaminé!

Em Saintes-Maries-de-la-Mer, o gerente do hotel Les Amphores aceita com mais facilidade nossa alegria excessiva. À noite, para agradecer sua complacência, improvisamos pequenos números de teatro de revista. Imito Louis Armstrong com o maior prazer, e Jeanne interpreta Ella Fitzgerald. Também me divirto trocando de lugar os móveis de dois andares do hotel para confundir os hóspedes. Entre uma brincadeira e outra, terminamos *Casca de banana*, e preparo uma festa para meu aniversário de trinta anos, no dia 9 de abril de 1963.

Escolho o Maxim's, em Paris, para reunir meus amigos, porque nada é sagrado. Compreendo, por outro lado, que os lugares mais caros são os mais tolerantes. A orquestra do famoso restaurante até concorda em me satisfazer tocando a elaborada partitura do hino da Legião Estrangeira.

A noite e a bebedeira sempre foram nossa perdição. Michael Beaune, Jean-Pierre Marielle e eu saímos do Maxim's porque não paro de falar das qualidades da minha nova joia automobilística, um magnífico Daimler estacionado ali na frente, que eles querem ver com os próprios olhos. Faço o tour do dono e esqueço de mostrar o porta-malas. Meus amigos exigem que eu o abra para, supostamente, verificar sua capacidade interior.

No mesmo instante em que eu, todo convencido, o abro, eles se aproveitam para me agarrar, me jogar lá dentro e fechar o porta-malas. Apesar dos meus gritos, abafados pelo riso, sei que essas duas pestes não vão parar por ali – eu os conheço muito bem. E, de fato, começam a rir da minha cara. Sinto que viramos na praça de la Concorde e pegamos a direita na avenida Champs-Élysées, que percorro por completo, dentro do porta-malas do meu Daimler, todo encolhido, mas morrendo de rir.

Pelo menos no começo. Isso consome muito do pouco oxigênio disponível dentro daquela caixa hermética. Depois de alguns minutos, começo a me sentir asfixiado. Sem ter como avisar os engraçadinhos.

O passeio dura uns dez minutos. Poderia ter me matado se durasse mais. Quando abrem o porta-malas, depois de parar de novo na frente do Maxim's, estou agonizante. Tinha respirado tanto monóxido de carbono que fiquei verde, próximo de um envenenamento fatal. Meus amigos ficam até chateados por quase terem me matado no dia do meu aniversário.

Infelizmente, não é esse episódio de comédia-pastelão que a imprensa divulga em suas páginas, mas outro, tão surpreendente quanto, talvez menos bobo, que acontece dez dias depois do meu aniversário.

Estou passeando tranquilamente pelas ruas de Boulogne--Billancourt, com meus amigos Maurice Auzel e Dominique Zardi, quando vemos, em um cruzamento, um sujeito estirado na calçada, com a moto também caída, e um carro parado de qualquer jeito do lado. Paramos para prestar socorro à vítima. Ele não é muito inteligente – nem o motorista, aliás: se debulha em lágrimas, sentado na calçada.

Corro para um bistrô ali perto e chamo a polícia, que não tem a menor pressa de atender ao chamado. Quando a viatura finalmente aparece, a multidão em torno da cena do acidente tinha aumentado, assim como suas reclamações contra a lentidão e a preguiça dos policiais. No momento em que poderiam ser os salvadores da pátria, se apresentam, imediatamente, como inimigos. Um deles não tinha sequer encostado o pé no chão e vocifera: "Cala a boca!". Eu não tinha dito nada de especial, estou mais calmo do que a maioria dos indivíduos presentes. E minhas mãos dentro do bolso provam que minhas intenções são pacíficas. Mas não sou nenhum santo e tenho o hábito de responder às grosserias, de não permitir que me insultem sem reagir. Só tenho tempo de dizer um acalorado: "Cala você! Volta pra sua viatura!". Sinto uma dor agonizante na parte de trás da cabeça, onde acabaram de me golpear. Em seguida, caio no chão, nocauteado, inconsciente.

Quando me dou conta, estou semiconsciente no carro da polícia, que me leva para o hospital. Mas, chegando lá, não querem se encarregar de mim. Acabo ficando em uma cela com os bêbados de sexta-feira à noite e meus companheiros, que bancam as enfermeiras, muito preocupados comigo. Preciso dizer que me senti perto da morte, tamanho o meu sofrimento.

Por fim, acabo entrando em coma ao som da voz dos meus cúmplices, que imploram para que os guardas chamem um médico para "Jean-Paul Belmondo, o astro do cinema". E eles respondem: "Ah, tá! E eu sou o xá do Irã!".

Na noite seguinte, meu advogado consegue nos tirar da cadeia e, assim que saio dali, concordo em responder às perguntas dos jornalistas sobre minhas desventuras.

O processo acabou *ex aequo*, zero a zero. Nós e os policiais tivemos de pagar a mesma multa. Enquanto isso, agraciei o tribunal com alguns esquetes:

– Por acaso é porque vocês interpretam gângsteres que se sentem autorizados a ter tal comportamento?

– Escute aqui, madame. Interpretei *Léon Morin, o padre* e nunca tive vontade de dar a extrema-unção para ninguém.

A brutalidade da polícia me tirou do sério, porque me fez lembrar daquele sargento que quebrou o meu nariz, que jogou sujo. Com as mãos nos bolsos, eu não estava preparado para me defender contra um covarde que me atacou por trás.

Fiquei aliviado por não ter nenhuma sequela dessa vez. Três dias depois dos acontecimentos, eu não pensava mais nisso, invadido pela alegria do nascimento de meu filho Paul, no dia 23 de abril de 1963.

13

Comparsas

Não estou com medo. Estou confiante. Gil Delamare, meu companheiro, meu mestre das cenas de ação, está lá, do outro lado da rua. Ele viu que estou nervoso. Não me deixaria morrer. Disso, tenho certeza. Não estou com medo, mas me sinto mal. E, além disso, prefiro não passar muito tempo desse jeito, pendurado. Não tenho coragem de desfrutar da incrível vista que estar no alto de Brasília, essa cidade que brota da terra, me oferece.

Tem um vão de quarenta andares debaixo de mim. De manhã, o maldito cabo foi testado com meu peso em sacos de areia. Gil é um ótimo profissional: calcula e se certifica várias vezes de que a acrobacia a ser realizada é segura.

Apesar de tudo isso, o cabo entorta alguns minutos antes, enquanto eu ainda estou atravessando, colocando uma mão depois da outra, entre dois prédios, em lados opostos da rua.

E, então, fico preso ali no meio. Apesar de eu ser muito bem treinado, praticar esportes e ser musculoso, meus braços cansam.

O direito está prestes a ficar dormente. Torpor, ou: o começo do fim. Preciso fazer alguma coisa antes que a dormência tome conta do esquerdo também. Gil grita para eu agarrar o cabo com as pernas, para levantar o resto do corpo, o que consigo fazer por meio de um grande esforço dos músculos abdominais. Assim que meus tornozelos se enroscam no cabo, solto o braço direito, mas não por muito tempo. Não posso ficar aqui para sempre.

Preso pelas pernas, vou avançando lentamente sobre a corda. Tento criar coragem calculando a distância que faltava. Um metro, mais um. E, ufa!, chego ao parapeito, onde me recebem com alegria: todo mundo estava segurando a respiração.

Que alívio! Gil, que deveria fazer as cenas de ação, e Philippe, ficariam loucamente culpados se seu caísse, por mais que tenha sido minha a decisão de correr esse risco. Na verdade, foi Broca que pensou nisso, quando lhe contei que, na infância, fui um acrobata profissional que se pendurava na escadaria do quinto andar. Gil sugeriu: "Por que você mesmo não faz as cenas, então?".

Alexandre Mnouchkine, o produtor, me xingou quando ficou sabendo que eu queria inverter os papéis com o dublê Gil Delamare. Mas consegui convencê-lo a me deixar tentar. E, diante de um teste bem-sucedido, passando de uma janela a outra no alto de um prédio, ele permitiu que eu fizesse todas as cenas de ação sem dublê. Mesmo as mais desagradáveis, como ficar suspenso em um paraquedas em cima de um rio infestado de piranhas prontas para comer meus dedos do pé.

Esse tipo de situação perigosa também nos dava motivos para debochar. Porque eu e Philippe de Broca sempre levávamos a alegria a tiracolo.

Pelos mesmos motivos, resolvemos continuar crianças que brincam, que são transgressoras, que se comportam de uma maneira inconsequente.

Deixamos para trás a guerra de 1939, e, sobretudo, a da Argélia. Ele ficou no serviço de documentação do Exército, que o obrigou a fazer filmes educativos ensinando como carregar armas. E Philippe se divertiu invertendo a sequência das cenas para que nada funcionasse. Depois de ter assistido a todos os horrores que os adultos cometeram por lá, nunca quis se tornar um.

Isso me agradava muito. Tanto que o cavalheiro que produzia os seus filmes tinha também um formidável talento para a palhaçada e uma grande complacência com as nossas idiotices. Alexandre Mnouchkine não deixou de ser o melhor dos aliados, o mais compreensivo de todos os produtores com quem pude conviver.

Ao chegar ao Brasil pelo Rio de Janeiro com uma equipe reduzida – levando em conta os grandes custos da viagem – e de bom presságio, pois éramos treze, nos avisaram que a verba destinada a pagar o hotel ainda não havia sido transferida da França.

Então recomendaram enfaticamente que fôssemos sensatos, não estragássemos nada, fôssemos inteligentes e educados no local que nos hospedava. Concordamos. Ninguém acreditou, mas pouco importava.

Após dois dias de filmagem, nossas falsas boas intenções se dissiparam na excitação do exotismo brasileiro. E em nossa natureza profunda. Mnouchkine sabia do que éramos capazes. Conhecia a nossa paixão pelas brincadeiras imbecis que acabavam mal, ou seja: muito inconvenientes. Só respeitávamos o cinema, mais nada.

Uma das minhas preferidas, para a qual eu era muito bem treinado, era o deslocamento aéreo. O princípio era muito básico e fácil, e os efeitos, deliciosos. Ganhava quem conseguisse jogar primeiro todos os móveis do quarto do outro pela janela. Apesar dos móveis serem pesados, tudo acabou saindo dali bem rápido, voando. No tempo em que os funcionários do hotel levaram para perceber, os quartos ficaram vazios.

O gerente do estabelecimento carioca ficou tão nervoso com nossa diversão que morremos de rir, até que ouvimos a sirene dos carros de polícia. Então encontramos uma equipe de bigodudos viris e armados que não se deixavam abalar por nada. Voltei logo para o meu quarto e me escondi embaixo da cama, que Broca não tinha conseguido tirar do lugar. Os policiais se cansaram de me procurar e se acalmaram com os sorrisos da minha mulher, que ficou parada sem se mexer na frente da cama. Quando vi seus pezinhos se mexerem diante das botas, soube que tinham ido embora.

Felizmente, acabamos saindo do Rio, que começava a nos trazer grandes problemas. Fomos para o norte do Brasil.

Devo dizer que, em Manaus, me senti especialmente inspirado. Fizemos com Philippe uma das brincadeiras que eu mais me orgulho: encher de farinha os aparelhos de ar-condicionado dos quartos do hotel, de modo que bastava os hóspedes ligarem – a primeira coisa que faziam ao entrar no quarto, já que o calor nesse tipo de país é insuportável – para que ficassem completamente brancos.

Mas fazer uma loucura depois da outra não bastava. Vagando pelo mercado amazônico da cidade, fiquei apaixonado pelos encantadores filhotes de crocodilo e temi que eles fossem acabar nos pés ou na cintura de um vilão capitalista de charuto. Resolvi mudar o destino de um deles. Escolhi um ninho perfeito, fresquinho, uma pequena bacia aconchegante para ele se refrescar: a banheira do quarto de Simone Renant, companheira de Mnouchkine, o produtor. Quando a dama descobriu o crocodilo gentilmente instalado no seu quarto, deu um grito de acordar os mortos. Depois de alguns instantes, ela riu, mas ao ver aquele animal de boca grande, quase teve uma síncope.

Nossa estadia na América do Sul para fazer *O homem do Rio*, que foi consagrado como "filme preferido da minha mãe", me deixou lembranças formidáveis, alegres. Como éramos um grupo pequeno, a vida fluía com facilidade.

Funcionávamos como uma pequena comunidade de colônia de férias: todo mundo fazia de tudo, não havia hierarquia nem serviçais designados. Eu carregava a bagagem, incluindo a da minha companheira de cena, a encantadora Françoise Dorléac.

Como a verba era curta, precisávamos improvisar o tempo todo, nos virar com pouco. Todo mundo participava. E, além disso, o jeito que Broca, que é fã de Tintim, tinha de transformar os filmes em história em quadrinhos, com uma inocência e uma alegria contagiantes, só aumentava o prazer da filmagem.

Para as aventuras do meu personagem, Adrien Dufourquet, o cineasta estabeleceu apenas uma regra: fazê-lo usar todos os meios de locomoção possíveis. E encontrar motivos para passear por um país longínquo e atraente. O que, na época, era uma excentricidade. Uma loucura que tomou conta do nosso espírito enquanto fazíamos a divulgação de *Cartouche*, nosso primeiro filme juntos, no Chile.

A ideia inicial era levar *Os três mosqueteiros* para a tela. Mas, por uma questão de direitos autorais, não pudemos fazer isso. Para preencher a lacuna, Philippe de Broca descobriu um outro personagem perfeito para um filme de capa e espada: a lenda de Cartouche, um bandido nobre. A troca me caiu bem, porque reencontrei Claudia Cardinale, com quem eu tinha simpatizado durante minha temporada na Itália, além de conseguir trazer meu amigo Jean Rochefort para substituir Jean-Pierre Marielle, que já estava fazendo um outro filme.

À primeira vista, o rosto anguloso de Jean e sua expressão séria, sisuda, inquietou o cineasta, que me sussurrou ao pé da orelha: "Olha, o seu amigo não parece muito divertido!". É claro que Philippe logo mudou de impressão e descobriu que Jean era um ser bobo e encantador, perfeito para o papel de Toupeira.

A filmagem foi feita em uma cidade da qual Molière gostava muito, Pézenas, perto do mar Mediterrâneo, onde precisei aprender a montar a cavalo bem rápido. Foram necessárias apenas oito horas, porque gostei do esporte logo de cara. Jean, ao contrário, tinha medo dos potros e subia neles com uma falta de jeito cômica, com a cara muito séria. Como meu personagem era um ladrão ágil e vigoroso que pulava, corria, lutava, saltava e se metia em lutas de espada, eu estava no meu elemento.

A produção me confiou a um mestre de armas, Claude Carliez, que me dava aulas de esgrima uma hora por dia e, por me considerar um bom aluno – uma opinião completamente inédita para mim –, não teve dúvidas e foi me mostrando táticas cada vez mais elaboradas, me incentivando a ir cada vez mais longe. Graças a ele, pude fazer todas as cenas de luta de *Cartouche* sem dublê.

Esse excesso de energia pelo qual sempre fui recriminado enfim se tornou uma qualidade. Porque era preciso muita vitalidade para interpretar Cartouche. E, em matéria de vitalidade, sou generoso – fiquei satisfeito por não ser mais repreendido por isso. Philippe de Broca não apenas aprovou com entusiasmo o meu trabalho de ator, mas meus companheiros de filmagem estimulavam minhas fantasias, que permearam o roteiro do filme.

O set era uma festa permanente. A Paris do século XVIII reconstituída, onde se passava a ação, era um terreno incrível para atuar. Claudia, minha namorada no filme, era alegre como um passarinho, acompanhou e completou todas as minhas brincadeiras. Coitada.

Infelizmente, por minha causa, ela morre no final, e a cena em que eu devia exprimir minha tristeza não foi fácil de filmar. Porque nunca fui de chorar. Tinha acabado de contar uma piada, e minha colega fica dando risada no momento em que deveria dar seu último suspiro. Para me ajudar a ficar com uma expressão séria e triste, Broca me dá um estranho conselho: "Pense em um ônibus". Acho que funcionou, porque ninguém consegue reparar na minha felicidade na tela. Quando *Cartouche* terminou, não conseguimos deixar de fazer bagunça. Na noite da estreia, muito formal e corriqueira para nós, encontramos um jeito de escapar do tédio.

Que se apresenta sob a forma de imensos jarros cheios de semolina para fazer cuscuz marroquino. Faço sinal para Claudia, que se esconde debaixo da mesa comigo, perto das provisões. No nosso esconderijo, começamos um pequeno ateliê de "balas de canhão". Com a semolina, que modelamos com todo o cuidado, fazemos uma quantidade enorme de bolinhas mornas. Assim que fabricamos bastante munição, passamos ao ataque. Logo uma chuva de semolina se abate sobre a sala, e ninguém sai ileso. Cada convidado recebe sua cota na cara, no casaco, na calça, no bigode... A estreia de *Cartouche* é um sucesso total, um evento marcante do qual todos os presentes se lembram.

Mas não me contento com essa noite memorável. Apronto também em uma coletiva de imprensa. Tiro o cinto por baixo da mesa e levanto para falar com os jornalistas. Pouco a pouco, minha calça vai escorregando pelas minhas pernas, até chegar aos sapatos. É claro que finjo não me dar conta de nada e continuo respondendo à curiosidade dos jornalistas, de cueca. Falo assim por uns dois minutos e vejo aparecer no fundo da sala meu companheiro Philippe de Broca que, mestre do exagero, está completamente sem roupa. É nu em pelo que ele sobe na escada para falar de *Cartouche*. A sala deve ter apreciado nosso esquete improvisado, porque as reportagens foram bem elogiosas!

O filme em si se torna popular rapidamente, atraindo mais de três milhões de espectadores. Nada melhor do que um sucesso de bilheteria para massagear o ego e nos incentivar a continuar. A única opinião que vale é a do público.

Broca não sabe se sentir lisonjeado, se contentar com o que faz. Sempre reclama disso ou daquilo, e quando lhe dizem "Não vi seu último filme", ele tem o bom humor e a humildade de responder "Eu também não".

Dois anos depois, ele está inquieto porque, ao voltar para Paris, monta os copiões e propõe uma primeira versão a toda equipe. Acha que não parece um filme de verdade, mas um vídeo de férias de um bando de débeis mentais felizes. O produtor, Alexandre Mnouchkine, acha que isso é muito bom e tenta tranquilizá-lo. Em vão. Mas ele tem razão: *O homem do Rio* é mais do que viável. Todo mundo adora.

Na França, os espectadores formam fila para assistir já de manhã cedo. Nos Estados Unidos também, graças à publicidade gratuita feita por Robert Kennedy, irmão do presidente, que assistiu em francês e adorou.

Mais tarde, Steven Spielberg escreverá para Broca dizendo que o viu nove vezes, e que o filme o inspirou no momento de escrever *Os caçadores da arca perdida*.

E eu fico encantado em constatar que a colaboração com Philippe deu frutos, também monetários, e que a alegria e a sinceridade que investimos foi bem recompensada. Graças a esses dois filmes, por outro lado, encontrei uma nova fonte de prazer: as cenas de ação.

Apoiado por Gil Delamare e incentivado pela confiança de Broca, sou capaz de fazer todas as cenas de ação, inclusive as mais perigosas, de todos os meus personagens. No Brasil, fiz meu batismo de fogo ao atravessar o abismo. Depois disso, posso fazer qualquer coisa. E tudo me interessa. Basta que haja entre mim e os cineastas uma amizade criativa, uma forte cumplicidade e um respeito mútuo, para que tudo seja possível. Esse foi o caso com Philippe de Broca e com Henri Verneuil, cujo *Cem mil dólares ao sol* – um *western* contemporâneo em que consegui um papel – compete no firmamento com a glória de *O homem do Rio*.

Em agosto de 1963, uma equipe folclórica, composta por mim, por Bernard Blier e Lino Ventura – que tinham acabado de participar do mítico *Testamento de um gângster*, dirigido por Georges Lautner –, entre outros, desembarca em Uarzazate, no sul do Marrocos, para filmar um rodeio de caminhões entremeado pelos diálogos deliciosos de Michel Audiard. Verneuil é um sujeito profissional e profundamente humano, é fácil trabalhar com ele. O cineasta não finge dirigir os atores, mas os escolhe em função de sua capacidade de dirigirem a si mesmos. Aprecia as belezas naturais, os atores que não fingem, e está ansioso para nos reunir: Lino – que fico muito feliz por reencontrar –, Blier e eu.

Entre uma cena e outra, meus dois colegas bon-vivants, sentindo falta de iguarias francesas, ficam falando de comida. Bernard descreve com um talento incomparável o barulho de uma baguete fresca sendo partida, o delicado rosa do patê e o delicioso aroma da morcela, a ponto de nos saciar e desdenhar os sanduíches fornecidos pela produção.

À noite, Lino, o italiano, cansado de comer grão-de-bico, faz macarrão, do estoque que havia trazido. Para provocá-lo, Blier, o sisudo, finge criticar seus pratos e o deixa louco de verdade.

Ele apronta dessas comigo quando estou ensaiando uma cena, fazendo com que me sinta um zero à esquerda. Bernard me lança um olhar maldoso e, com um tom gélido, me crucifica: "Você não vai fazer a cena assim, vai?". Na verdade, ele está brincando, gosta de fingir, de testar sua credibilidade com os colegas. Porque é isso o que falta na sétima arte: a presença de um público reagindo na hora. Nós substituímos os espectadores pelos nossos colegas e tentamos, por meio deles, verificar se estamos indo bem. Procuro no set os risos que se ouve no teatro. Então, como Blier, dou risada com os meus colegas entre uma cena e outra – ou durante.

Faço um concurso de peidos em pleno set, um exercício muito útil para desenvolver a capacidade de concentração e a compostura no local de trabalho.

Na primeira vez, percebi que Bernard levantou a sobrancelha discretamente. Mas, passada a surpresa, ele me supera de uma tal maneira, sonora e marcial, que tenho a certeza de ter encontrado um adversário à minha altura. Ele leva o primeiro prêmio. E eu teria que ficar na saudade quando a filmagem terminou – porque foi uma diversão incrível com atores formidáveis –, se Henri Verneuil não tivesse me chamado para fazer um outro filme com esses amigos.

A ambientação de *Gloriosa retirada* contrasta com as paisagens do norte da África. Mas o nível de palhaçada é mantido. É em Dunquerque, no norte da França, que filmamos essa adaptação muito séria do romance de Robert Merle, que retrata um episódio triste da história do meu país: a queda da França, em 1940, quando nossos soldados tiveram de se render às tropas nazistas.

Verneuil consegue uma verba faraônica, que lhe permite alugar todos os equipamentos de guerra necessários para que as cenas sejam verossímeis, além de recrutar uma gama de atores e uma legião de figurantes locais, que são pagos no primeiro dia e passam os demais podres de bêbados. Somos um grande bando de beberrões felizes. Entre eles, grandes amigos: Jean-Pierre Marielle e Pierre Vernier, aos quais se juntam Pierre Mondy, François Périer, Georges Geret e Jean-Paul Roussillon... Nenhuma cena escapa das nossas besteiras.

Marielle interpreta um padre que, em certo momento do filme, encontra os objetos pessoais de um soldado morto, vivido por Périer. Atrás dele, passam aviões e se ouvem estrondos de explosão. Ele devia pegar a pasta do herói defunto, dizer "Vou mandar esses documentos para a sua esposa" e abrir a pasta na foto – escolhida por Verneuil – de uma esposa visualmente compatível com Périer.

A ação começa, e meu camarada Marielle atua perfeitamente, na pele do padre solidário e triste que, de repente, se vê em uma bela e tocante missão. Como manda o roteiro, ele abre delicadamente a pasta e diz sua fala com uma voz séria e responsável. Mas, quando folheia os papéis, leva um susto, grita "Ah, não! Para tudo!" e começa a tremer, chorando de tanto rir. Verneuil dispara "Corta!" e, em seguida, "Jean-Paul!", em um tom de acusação. Com cara de inocente, me defendo: "Mas por que você está me olhando desse jeito?". É claro que ele adivinhou que fui eu quem substituiu a foto da honrada companheira do falecido por uma imagem pornográfica de uma mulher nua e bem ocupada por um sujeito.

Henri Verneuil ralha comigo *pro forma*, mas não fica bravo de verdade. Só se zanga uma vez, porque nossa propensão para fazer besteira vira quase uma sabotagem.

A logística de *Gloriosa retirada* era particularmente complexa e pesada. Tínhamos de queimar pneus na cidade para reconstituir a atmosfera irrespirável dos combates, e aviões sobrevoavam um vasto espaço aéreo, controlado por diferentes bases. O diretor também tinha de bancar o general, planejando e passando ordens por rádio. O tempo é curto e preciso. Os aviões são coordenados com explosões e uma multidão de figurantes. A cena é muito complicada, delicada, e não podemos nos dar ao luxo de fazer muitas tomadas.

Mas, quando não estou bancando o palhaço, alguém está. Dessa vez, é François Périer, que conta uma piada para Pierre Mondy, fazendo-o cair em um riso que acaba me contagiando.

O problema é que a situação, a pressão de toda aquela gente e aqueles aviões esperando para filmar não permite que paremos de rir. Igualzinho à época de escola, quando a gente ria mais justo quando não podia.

De início paciente, Verneuil acaba gritando. O que não tem outro efeito a não ser aumentar a nossa histeria. Nós três nos contorcemos de rir, segurando a barriga e chorando de tanto gargalhar. O momento dura uma eternidade e, enquanto isso, paralisamos a filmagem. Mas ganhamos uma lembrança feliz.

Depois dessa gargalhada magistral, Pierre Mondy passa a enfiar algodão nos ouvidos para não ouvir nossas piadas e conseguir se concentrar no papel.

Uma das nossas diversões preferidas durante as filmagens de *Gloriosa retirada* é molhar com os canhões de água dos bombeiros os policiais que rondavam por lá e, depois de molhá-los completamente, fingíamos ter nos enganado, confundido os tiras com figurantes. Eles não gostam nem um pouco da nossa maldade reiterada e acabam se revoltando.

Assim como a prefeita da cidade no norte da França incendiada pelo filme – que polui o ambiente sonoro e visual, mudando ruas de mãos, distraindo seus habitantes de um jeito bizarro, com aquela guerra de mentira. Porém, quando ela chega para se queixar da nossa filmagem insuportável, eu a recebo com explosões que por pouco não a levaram a proibir nosso trabalho. Contudo, Verneuil conseguiu terminar o filme, nós nos divertimos, e todo mundo ficou feliz. Principalmente os espectadores, quando o assistiram.

14

Como um pai

O velho fazia cara feia. Havia uma semana. Já tinham me avisado que ele era carrancudo, mas não imaginava que fosse a esse ponto. Todos os dias era o mesmo circo, por nada. Chega na filmagem antes da hora, faz seu trabalho e vai embora. Entre uma tomada e outra, enfia a cara no *Paris Turf* com um ar muito mal-humorado, para que o deixem em paz.

E não sou do tipo que força o contato, muito menos que corre atrás de quem me esnoba.

Antes de aceitar o papel no filme, confirmei com o diretor que não seria pau mandado dele. É o risco que a gente corre quando divide o cartaz com atores de certo calibre, já maduros, que alcançaram a glória. De resto, em relação à personalidade ligeiramente ríspida do cavalheiro, ninguém me garantiu nada.

Ele não ajuda a aquecer aquele inverno de 1963. Então me consolo lendo as notícias esportivas no meu jornal diário, que leio desde os treze anos, desde que foi criado, em fevereiro de 1946: o *L'Équipe*. Isso basta para me ocupar, mas não para me divertir.

Sendo assim, fico feliz quando ele começa a me olhar de relance, porque percebe que estou mergulhado em um jornaleco de esportes. E, quando vejo que se levanta e se aproxima de mim, dou um sorriso.

Jean Gabin vem falar comigo. De assuntos que temos em comum: o esporte, em especial o futebol e o boxe. Apesar de o ator não os praticar como eu, acompanha as notícias com a mesma paixão. Seu cunhado fora campeão da França na categoria peso-leve, e ele segue de perto os combates no ringue.

Depois de alguns minutos de conversa, tudo resolvido: ficamos amigos. A filmagem de *Um macaco no inverno* pode, enfim, começar.

Ele me deixa fascinado. Quando não estamos conversando, o observo e o admiro. Gabin é Gabin dentro e fora do set. Não há nenhuma diferença entre o homem e os personagens que ele não interpreta, mas faz Gabin interpretar.

Seu jeito de falar, seus gestos, suas expressões vêm sempre do mesmo lugar, do mesmo homem, da mesma alma, enorme. Suas frases são viagens, paisagens improváveis, suas palavras rolam como pedras, deixando um rastro de fogo por onde passam. Aquela língua dele, da qual Michel Audiard tirou os diálogos truculentos, logo conquista nossos ouvidos.

Um dia, comento, com um certo medo na voz, sobre a instabilidade da carreira de ator, a precariedade do sucesso e como a sorte tem um grande papel em tudo isso, e ele zomba: "Olha só para essa sua cara! Quando ficar com a crina branca, a mulherada ainda vai gostar de você. Não esquenta e deixa as águas rolarem".

As conversas são assim, tão ricas e deliciosas quanto a comilança – sem a qual Gabin não vive – que organizamos quase todas as noites. Visitamos quase todos os pontos gastronômicos de Deauville e arredores. Terminamos nossos banquetes tarde da noite, enchendo a cara e a pança, com um sorriso bobo, conversas amigáveis e cheias de floreios. E ele sempre fica culpado por ter comido demais, culpa que apaziguava com uma bela resolução: "Amanhã, só presunto e salada!". E não põe em prática nem no dia seguinte, nem nunca.

Gabin não resiste ao prazer, agarra a vida com unhas e dentes. Gosta do meu senso de iniciativa e do meu lado agitado, que sempre acompanha: tudo é motivo para se divertir.

É assim que consigo convencê-lo a participar de uma das partidas de futebol que organizo na praia ou a andar nas bicicletas emprestadas pelo pessoal da produção da Normandia, com meu irmão Alain, que está de passagem pela França.

Por outro lado, nunca consegui convencê-lo a compartilhar da minha adoração pela velocidade, a aceitar um convite para andar no meu AC Bristol. Ele só anda no seu próprio carro, com um chofer que, em certas noites de bebedeira avançada, o mantém inteiro para garantir sua presença no set no dia seguinte. Aceito, por respeito ao meu colega mais velho, ficar ao seu lado no banco de trás daquele carro grande e vagaroso.

É a primeira vez que ando no seu automóvel. Neva, e o ator quer reduzir consideravelmente o risco de derrapar e ir parar em uma vala no acostamento. Obriga o motorista a diminuir a velocidade cada vez mais, até chegar quase ao ponto morto.

Depois, apesar dessa experiência, me arrisco a acompanhá-lo em uma viagem até Paris, e posso jurar que não chegaremos nunca. A ordem é de não ultrapassar os 45 quilômetros por hora. Batemos o recorde de lerdeza de toda a Normandia.

Com essa profunda ligação que temos, não precisamos fazer muito esforço no set. Mesmo assim, tenho medo de não estar à sua altura, mais precisamente nas cenas de bebedeira, que, sei bem, são a especialidade de Jean. Mas me beneficio de sua generosidade e de sua benevolência durante as filmagens. E ele se vê em mim, como se houvesse uma espécie de relação de pai e filho entre nós dois, uma coisa de atores.

Durante *Macaco*, ele me diz: "Vem cá, vou te dar um beijo, você sou eu com vinte anos". Foi sincero. Verneuil me contou que Jean declarou, entusiasmado: "Agora você não precisa mais me dizer que precisa de um Gabin de trinta anos atrás, já encontrou!". Aceitei o elogio como manda o figurino, com alegria e orgulho.

Ele me chamava atenção como se fosse meu pai, ficando na dúvida, às vezes, entre achar graça das minhas brincadeiras e ficar irritado.

Quando ficou sabendo que eu não teria dublê para a famosa cena de corrida de carros, quase teve um ataque. E me xingou, lembrando que tinha gente que era paga para isso. Mas desde 1963 tenho essa sede de adrenalina, que satisfaço com Philippe de Broca.

Certos imbecis achavam que era por causa de dinheiro que me entregava às cenas perigosas, supondo que eu ganhava o dobro para pôr minha própria pele em risco. O que, é óbvio, nunca foi o caso.

Eu não tinha medo de nada naquela arena mecânica. Aquelas máquinas possantes eram pilotadas por especialistas, profissionais como Jo Schlesser e Johnny Servoz-Gavin, que encontrei mais tarde, em fevereiro de 1968, na extenuante filmagem de *Ho! A face de um criminoso*, dirigido por Robert Enrico. Cinco meses depois, Jo morreu em Rouen, em um acidente de carro.

Eu tinha uma vontade cada vez maior de bancar o toureiro nessa perigosa dança com os carros, e fui testemunha da cena original e real que a inspirou. Eu conhecia bem o seu autor, de quem meu personagem era um dublê fictício: Antoine Blondin, o magnífico, o herói das minhas aventuras em Saint-Germain-des-Prés.

Permanentemente em estado de embriaguez insana, o escritor e jornalista esportivo se fazia de louco diante do Rhumerie, um bar de estilo caribenho no bulevar Saint-Germain, sempre prestes a ser atropelado por um carro, porque se jogava na frente deles. Blondin ganhava de longe o primeiro prêmio em matéria de imprudência e consumo de álcool, ou vice-versa. Levemente suicida, gostava de brigar sozinho contra dez adversários que ele mesmo provocava.

Sua técnica era simples e muito eficaz: a violência verbal ou física nunca demorava para aparecer. Ele entrava no l'Échaudé ou no Bar-Bac – um dos redutos de bêbados e boêmios de todos os tipos que frequentava –, se empoleirava no balcão e se intrometia na primeira conversa que encontrava, chamando a atenção de, pelo menos, três ou quatro pessoas. Escutava o que os outros diziam, depois contradizia todo mundo, cheio de desdém. Os punhos não demoravam a se cerrar e a voar em cima dele. Quando eu estava pelos arredores, me entregava à batalha e saía algum tempo depois, com a roupa rasgada e a cara machucada. E o escritor terminava com hematomas por todo o corpo, os dois olhos inchados. Chegava a ficar com a pele azul-amarelada por semanas. Era provavelmente o mais louco entre aqueles do movimento literário dos Hussardos, e também o mais cativante.

Quando morreu, em 1991, li com tristeza a notícia do seu funeral na igreja de Saint-Germain-des-Prés. Eu entendia a sua arte de criar confusão, de acabar com a vida antes que a vida acabasse com ele. Era o que Blondin tinha em comum com outro dos meus mestres, diante do qual eu sempre me ajoelhava: Pierre Brasseur.

Em 1957, na época em que eu ralava para conseguir papéis pequenos, tive a oportunidade de ser escalado para um papel minúsculo em *A megera domada,* peça de Shakespeare dirigida por Georges Vitaly em cartaz no teatro de l'Athénée. Contracenei com meu amigo Michel Galabru, Suzanne Flon e Pierre Brasseur, que era amigo do meu pai e pai de Claude, meu amigo do Conservatório.

Eu conhecia a reputação do ator, uma espécie de ogro autocrata e temperamental, mas os ensaios provaram que sua reputação estava aquém da verdade. O ator é absolutamente odioso: xinga todo mundo quando ele é quem está errado, despreza os coadjuvantes, não tolera a menor crítica à sua atuação. Não consigo entender como meu pai pode gostar de um ser tão antipático nem como o ator pode ser pai de um sujeito tão simpático quanto Claude. Brasseur me dá nos nervos porque perturba o ambiente com gritarias, ataques histéricos de imperador.

Tudo vai mal até a véspera da estreia, quando fica ainda pior.

Ele agracia quase todos os atores com um elogio sobre a sua atuação, e me põe contra a parede disparando um: "Você é péssimo".

É claro que não gosto nem um pouco. Fico irritado e o desafio em voz alta: "Amanhã veremos qual dos dois fará o público dar risada!".

No dia seguinte, o pego suando e todo angustiado antes de o pano subir. Brasseur está apavorado. Tenho certeza de que vou me sair melhor do que ele. E, de fato, provoco mais reações do público do que o ator experiente durante a peça. Quando estou saboreando minha vitória no camarim, ele aparece. Em vez de me passar um sermão, me faz elogios. Diz que eu estava "formidável" e me convida para beber.

Desde aquela noite, não paramos mais de encher a cara pelos bistrôs boêmios de Pigalle. Às vezes, Brasseur começa a beber mesmo antes da apresentação. Mas o álcool não ajuda a sua memória, que chega a falhar em cena. Ele se habitua a me chamar para salvá-lo quando lhe dá um branco no meio de uma fala, fazendo a sopradora oficial, madame Rose, perder o emprego. Eu enrolo, ou melhor, sopro para ele as falas, que acabo decorando.

Para me agradecer, depois da peça, ele se diverte me metendo em encrenca. Como Blondin, ele puxa briga. Mas, ao contrário do escritor, não quer apanhar, mas gosta de me assistir tentando me livrar da situação.

Com sua inconfundível calça verde, levantando os calcanhares, insulta o primeiro tatuado acompanhado de amigos gigantes que está tranquilo no bar e diz: "Anda, vai lá!". Tento contemporizar com péssimos argumentos do tipo "Mas é o senhor Brasseur!" ou "Ele não te fez nada", que geralmente eram mal recebidos. Pierre acha graça das minhas tentativas de restabelecer a paz ou das minhas contorções para evitar levar uma mão na cara. Ele adora me ver bancando o Marcel Cerdan.

Brasseur sabe que pode se permitir de tudo comigo. Primeiro, porque seus dons de ator me deixam abismado: ele é um deus para mim. Segundo, porque me livrou de uma situação delicada. Certa noite, me meti em uma briga feia com meu camarada Hubert Deschamps, que nos levou a visitar a delegacia de Saint-Germain.

Como não gostei nem um pouco da perspectiva de passar 24 horas ali, pedi para os policiais que ligassem para Pierre Brasseur, grande estrela da época. De início, não acreditaram em mim. Depois, por curiosidade, acabaram ligando para o número de telefone que eu havia dado. Acabaram falando com ele, cabisbaixos, e tiveram que anunciar, com uma voz séria, que dois dos seus atores estavam presos. Pierre ficou nervoso e exigiu que nos liberassem. Gritava que precisava de nós para *A megera domada*, que tinham que nos soltar imediatamente. Os guardas obedeceram, e sou eternamente grato ao meu colega mais velho.

Treze anos depois, me oferecem o papel principal no filme *Aventuras de um casal no ano II*, uma pequena obra-prima de Jean-Paul Rappeneau, com uma constelação de bons atores – tais como Charles Denner, Julien Guiomar, Sami Frey, Michel Auclair e meu amigo Mario David – e atrizes. Contraceno com Marlène Jobert e Laura Antonelli, que reencontro – romanticamente – nessa filmagem.

O papel de meu pai estava previsto para Georges Wilson, mas me permito pedir que Pierre Brasseur entre no seu lugar. Tenho muita vontade de contracenar com ele de novo e seria muito mais fácil se ele fizesse esse papel. Aceitam minha exigência, e comunico ao interessado, fazendo-o prometer que vai se comportar. Desde nossas escapadas em Pigalle, ele não mudou os hábitos: manteve, como a um velho camarada, a tendência a beber, que lhe causa muitos problemas na profissão. Mas eu sou capaz de perdoar tudo, ainda mais vindo de um grande ator. Dele, de Michel Simon e de Jules Berry.

Para ter certeza de que controlaria seu vício, Brasseur mandou entregar, antes de chegar ao set, na Romênia, caixas de cervejas sem álcool. Fico tranquilo. Até o momento em que vou buscá-lo no aeroporto com grande pompa, acompanhado pelos investidores do filme, pelo diretor e pelo produtor. Elogiei tanto aquele imenso artista, que convém recebê-lo como ele merece: com honras.

Nos reunimos, com ar solene, ao pé da escada do avião. Fico emocionado quando vejo Pierre aparecer na porta, esperando que ele nos faça algum tipo de sinal, mas isso não acontece. Em vez disso, ele tropeça e sai cambaleando escada abaixo. Está bêbado e mal consegue concatenar duas palavras. Os outros me lançam olhares de reprovação, que finjo não perceber.

Dou um sermão com cuidado no ator, com todo o respeito que lhe devo, e ele merecia. Pierre pede desculpas, mas logo volta a beber e piora cada vez mais, a ponto de não conseguir ficar sóbrio durante a filmagem.

Um dia, ele sumiu. Fiquei louco de preocupação. Então o encontraram dois dias depois no posto policial local, todo machucado. Brasseur foi incapaz de contar o que tinha feito durante aquele tempo todo, e a produção acabou perdendo a paciência.

Certa manhã, encontrei o pobre Pierre no hall do hotel, com suas malas. O ator me contou que fora demitido. Então fiz o que tinha que fazer. Expliquei para o produtor que, se Brasseur fosse embora, eu também iria, porque tinha assinado um contrato estipulando que contracenaria com ele. Não faria o filme sem Pierre. Subi e fui buscar minhas malas.

Deu certo. Ficaram com medo e concordaram, de má vontade, a continuar com ele apesar dos porres, que não pararam.

Era mais forte do que ele. Mas o que era ainda mais forte era a sua atuação genial. Apesar do vício, sempre foi muito bom ator. Nunca deixei de ficar maravilhado com a forma como Pierre atuava.

15

Vida livre

Meu personagem se chama Ferdinand, uma referência a Louis-Ferdinand Céline, autor de um livro que sempre me acompanha.

Tropecei em *Viagem ao fim da noite* na época do Conservatório, ou melhor, ele tropeçou, caiu em cima de mim e não me largou mais. Desde então, sonho em interpretar seu personagem principal, Bardamu.

No outono de 1964, minha fantasia vira realidade, graças a Michel Audiard, que compartilha o mesmo amor que tenho por esse escritor infernal. Ele escreveu uma adaptação e a entregou a Godard.

Mas o produtor não conseguiu fechar as contas, astronômicas, por causa do gigantismo do projeto, e surgiu um problema com os direitos autorais. Desanimado, Audiard abandonou a história – e eu continuei com minha frustração.

Jean-Luc Godard, que está sempre pensando em fazer um filme novo, me entregou *Obsessão*, um romance policial de Lionel White. O livro tratava de um temível gângster dos anos 1940, Pierre Loutrel, famoso pelo alcoolismo e por sua violência sem limites. Apelidado de "O Louco" ou "O Insano", deixou um depoimento poderoso em suas memórias, um retrato da mais pura encarnação do mal.

Godard queria fazer um filme baseado no livro, atraído pela figura desse sujeito sem limites, imoral até o fundo da alma, diabolicamente independente. Aceitei interpretá-lo porque tinha adorado o livro e porque o filme seria dirigido por Jean-Luc. Não prestei atenção nos comentários invejosos de certas pessoas que acharam que não era sensato eu voltar a trabalhar com ele. Eu sempre aceitaria quando Godard me chamasse para um filme. Eu tinha um imenso prazer com essa cumplicidade que nos ligava e abria todas as possibilidades no set. A liberdade fabulosa que ele nos autorizava a ter criava filmes loucos, inteligentes e sinceros. Por nada nesse mundo eu perderia uma nova aventura com Jean-Luc. Dessa vez, eu novamente sentia que o assunto, um caminho tortuoso em direção ao sol de personagens tão fulgurantes que só podiam morrer, nos levaria a uma experiência preciosa e a uma obra deslumbrante.

Como sempre, dois dias antes do início das filmagens eu não tinha nem roteiro nem falas para decorar. *O demônio das onze horas* seguia as mesmas regras de *Acossado*, ou seja: a improvisação extrema. No dia anterior, tivemos essa breve conversa com Godard:

– Gostei do romance policial que você me deu.
– Sim, mas não é nada disso que vamos filmar.

Começaríamos em Paris e terminaríamos em Porquerolles, uma ilha francesa no mediterrâneo. E nós dois interpretaríamos loucos. Por "nós", quero dizer eu e Anna Karina, por quem Godard continuava a se atormentar e que logo o largaria para ficar com o ator e diretor Maurice Ronet. Com Anna Karina, era tão fácil filmar quanto foi com Jean Seberg.

No ano anterior, eu tinha encontrado a antiga paixão de Jean-Luc, com a qual minha relação foi muito alegre e criativa. Jean e eu fomos contratados pelo diretor Jean Becker para filmar uma espécie de comédia policial, um prenúncio de *O trouxa*, de Gérard Oury, lançado em 1965: *Ouro, brilhantes e morte*, que nos fez percorrer a Itália, a Grécia, o Líbano e a Espanha. Onde meu querido Jean-Pierre Marielle se juntou a nós brevemente, assim como o novo companheiro de Jean Seberg, Romain Gary, com quem me entendi quase tão bem quanto com Jean-Luc!

Certa noite, fomos todos convidados para um jantar na embaixada da França. Na mesa ao lado, uma velha pretensiosa e amargurada, que tinha um cargo bem alto, fica olhando torto para nós, desde o começo do jantar. Uma hora, diz para Jean Seberg: "Você não se incomoda de ficar com um homem muito mais velho?". O escritor olha para a senhora com ar de desdém e tristeza, sem dizer uma única palavra. Jean fica perplexa. Levanto e disparo: "Vamos embora". Saímos na mesma hora daquela recepção que, de todo modo, estava nos matando de tédio.

Em geral, a filmagem de *Ouro, brilhantes e morte* se desenrolou em um clima mais alegre do que essa cena deplorável. Principalmente na Espanha, onde adicionei uma nova arma ao meu arsenal.

Em um hotel de Granada, me surpreendi com os pares de sapato alinhados do lado de fora dos quartos dos hóspedes, nos quais não era raro eu tropeçar, e tive a ideia absurda de crucificá-los nas portas.

O resultado faria o dadaísta Marcel Duchamp morrer de inveja, e fiquei muito orgulhoso. Mas as minhas experimentações com a arte contemporânea não encontraram outro público além dos meus colegas de filme, como Jean Seberg, que achou graça. Minha suspensão dos sapatos chegou a desencadear uma tempestade de críticas virulentas por parte dos seus proprietários e do encarregado do hotel, que teve a coragem de expulsar o autor dessa brilhante exposição e todos os seus colegas. Enfim, a equipe toda.

Para garantir que não íamos nos aproveitar da nossa saída forçada para cometer um novo ato do que ele julgara ser vandalismo, esse homem sem o menor bom gosto chamou a polícia para acompanhar nossa retirada do local.

Precisamos nos conformar e encontrar um novo lugar para ficar, que tivesse a cabeça aberta para nos acolher – na esperança de que a concorrência do ramo hoteleiro impedisse a circulação de informações a respeito de certos clientes que não deveriam ser recebidos.

Jean Becker tolerava minhas bobagens com um sorriso, sem sequer pensar em me repreender. Eu e ele éramos amigos desde minha participação do seu primeiro longa-metragem, *Um homem chamado Rocca*, de 1961, com roteiro do talentoso José Giovanni.

A história, severa e edificante, me agradou muito: um mafioso que sucede outro no comando dos negócios ilícitos e acaba na prisão. Além disso, o fato de meu nome constar nos créditos ajudaria a encontrar investidores.

Para esse filme, ele tinha pensado em dois velhos camaradas meus: Pierre Vaneck e Mario David, além de Michel Constantin, que eu ainda não conhecia.

Com Mario, era um circo permanente. Uma competição para ver quem fazia mais palhaçadas. E estávamos animados. Infelizmente, ficamos decepcionados quando o filme estreou. Não correspondia àquilo que tínhamos impressão de ter filmado. Ficou muito meloso graças à edição, feita para não irritar os hipócritas e os sensíveis, evitando mostrar um mundo real violento demais para eles.

Como Giovanni não se conformou com essa decepção, que considerou uma traição, onze anos depois de *Um homem chamado Rocca*, refez o filme como queria: *Scoumoune, o tirano*, baseado no seu livro, e me convidou para participar, assim como minha velha companheira Claudia Cardinale. Como a oportunidade de se recuperar de uma frustração é uma coisa rara, aceitei. E a gente não pode recusar o prazer de filmar nos imensos Studios de la Victorine, em Nice; sobretudo quando Michel Constantin, famoso pelos gângsteres que interpretou no cinema, faz parte do elenco.

Filmamos no sul da França, em Perpignan, e em outras regiões muito divertidas com as quais, ao longo dos anos, fiquei acostumado: Nice e Saint-Tropez. Lá, as oportunidades de fazer bobagem e de boa vida pululam. O álcool, as mulheres, as corridas que Constantin organiza – e eu com frequência ganho – ou partidas de vôlei – que Michel sempre vence por ter participado da seleção francesa... Nada mau em termos de ambiente e diversão.

E, além do mais, eu havia mantido o hábito que adquiri com Philippe de Broca de trocar tudo de lugar nos hotéis. Eu punha os móveis no corredor ou invertia a mobília de dois quartos. Melhor ainda: levei minha assistente Paulette, durante seu sono profundo, até o saguão, onde ela acordou no dia seguinte, rodeada por hóspedes curiosos.

Com Godard, era no set que eu dava o melhor da minha criatividade, o que me garantia um pouco de energia para fazer besteiras entre uma cena e outra. Como sempre acontecia com o cineasta suíço, a naturalidade se impunha nas cenas, tudo era fluido e evidente.

Jean-Luc fazia anotações durante a noite nos seus famosos diários e abria os trabalhos de manhã com algumas pistas do que fazer. Embarcávamos nessas dicas e deixávamos a imaginação correr solta. Godard me entregou um pincel e tinta azul e, como se fosse um gesto cotidiano, feito milhares de vezes, lambuzei a cara. Ele falava pouco, mas sabíamos o que fazer, porque entre nós havia uma espécie de comunicação silenciosa que une os apaixonados, mesmo à distância – uma preciosa osmose.

Ele tinha um propósito que queria atingir nos seus filmes, e nós dávamos forma a eles de modo espontâneo. Não restou muita coisa da história de Loutrel: era mais uma vaga referência em meio a outras, muitas, como a Céline ou a Rimbaud.

O demônio da meia-noite embaralhava as pistas para aqueles que procuravam simplicidade, certeza, ideias preconcebidas, convenções tranquilizadoras. Chocava, como sempre, a ponto de ser proibido para menores por razões de "anarquismo intelectual e moral".

A arte de Godard, mais uma vez, minava as autoridades, fossem elas morais, estéticas ou culturais, e explodia diante dos olhos dos espectadores.

Infelizmente, o filme foi um fracasso de público. Isso não me influenciou. Logo eu, que há tanto tempo tenho esse filme como um dos meus preferidos – antes de amadurecer e cometer a besteira de escolher apenas um.

Aliás, outro dos meus favoritos foi lançado ao mesmo tempo, dirigido por um homem que sempre admirei. *Fabulosas aventuras de um playboy*, inspirado em uma obra de Júlio Verne, por iniciativa de Alexandre Mnouchkine que, embalado pelo sucesso de O *homem do Rio*, queria repetir a alegria de filmar em um país estrangeiro onde o improvável é a única certeza.

Dessa vez, ele resolveu fazer ainda melhor, ir ainda mais longe. E Philippe de Broca não esperava outra coisa: uma oportunidade de surpreender o público de verdade. Veriam só o que eram cenas perigosas, reviravoltas, um herói cativante, guerreiro e romântico... Broca não deixaria pedra sobre pedra nesse filme, não teria nenhuma reserva e me obrigaria a fazer de tudo.

O trio infernal – eu, Mnouchkine e Broca –, após passar pelo Brasil, planejava perturbar a impassibilidade asiática. E, para nos ajudar nessa tarefa, foram recrutados muitos dos meus amigos atores: Jean Rochefort, Mario David, Maria Pacôme, Darry Cowl, Paul Préboist e, é claro, meu amigo e supervisor de cenas perigosas, Gil Delamare.

Tínhamos tudo a nosso favor, para que nos divertíssemos como nunca.

Em Hong-Kong, superamos nossa maldade até que o emprego do gerente do hotel ficou em perigo e, por caridade, nos acalmamos.

Uma noite, bem tarde, com Gil, resolvemos irritar Broca, que jantava com Mnouchkine. Pedimos para um de seus assistentes chamá-lo, com o pretexto de que estávamos nus em pelo, causando confusão na discoteca que havia no subsolo. Como o conhecíamos bem, sabíamos exatamente o que o diretor faria.

E, de fato, ele aparece nu na boate. Acontece que nós estamos completamente vestidos, muito bem até, disfarçados de pinguim, de smoking, gravata-borboleta e charuto na boca; assim como todos os hóspedes, que dançam tranquilamente, até serem interrompidos pelo exibicionista. Morremos de rir enquanto ele passa vergonha, antes de nos dar os parabéns pela brincadeira.

O episódio me dá outra ideia: pegar o elevador assim, em trajes de Adão, com a calça bem dobrada debaixo do braço, e cumprimentar as pessoas quando as portas se abrissem.
Confesso que tomei gosto pelos efeitos causados pelo meu exibicionismo amador e aperto os botões de propósito, para parar em mais andares.
Em seguida, porque sou insaciável quando se trata de surpreender, proponho para meus amigos esvaziar a piscina do hotel Hilton, para irmos dar um mergulho pelados, sem água.
Avisado de que um atentado ao pudor estava prestes a ser cometido no seu estabelecimento, o gerente aparece e nos vê, praticando nado borboleta dentro de um buraco de cimento. Por desencargo de consciência, pergunta o que estávamos fazendo. Com a maior naturalidade, respondemos: "Não está vendo? Estamos nadando!".

Quase fomos levados pela polícia de Hong-Kong que, com certeza, não era mais gentil do que a francesa, muito menos quando tinha de encarar arruaceiros estrangeiros e provocadores como nós.

O gerente, um italiano com o qual simpatizamos porque explicou para a polícia nossas palhaçadas, um dia cometeu o erro de desafiar a mim e a Gil a andar sobre o parapeito do último andar do hotel – o sexagésimo quinto! Era tudo o que queríamos: uma manobra arriscada. E a executamos. Gil foi na frente, eu atrás, fazendo um número de equilibrismo em dupla.
Depois de apenas alguns metros, protegidos pelos nossos anjos da guarda, ouvimos lá de cima a voz do encarregado do Hilton, que nos implorava para parar com aquela brincadeira

perigosa, totalmente arrependido de ter feito aquela aposta, do fundo do seu ser.

Se eu desse uma rápida olhada para o cavalheiro, poderia até cair, de tão engraçado que ele estava. De joelhos, com as mãos juntas e um olhar de súplica, gritando: "Piedade! Piedade!". Acabamos ficando com pena, porque somos almas generosas. O pobre sujeito corria o risco de perder o emprego, e nós ali, achando graça de arriscar nossa vida.

Gil Delamare me ensinou exatamente como fazer cenas perigosas sem correr muito risco, minimizando as possibilidades de sofrer um acidente.

Durante o restante da minha carreira, aproveitei seus ensinamentos para sair ileso. E nisso sempre tive, como em tudo na vida, sorte. Ao contrário de Gil que, um ano depois das nossas aventuras asiáticas, morreu em Bourget, dublando Jean Marais, ao fazer um cavalo de pau em uma estrada escorregadia.

Foi uma grande tristeza perdê-lo, o semideus risonho, sincero e firme, benevolente e absolutamente gentil.

A morte brutal do meu amigo não me faz deixar de gostar das cenas perigosas nem dar as costas para a cultura do risco. Como se viver intensamente – sem medo, sem olhar para trás, porque a vida passa muito rápido – fosse a linha diretriz da minha existência.

A paternidade poderia ter me inoculado um pouco de quietude, um instinto de preservação, um medo do futuro. Eu deveria, se fosse um pai "normal", manter meus filhos em uma redoma para protegê-los. De quê? Da guerra? Da morte? Não tenho esse poder. Do imprevisto? Claro que não. Não posso privá-los do que é bom, do que reacende sem parar, do que dá gosto à vida. Queria que eles tivessem uma infância tão feliz quanto a minha, queria ser um pai tão complacente e carinhoso como o meu foi para mim.

Em vez de me tornar calmo, entrei um frenesi de bobagem, para ser o palhaço particular dos meus três queridos: Patricia, Florence e Paul.

Para divertir os amigos e satisfazer os cineastas, eu me superava. Para ouvir meus filhos dando risada, eu extrapolava. E dava, com frequência, mau exemplo. Ou bom? De vez em quando, as coisas acabavam mal. Particularmente para mim.

Uma das acrobacias que posso fazer em casa e que meus filhos adoram é brincar de Tarzan. Tomo impulso no fim do corredor, batendo no peito e dando o grito apropriado, depois me penduro na barra de exercícios presa no batente da porta do banheiro. Então me balanço bastante e saio saltitando.

Até que, um dia, a barra me traiu. E, no momento de me atirar em cima dela com todo o meu peso, percebo que vai ceder. Caio com tudo no chão, e a barra na minha boca, como em um desenho animado.

Fico bem machucado: quebro dentes, corto a boca, sangro muito, mas tenho que disfarçar na frente dos meus filhos para não os assustar. Tento rir, mas meu sorriso não tem forma nenhuma. Dele, brotam bolas brancas peroladas e vermelhas.

O ruim da minha profissão é que a gente precisa estar em bom estado. Senão, somos um problema para o papel ou para os produtores mais frouxos. Não posso continuar desse jeito, com um buraco no lugar da boca, que, além do mais, não é nem um pouco prático para comer nem falar.

Subo no primeiro avião para os Estados Unidos, para tentar recuperar uma dentadura aceitável. Para que não espalhem boatos sobre mim e ninguém tenha a péssima ideia de puxar assunto comigo, enfio um enorme charuto entre os lábios.

Infelizmente, acabo encontrando um conhecido. Ou melhor, um conhecido me encontra e senta do meu lado. O ator alemão Horst Buchholz, um homem tagarela e esfuziante, que quer matar o tempo da viagem conversando, o que não me cai nada bem. Tento murmurar, sem tirar o charuto enorme da boca, alguns sons bem incompreensíveis para dissuadi-lo. Ele se aproxima, me inunda com milhares de perguntas. Foi uma das piores viagens da minha vida.

Quando ando de carro, não vou necessariamente mais devagar quando meus filhos estão comigo. Acredito que andar rápido com eles transmita o prazer da velocidade, especialmente para Paul, que se tornou, como eu esperava desde que ele nasceu, piloto de Fórmula 1.

Ainda pequenos, eu os sento no colo para que dirijam e entrego, desde que se tornaram aptos, o comando. Eu os faço dar gritos de alegria quando piso fundo, voltando para nossa casa em Saint-Maurice, nos arredores de Paris, até chegar ao estacionamento de cascalho ao lado da igreja, onde faço derrapagens com o freio de mão.

Naquela época, eu brincava com um Mini-Cooper que tinha suspensão rígida, mas testava também o comportamento da pista e sua segurança, que tive que questionar no dia em que o carro começou a pegar fogo enquanto eu rodopiava no estacionamento.

Consegui tirar rapidamente meus três anjinhos do carro. Mas confesso que, depois, não tive muito orgulho dessa operação. Meu amigo Charles Gérard disse que a culpa não foi do fabricante, eu é que tinha talento para destruir motores – carros, raquetes, esquis, barcos...

Uma coisa que sempre o irritava era o fato de eu estragar os barcos. Porque ficávamos, por minha causa, sempre com o motor em pane, no meio do mar, a árduas horas de nado da margem, ou de remo a bordo de um bote.

Quando Charles se permitia gritar comigo, enquanto lutávamos para salvar a própria pele, eu o repreendia com um: "Cala boca e rema!".

Esse tipo de grosseria fazia parte de nossa amizade, que dura 64 anos! Ele viu meus filhos crescerem, e me acompanhou em todas as férias que tirei com eles em uma vila perto de Grimaud, na Riviera Francesa.

Até hoje, não nos afastamos. Ele vem almoçar todos os dias comigo. Como sempre, conversamos sobre esporte, sobre as notícias e falamos bobagem. E nós dois estamos felizes por ainda estarmos vivos.

Às vezes, por não termos nos distanciado, não vemos o tempo passar, e chegamos a ter a impressão de que não envelhecemos, de que tudo isso aconteceu ontem.

A mãe dos meus três primeiros filhos, Élodie, nunca me repreendeu pelo meu jeito um pouco livre de educá-los. Quando nos separamos, continuamos nos entendendo bem. Ela me deixava ficar com as crianças durante as férias e levá-las às filmagens, desde que voltasse a tempo para o início das aulas. E eu sempre respeitei esse acordo.

Exceto uma única vez, quando, absorto pelas delícias de Antígua, sem meios de comunicação modernos, esqueci da volta às aulas prevista para setembro.

Argumentei que não havia voo para voltarmos e nos divertimos como loucos. Percorremos a ilha a bordo de um jipe Mini-Moke, e deixei as crianças dirigirem. Paul tinha onze anos.

Certa vez, quando Florence, que tinha catorze, estava ao volante, os freios falharam em uma descida impressionante. Só tive tempo de segurar de novo o volante e fazer o jipe bater em um grande e denso arbusto – que pelo menos não tinha espinhos. O medo deixou as crianças exaltadas e a mim também. Tínhamos vivido uma aventura que seria bom lembrar... depois.

16

Famoso

Eles me cansam. Forçam a barra. Ficam só esperando, abutres que, ao longo de todos esses anos, não param de perguntar: "Mas como o senhor faz para continuar fiel à sua esposa, sendo que todas essas mulheres sublimes passaram pelos seus braços?".

Supõem que fui amante de Claudia Cardinale, Françoise Dorléac, Jeanne Moreau, Jean Rochefort...

Acabou acontecendo: me apaixonei, lá na Ásia. Por Ursula Andress, uma tigresa suíça ultra-atlética, dinâmica e desejável, uma mulher divinamente bela e boba, uma alma irmã a cujos encantos não tive forças para resistir.

Não é só um caso, necessidade de algo novo ou de conquista. Tampouco uma traição à minha mulher, já que nos entendemos bem, apesar de eu ter ficado arrasado por magoar nossos três filhos.

Mas, quando o amor acontece, toma conta de tudo. Um fenômeno tão banal que não deveria suscitar nenhum comentário em particular, porque se passa na esfera íntima. Na minha esfera íntima.

Contudo, o anúncio do meu divórcio, no final de setembro de 1966, rende muitas reportagens. Cada jornalista tinha o seu pequeno discurso sobre a leviandade dos atores, seus hábitos libertinos e minha suposta vida de Don Juan-Casanova, propiciada pelo meu charme irresistível.

Tiveram a capacidade de achar normal eu ter que pagar esse preço por ser famoso – uma curiosidade que, por ser incessante, se torna maldosa. Os jornalistas se arrogam direitos que não têm, poderes que nem sempre merecem. Um pasquim como o *Paris-Jour* publicou "Belmondo se divorcia, mas Ursula não levou a melhor", um artigo asqueroso, cheio de insinuações, uma mais nauseabunda do que a outra. Isso me deixa furioso, porque o mal já estava feito: o jornal foi publicado.

Exijo um direito de resposta:

"Essa reportagem sobre minha vida privada, que vocês se acham autorizados a descrever da maneira mais fantasiosa e mais depreciativa possível, não me obrigará a entrar em uma polêmica com vocês sobre suas opiniões, publicadas em outras reportagens, a respeito da minha condição de 'artista por acaso', porque o público é o único capaz de me julgar. Acredito ter tomado todas as providências legais que sua intromissão na minha vida íntima requer, já que ela traz o risco de afetar os sentimentos dos meus filhos."

É muito divertido ler essas palavras, porque estou justamente filmando com Louis Malle, um diretor da Nouvelle Vague com quem eu não tinha trabalhado até então e que ninguém poderia acusar de fazer filmes "por acaso" ou bestas.

Ele me propôs interpretar um personagem que adoro, criado pelo escritor Georges Darien em pleno avanço do anarquismo do fim do século XIX: *O ladrão aventureiro*.

Descubro que tenho algumas afinidades com o tal ladrão, George Randal, nascido em uma família burguesa falida, que se dedica ao roubo em grande escala para sobreviver, mas também para dinamitar a ordem e a moral. E mantenho sua seriedade, seu lado sombrio. Não quero fazer dele um ladrão como o Arsène Lupin criado por Maurice Leblanc, agitado e cheio de aventuras rocambolescas.

No set, não deixo de lado meus hábitos de palhaço, que fazem minha colega Françoise Fabian perder a concentração. Ela me conhece muito bem, desde os tempos do Conservatório – eu e o meu suéter verde, do qual gostava de puxar os fios. Ela se preocupa muito com a minha profunda falta de concentração no trabalho.

É claro que eu a provoco, brinco com ela sempre que posso, e Françoise não entende como posso passar, em apenas um minuto, do palhaço ao ator sério que meu papel exige, um sujeito sombrio e cínico.

E é isso que a crítica não entende quando *O ladrão aventureiro* é lançado: o fato de eu não estar fazendo palhaçada, como sempre. Queriam que eu tivesse sido mais leve, saltitante, impulsivo, ou seja: bobo. Se não faço nenhuma loucura num filme, uma cena perigosa qualquer, não apronto nenhuma idiotice, nenhuma pirueta, se não fico pulando de galho em galho, se me proponho a ser um ator com muitos diálogos, com um texto pensado e profundo, estranham, me criticam.

Tenho que ficar no meu devido lugar: o de ator bufão, atleta comediante, intérprete maluco. Sair disso é um crime de lesa-opinião. O que é uma pena, porque, se escolhi essa profissão, foi justamente para mudar de papel o tempo todo. Então, vão ter que se acostumar. *O ladrão aventureiro* foi reabilitado alguns anos depois. Mas, para mim tanto faz. Alguns anos depois é tarde demais. Na hora, aquilo me irritou.

A recepção que *O ladrão aventureiro* teve foi equilibrada pela de *O adorável canalha*, uma comédia deliciosa que Jean Becker fez questão de me oferecer, dando continuidade à nossa frutífera relação. Mais uma vez, com Michel Audiard, nos diálogos, e meu amigo Jean-Pierre Marielle.

No filme, interpreto um homem que seduz mulheres sem parar, o que me dá a oportunidade de filmar com uma fila de atrizes. Por sugestão minha, Ursula é convidada para o filme, mas não tem disponibilidade. Ela não chegou a quebrar pratos na minha cabeça quando ficou sabendo que eu passaria algumas semanas no Taiti e depois iria para Megève, nos alpes franceses, com um avião lotado de belas mulheres. Mas confesso que nossas conversas não eram muito pacíficas quando o ciúme entrava em cena.

Certa noite, me arrependi por ter abusado um pouco com meu amigo Charles Gérard. Saí para assistir a uma luta de boxe, e Ursula esperava que eu voltasse para casa em um horário decente. Só que me deixei contaminar pela alegria da noite e só voltei para a Île-aux-Corbeaux às quatro horas da manhã.

Por covardia, confesso, levei Charlot comigo para não enfrentar a fúria da minha amada sozinho. Supus que a presença de mais uma pessoa atenuaria sua cólera.

Cambaleando e rindo, tentamos entrar em casa. Mas Ursula tinha passado a chave em tudo pelo lado de dentro: se trancou unicamente para me deixar do lado de fora. Irritado por não poder entrar na minha própria casa, fui procurar uma escada que ficava no jardim.

Quando eu e Charles estávamos no meio da subida, orgulhosos da nossa estratégia, a janela do último andar, onde a escada estava apoiada, se abriu, e Ursula apareceu. Sem dizer uma palavra, ela afastou a escada da parede. Caímos feio, e a queda foi agravada pelo álcool que estávamos armazenando. Eu e Charlot nos machucamos bastante, mas isso não impediu Ursula de continuar caçoando de nós e da nossa queda por um bom tempo.

Eu era menos nervoso do que ela e também menos ciumento. Um pouquinho menos. Porque não gostava quando ela tinha de beijar seus coadjuvantes nem que passasse tempo com eles. Eu tinha consciência da sua beleza e do efeito que produzia nos homens, porque eu mesmo fora vítima dos seus encantos, e ficava imaginando o pior o tempo todo. Ursula achava muito engraçado e temia que eu abusasse do meu charme com outras mulheres.

Dessa forma, durante as filmagens de *O adorável canalha*, me contentei em apenas rir com colegas mulheres como Maria Pacôme ou Mylène Demongeot, com a qual fiz uma sequência extrema de conversa no banco de trás de um carro pendurado por um guincho.

Estávamos em Megève, onde a temperatura glacial transformava a espera no set em um calvário digno do alpinista Roger Frison-Roche, que perdeu os pés e as mãos durante uma expedição. Estávamos, eu e minha colega de cena, pendurados no carro como dois pedaços de carne em uma câmara fria, quase pegando no sono. Foi aí que eu vi um bistrô a alguns metros de distância, onde poderíamos nos abrigar e desentorpecer nossa boca com um café quente.

Eu e Mylène, depois de perder um pouco da palidez e conseguirmos falar novamente, voltamos para o set. Mas, a caminho, ouvimos "Rodando!", e percebemos que não tinham notado nossa saída. Achavam que estávamos dentro do carro, dois blocos de gelo prontos para entrar em ação. Um grande silêncio se seguiu, obviamente, depois de o diretor dar o sinal de "Ação!", que logo foi quebrado por nossas gargalhadas. Pela primeira vez, não fiz piada de propósito.

Uma das coisas de que gostávamos muito no filme de Jean Becker é que meu personagem esquiava muito mal. Isso era perfeito para mim, porque também não sei esquiar. É um esporte que nunca me interessou.

Depois, troquei os esquis por uma bicicleta-esqui, mais condizente com minhas habilidades de ciclista. Foi assim que pude levar meus filhos e Charlot para praticar esportes de inverno em Crans-sur-Sierre, na Suíça, e descer pelas encosta dos alpes.

Sou muito gentil. E às vezes, muito crédulo. Isso acaba me causando alguns dissabores. Eu deveria ter desconfiado da proposta simpática de Charles K. Feldman, com quem cheguei a passar férias muito agradáveis em Palm Springs, na Califórnia. Foi assim que ele acabou me pegando, porque perdi uma aposta que fiz com ele.

Ele estava prestes a fazer um filme com um grande orçamento: *007 Contra Cassino Royale*, uma paródia de James Bond com David Niven, Peter Sellers, Orson Welles, Woody Allen e – disseram – Ursula e eu. Por fim, ele achou engraçado me dar um papel minúsculo de legionário com um bigode espalhafatoso, que participava de uma briga imensa depois de falar duas frases ridículas em inglês. Como era uma espécie de prenda que eu tinha de pagar, não me opus a fazer essa participação bufa, no verão de 1966. Mas, quando o filme saiu, algum tempo depois, tive a desagradável surpresa de ver meu nome em letras garrafais no cartaz, sendo que tínhamos combinado que eu seria uma surpresa, um bônus que ficaria invisível na distribuição oficial. Foi absolutamente grotesco.

De todo modo, eu estava morto de cansaço: tudo me irritava. Fazia dez anos que eu trabalhava como um condenado. Desde que fui descoberto em *Acossado*, fui literalmente sequestrado pelo cinema. Fiz uma sequência interminável de filmagens, aventuras, colaborações, papéis, cenas perigosas, países, hotéis, carros... Despendi uma energia mais do que intensa, dei tudo de mim, todas as vezes, completamente, sem reservas. Passei nas provas e desmenti os velhos do Conservatório. Conquistei uma fama que me rendia projetos formidáveis e também incomodações consideráveis.

Eu queria me esconder um pouco, para que me deixassem em paz, para não ser mais assunto das conversas dos outros, não ser mais objeto de calúnias ou dos paparazzi.

A fim de ter uma tranquilidade provisória, aluguei uma velha mansão nas margens do rio Marne, a alguns quilômetros da porta de Charenton, mais precisamente, na Île-aux-Corbeaux. Enfim me sentia protegido de toda a curiosidade, livre para viver em paz com Ursula e meus filhos, quando fossem ficar comigo. Nenhum paparazzo ia conseguir nos encontrar lá na ilha e, se isso acontecesse, provavelmente morreria afogado antes de sequer conseguir tirar uma foto de alguém do meu clã.

Escondida no meio da vegetação, a casa era bastante isolada e de difícil acesso para quem não tivesse sido convidado. Até que construíram a autoestrada A4 ali do lado, notadamente o entroncamento para Créteil.

Abatido, abandonei aquela casa onde fui feliz de verdade com Ursula, com meus filhos e Charlot, com quem pedalávamos pela natureza. Foi o roqueiro Johnny Hallyday que a alugou depois de mim...

Naquela época, após a saída da Île-aux-Corbeaux, nunca estávamos a salvo do ataque de um fotógrafo enviado por algum jornaleco de fofocas. Aonde quer que fôssemos, sempre tínhamos um ou vários no nosso pé. Isso me dava ataques de raiva que nem sempre excluíam o uso da força. Graças ao boxe e às minhas noites parisienses, tenho uma certa facilidade para brigar espontaneamente.

Eu nunca batia em alguém gratuitamente. Não pedir permissão para me fotografar em um momento íntimo era motivo suficiente para que eu perdesse a linha.

Atravessamos o canal da Mancha com Ursula, mas eles ainda nos seguiam. E, em Londres, onde passamos uma temporada, encontrei um fotógrafo que nos perseguia na maior cara de pau pelo saguão do hotel. Eu lhe dei um belo soco, duplo, bem barulhento, que o fez voar até a porta giratória.

Uma hora depois, me acordaram pedindo que eu fosse até a recepção, onde a polícia britânica me esperava. O bisbilhoteiro que me senti no direito de socar tinha prestado queixa, e as autoridades queriam explicações. Sem pudor, com um profissionalismo impressionante, banquei o francês imbecil que não entende nada. Jurei que estava dormindo como um bebê na hora em que, supostamente, agredi o sujeito. O gerente do hotel confirmou minha versão, testemunhando que não tinha me visto no local na hora do crime. Se eu perdesse o processo, poderia ter de cumprir pena, mas fui salvo graças às declarações do meu cúmplice.

O incidente não estragou por completo meu interlúdio londrino, durante o qual encontrei o bailarino clássico Rudolf Nureyev, cujo talento para bebida, em princípio incompatível com a prática de alto nível de uma arte tão atlética quanto a dança, me fascinou. Eu observava, abismado, ele beber quantidades pantagruélicas de álcool antes de se apresentar, dançando com a leveza de uma libélula.

Os episódios desagradáveis com um certo tipo de imprensa se multiplicaram a ponto de me enviar ao exílio. E o desejo de parar de trabalhar depois de ter me dedicado tanto, de acompanhar Ursula em suas filmagens, de descansar depois de ter me esfalfado, não era nem um pouco repreensível.

Na França, todo mundo me conhecia, e eu conhecia todo mundo. Comuniquei, por carta, minha demissão da presidência do Sindicato dos Atores, cargo que eu levava muito a sério.

Em novembro de 1963, depois do sucesso de *O homem do Rio*, fui eleito por unanimidade. Sempre me preocupei com a militância, porque era uma questão de defender nossos direitos numa época em que os diretores embolsavam toda a glória, e os produtores, toda a grana.

Nossos nomes saíam pequenos nos cartazes, como se não fôssemos um motivo essencial para as pessoas irem ao cinema. E, com frequência, nos encontrávamos em posição de desvantagem nas negociações. Minha estima pela profissão de ator era grande demais para ficar calado e permitir que nos desvalorizassem, nos espoliassem e nos maltratassem. Eu me senti muito honrado de ocupar o lugar que fora de Gérard Philipe, e estava decidido a fazer bom uso dele, de ser nobre e útil. Além do mais, tinha meu amigo Michel Piccoli como vice.

Podia usar minha fama e os contatos privilegiados que ela me dava com os "grandes desse universo". E declarei o seguinte quando fui eleito: "Aceitei ser presidente do SAF para defender nossa profissão. Se o presidente for desconhecido, não terá peso. Se eu pedir uma audiência com o primeiro-ministro, ele me receberá. A profissão de ator precisa ser defendida".

O Sindicato tinha um certo peso, pelo número de filiados – 2,5 mil –, e devia ajudar a estabelecer a justiça e a igualdade em um meio que evoluía rapidamente. Precisávamos que aproveitar aquela época de ouro do cinema francês para ganhar importância e autonomia. Os atores começaram, então, a se libertar dos produtores e a financiar os próprios filmes. Mas, na televisão, os problemas continuavam: os salários eram ridículos, e a precariedade – que consistia em trabalhar durante três meses quando deveriam ser doze – era muito comum. A resistência e a lentidão dos nossos interlocutores também eram muito frequentes.

Portanto, combater à distância, sem estar inteirado das preocupações da classe, estava fora de questão. Batalhei durante três anos e podia passar o bastão com dignidade. E fugir, sem escrúpulos. Era melhor ir morar em algum lugar onde ninguém me conhecesse, onde meu anonimato seria salvaguardado, onde poucos atores franceses, mesmo os que desejavam muito, conseguiam se estabelecer: os Estados Unidos. Algo que era uma vergonha ou deixava alguns deprimidos naquela época me faria absolutamente feliz. Ir embora, poder fazer bobagem sem ninguém escondido para tirar fotos de mim, bêbado e suado em um momento íntimo ou prestes a dançar como um imbecil às três horas da manhã.

Foi para Los Angeles, por causa do clima, que levei minha amada e reencontrei minha liberdade. Lá, convivi com sujeitos simpáticos como Warren Beatty, sempre disposto a mergulhar na bebedeira; Kirk Douglas, jovial e amistoso; Frank Sinatra e Dean Martin, com quem pude dividir minha paixão pelo boxe. E ele morava justamente com um boxeador, que era seu faz-tudo, e assistia a lutas sempre que podia. Íamos para Las Vegas, jogar nos cassinos, e para Palm Springs, por causa dos bares. Fui vê-lo cantar e dei risada quando o assisti interpretar um artista bêbado – sendo que ele estava sóbrio.

Outro amigo que fiz durante minha temporada nos Estados Unidos foi Sammy Davis Junior, de temperamento vivo e amável, que achou por bem, uma noite em que eu assistia a seu espetáculo, abrir a apresentação falando: "Estou nervoso, senhoras e senhores, porque essa noite estou diante de um grande ator, Jean-Paul Belmondo". O que foi uma piada, claro, porque ninguém me conhecia daquele lado do Atlântico.

Em um instante, a imprensa americana revelou que eu estava morando lá. A revista *Life* fez uma reportagem de capa comigo, tecendo comentários elogiosos. Alguns dos magnatas dos estúdios de Hollywood – como Sam Spiegel, produtor de *Lawrence da Arábia* e *A ponte do rio Kwai* – fizeram contato comigo. Ele estava disposto a gastar muito dinheiro para lançar minha carreira nos Estados Unidos. Mas, para mim, isso não significava nada. Não havia argumento capaz de me convencer. Eu gostava dos "peles-vermelhas", como Gabin costumava chamá-los, mas nem por isso queria me comprometer.

Além do mais, nem ele – nem mesmo o mestre – conseguiu fazer sucesso por lá. Atuar em inglês quando se é francês é algo que não dá certo, sempre seremos atores franceses. Eu me recusava a deixar que me dublassem na língua de Shakespeare, e não ia me meter a sair falando em inglês. Para isso, ainda por cima, teria de aprender a língua e me submeter a algo que eu odiava: a aprendizagem escolar.

Na verdade, quando se é europeu, é melhor ser completamente italiano para se lançar em Hollywood. Senão, é perigoso, para não dizer impossível. Eu estava muito cansado como pessoa e já tinha me estabelecido como ator para arriscar qualquer coisa naquele momento.

Eu me sentia à vontade na França. Era bem francês, culturalmente. Não estava disposto a abandonar meu país quando foi ele que me dedicou sua confiança e sua estima, era lá que eu era amado. E, além do mais, do que depende um ator senão do amor dos outros?

Não foi na França que fui recebido pelo presidente da república no fim de 1967? Foi em uma pequena recepção no Palácio do Eliseu, para a qual fui convidado com outros artistas – entre eles, Romain Gary, que fiquei muito feliz de reencontrar.

O general de Gaulle era o chefe daquele lugar e, quando me apresentaram para ele, exclamou: "Admiro muito o seu pai e começo a admirar você também".

17

Mais seriedade

"Peço desculpas por ter lhe oferecido esse papel", ele disse com uma voz triste. Por pouco, eu não o abracei, tamanha a delicadeza desse homem – que transparece nos seus filmes –, que me espanta e me comove.

François Truffaut, o cordial, o humanista, o diretor da Nouvelle Vague com o qual eu esperava para colaborar há dez anos. E foi com a adaptação de um livro de William Irish, *A sereia do Mississipi*, que enfim conseguimos nos encontrar e nos entender.

Ele me une a Catherine Deneuve, convencido de que fará de nós um casal mítico, e dá ao meu personagem uma profundeza e uma riqueza de sentimentos que me caem bem.

É a primeira vez que Truffaut recebe uma verba de verdade para a produção, e ele corre o risco de levar o set para a ilha de Reunião, em um momento em que filmar no exterior é raro, de tão complicado e difícil que é o financiamento.

Pela primeira vez, faço papel de fracassado: um sujeito que tem uma arma mas reluta em usá-la; que ama as mulheres, mas é desprezado por elas.

Fico completamente à vontade na pele desse personagem sutil durante as filmagens, que se desenrolam de um modo diferente das de Godard, mais textual e metódico, mas que correm às mil maravilhas. Entre mim e Truffaut há um respeito mútuo que confere ao trabalho no set uma exatidão verdadeira, uma honestidade benéfica.

Eu havia conhecido o cineasta alguns anos antes, em circunstâncias divertidas: uma viagem pela América do Sul organizada pela UniFrance, entidade que divulga o cinema francês em outros países, da qual também participou meu amigo Philippe de Broca. Fomos convidados para falar de cinema, tendo como plateia intelectuais e profissionais da área.

De todos nós, Truffaut era o mais fluente, o que tinha mais conhecimento e era mais talentoso na arte de dialogar com o público. Fiquei admirando, como uma criança hipnotizada por um mágico. Ele me ajudou, assim como Philippe, em uma investigação que fiz na Argentina, para encontrar Robert Le Vigan.

O ator, coadjuvante do filme *Cais das sombras*, era incrível, mas se comportou de uma maneira imunda durante a ocupação, divulgando panfletos antissemitas no rádio – coisa que Céline também escreveu. Le Vigan foi julgado depois da Libertação e condenado a um campo de trabalhos forçados, mas fugiu – como todos os oficiais nazistas – para a Argentina, onde lhe deram um novo endereço e um trabalho. Ele devia viver muito bem escondido porque, apesar dos meus esforços, não consegui encontrá-lo. Devia temer que fôssemos agentes do serviço secreto francês disfarçados que queriam prendê-lo e levá-lo de volta para França, para que terminasse de cumprir sua pena.

Truffaut sabia que podíamos fazer um belo filme juntos, dada a simplicidade das nossas conversas. E eu não tive dúvidas nem por um segundo antes de me entregar à aventura de *A sereia do Mississipi*. Fiquei chocado quando o filme foi tão mal recebido, porque não merecia tantas críticas negativas.

Mais uma vez, fui criticado por não fazer o que esperavam de mim. Desde *O homem do Rio*, queriam que eu continuasse no papel de super-herói, do cara que não se abala com nada, que dá risada de tudo, de louco inocente e charmoso que se livra de qualquer situação e se revolta quando necessário.

Em *A sereia do Mississipi*, o coitado do Louis Mahé, que eu interpretava, era o mestre da derrota, o príncipe do fracasso, o prêmio Nobel dos reveses, sofria uma desgraça atrás da outra e era um pouco fragilizado pelos acontecimentos. Não me perdoaram por isso. Toleraram que eu interpretasse um padre, mas não puderam suportar que eu encarnasse Jesus, dando a outra face para bater e estendendo as duas mãos para ser crucificado.

Não gostavam quando eu fazia um papel sério. Não podiam aceitar, sob hipótese alguma, que eu tivesse um ar grave. Exigiam que eu fosse alegre e saltitante, feliz e contente. Entretanto, quando revejo minha filmografia – coisa que me dá até tontura –, sou obrigado a constatar que morri muitas vezes.

De fato, prefiro morrer no final: os filmes terminam melhor assim e, além disso, dessa forma se evitam os finais felizes, dos quais a imbecilidade nunca está muito longe. Acho que há uma certa classe em um herói que aceita sacrificar a vida.

Morrer, uma hora ou outra, me era permitido. Mas me submeter aos golpes do destino sem resistir, sem enfrentar, de um jeito triste, fazia meus críticos me julgarem e me punirem.

Quando *A sereia* foi lançado, em junho de 1969, recebi uma salva de comentários tão ferinos que o pobre François se arrependeu de me ter convidado para participar do filme. É claro que eu não o culpava: assumo minhas escolhas, quaisquer que sejam os resultados. O cineasta não foi mais responsável do que eu. Fui vítima das expectativas do público. A época pedia liberdade, alegria, revolta. Eu devia ter continuado a encarnar isso, saltando sem medo de um prédio para outro, brigando com caras mais fortes do que eu, sempre saindo vitorioso e dominando o sistema.

Mas eu queria ser livre, livre para trocar de papel, para trabalhar com os diretores que me interessavam, para participar de projetos, às vezes, mais políticos, com propósitos mais consistentes do que os filmes de ação que me tornaram famoso.

Foi assim que me interessei por Alexandre Stavisky, um bandido incrivelmente romântico, brilhante, não violento, que fingiu se suicidar com um tiro na cabeça. Resolvi, a qualquer custo, fazer um filme baseado nesse personagem, que eu sonhava interpretar.

Eu também tinha dado um passo adiante e criado a minha própria produtora. E a batizei com o nome da minha avó paterna: Cerito, a siciliana.

Dali em diante, eu não dependeria mais da importância ou da generosidade dos outros. Não estaria mais sujeito à frustração de ter projetos abandonados por falta de financiamento ou à humilhação das restrições impostas pelos produtores, com frequência avarentos. Seria o capitão do navio e sabia o suficiente para navegar bem.

Foi graças ao produtor Gérard Lebovici – que me incentivou a ter controle total sobre o meu trabalho e me deu ideias de histórias para levar às telas – que tive a audácia de fazer isso. Desde o dia em que ele se ofereceu para ser meu agente, porque eu já não tinha mais um, Lebovici foi um aliado precioso e brilhante. Ele era muito culto e também muito esperto.

Tinha criado sua própria agência, a Artmedia, no começo dos anos 1960, e a transformou na mais importante da Europa. Tinha uma maneira americana de trabalhar, sabia fazer tudo e tomava a iniciativa.

Foi Lebovici que me falou de Stavisky e sugeriu o livro de Hubert Monteilhet que acabou se tornando *Armadilha para um lobo*. E também ele que conhecia Jorge Semprún e lhe pediu que escrevesse um bom roteiro. Foi esse autor de origem espanhola que fez o contato com Alain Resnais, porque o encontrou por acaso na rua.

Apesar de não filmar havia três anos, Resnais estava em alta desde *Hiroshima, meu amor*. Sua relação com Marguerite Duras e o nível dos seus filmes lhe garantiam o rótulo de "cineasta inteligente e promissor".

Com plena consciência da distância que nos separava, da diferença do mundo em que vivíamos e do nosso imaginário, de início eu o abordei com muita timidez. Tinha medo que ele se achasse muito diferente de mim. Mas, por fim, nosso contraste deu certo, era transparente.

Semprún, apaixonado e erudito, ousou – com nosso consentimento – inserir uma outra narrativa, sobre Trotski, e povoou o texto com perspectivas históricas. Pouco a pouco, o filme foi se ampliando, e Stavisky foi sublimado pela sua história e pelas consequências da sua existência, se tornando mais denso.

Eu tinha, na condição de produtor, minha opinião a respeito do casting. Mas preferi que Resnais não ficasse sabendo que eu estava produzindo o filme, para que ele se sentisse livre durante a filmagem. Ou, como estávamos de acordo, não precisei confessar. Ele escolheu Charles Boyer, com quem adorei trabalhar. Eu queria que meus amigos Beaune e Vernier, Rich, Périer e Duperey participassem. Fazia tempo que Resnais tinha reparado neles. E reencontrei meu antigo professor do Conservatório, René Girard. Tudo se encaixou. A equipe era perfeita.

Podia-se supor que o papel, para o qual eu tinha que perder o bronzeado e ficar longe do sol, com um certo cineasta, teria me ajudado a amadurecer. Mas não. Pelo contrário, tive de compensar a seriedade de Stavisky com um pouco de leveza fora do set.

Em Biarritz, onde meu irmão foi me encontrar, fiz questão de criar algumas recordações no hotel que nos acomodou, como exigia a tradição. Certa noite, em que ficamos num estado de embriaguez abençoada que nos deu asas, fizemos uma brincadeira.

Transportamos – até hoje não sei como, porque eu estava lerdo e atrapalhado de tão bêbado – um enorme armário com espelho até a frente do quarto de François Périer, que dormia com a mulher. Deixamos o móvel quase colado na porta, depois subimos em cima dele para bater na porta sem sermos vistos. Nosso amigo, depois de alguns segundos, veio atender, mas só viu a si mesmo – seu reflexo no espelho. Voltou a deitar e, quando a esposa lhe perguntou quem era a misteriosa visita noturna, ele respondeu: "Não se preocupe, era só eu mesmo".

Apresentamos, sem vergonha, *Stavisky ou o império de Alexandre* no festival de Cannes na primavera de 1974. Até fiquei orgulhoso de subir as escadas do Palácio dos Festivais novamente com aquele filme depois de tanto tempo, desde *Duas almas em suplício*. Eu não gostava do circo inerente ao festival, da dança dos fotógrafos e do assédio do público. Na verdade, ainda não me habituei aos paparazzi e às perguntas capciosas dos jornalistas.

Por outro lado, fazia minha primeira aparição pública com minha nova namorada. Depois de me separar amigavelmente de Ursula Andress, que amei por sete anos, conheci essa mulher participando da filmagem épica de *Aventuras de um casal no ano II*. Ela também era esplêndida, e ser seu namorado causava inveja.

Laura Antonelli era pura beleza e pura doçura: um olhar ou um sorriso dela, e a guerra acabava, o céu se abria, e o sol aparecia.

Acredito que também por isso fui punido em Cannes. Por ser o namorado de Laura Antonelli. E por ter a pretensão de produzir e atuar em um filme intelectual de Alain Resnais. Eu ousei, mais uma vez, juntar o cinema popular e o elitista, me sentir à vontade em qualquer lugar, sem restrições. Exagerei.

As pessoas me viam nos filmes de Godard, Truffaut, Malle, Melville e Resnais, assim como nas produções de Broca, Verneuil, Oury e, em breve, de Lautner. Eu irritava. Queria assoviar e chupar cana ao mesmo tempo, ser visto por milhões de espectadores e pelos críticos da *Cahiers du cinéma*. Então, não, nem passou pela cabeça deles reconhecer que *Stavisky* era um bom filme. Depois, é claro, isso mudou.

Naquela noite, eu e Laura subimos a escadaria do Palácio dos Festivais sob os flashes dos fotógrafos e os vivas do público, mas descemos sob os assovios que começaram já durante a projeção do filme. Como se me responsabilizassem por aquilo que consideravam um fracasso, me cuspiram na cara.

Após essa cena desagradável, que se tornou uma péssima lembrança, fui jantar com a equipe do filme. E ninguém veio falar conosco. Éramos leprosos. Fiquei arrasado. Lamentei ter apresentado *Stavisky* em Cannes. E a burrice também.

Depois disso, resolvi que não era mais necessário organizar cabines de projeção só para jornalistas. Dali em diante, suas opiniões não me importariam mais e, se quisessem emitir uma, teriam que esperar como todo mundo o dia da estreia, na fila do cinema.

Aparentemente, receberam mal a indiferença que lhes dispensei a partir daquele lamentável episódio com *Stavisky*. E continuaram a me criticar pelo meu sucesso.

Em outubro de 1982, *O ás dos ases* estreou, produzido e protagonizado por mim e dirigido por Gérard Oury, e foi um sucesso de bilheteria desde a primeira semana – para revolta dos cinéfilos de meia-tigela, frustrados, que protestaram de uma maneira ridícula, quase como um culto, chegando a fazer um abaixo-assinado. Eles acreditavam que tínhamos roubado possíveis espectadores de outro longa, *Um quarto na cidade*, de Jacques Demy, e não paravam de nos xingar.

O fracasso retumbante de um era culpa do triunfo do outro. Eu custava a entender a lógica desse raciocínio, mas conseguia ver suas falhas claramente. Como os sujeitos que criaram essa tese cretina, para dizer o mínimo, tinham espalhado isso por quase toda a imprensa especializada, acabei ficando com um gosto amargo na boca.

Levantei minha caneta mais uma vez, já que não podia usar meus punhos, para responder a esse grupo de imbecis e aniquilar a lógica puramente retórica que usaram para me afrontar:

"Depois de ler o manifesto que diz que meu filme *O ás dos ases* é suspeito, culpado de ter roubado 'espectadores potenciais' de *Um quarto na cidade* e examinar a lista de quem o assinou, só posso me envergonhar... Uma frase de Jean Cocteau me vem à cabeça: 'Na França, a igualdade consiste em cortar as cabeças que são maiores do que a média'. Dessa forma, *O ás dos ases*, que coproduzi e no qual atuei abrindo mão do meu cachê, porque tinha o desejo de denunciar, com o tom leve da comédia, o antissemitismo e a intolerância, não foi tolerado por aqueles que juram ser tolerantes. Gérard Oury deveria gritar de vergonha por ter 'concebido seu filme para fazer sucesso'! Será que Jacques Demy concebeu seu filme para ser um fracasso?

Quando, em 1974, produzi e 'lancei' *Stavisky*, de Alain Resnais, e o filme não teve mais do que 375 mil espectadores, não fiquei me lamentando nem acusando James Bond de ter roubado meus espectadores. Essa comoção é grotesca. Tão ridícula quanto a conclusão de um crítico, um dos signatários desse manifesto, que termina seu artigo afirmando ter ouvido uma criança explicar, saindo da sala de *O ás dos ases*, que tinha se enganado, achava que fora assistir *Alien*. Mais de três milhões de espectadores em três semanas na França – sem contar os outros países, onde o filme teve uma recepção triunfal – também teriam se enganado de sala e saíram, boquiabertos, aplaudindo *O ás dos ases* achando que se tratava de um outro filme e me confundindo com outro ator?! Talvez fosse mais honesto imaginar uma outra crítica, com os motivos pelos quais *O ás dos ases* atraiu o público. Nesses tempos de crise, o público se entregou a uma incrível migração em direção às pastagens da diversão e da fuga. Seu tamanho atual é um fenômeno da sociedade!"

Gérard Oury também devia incomodar com a lista de sucessos fenomenais da qual podia se gabar. Ele era atacado por seu talento para escrever filmes que davam certo, por seu excepcional trabalho de rigor e de inteligência cômica, que transparecia nos seus filmes.

Quando trabalhei com ele pela primeira vez, em *O Supercérebro*, de 1968, ele já contava com dois grandes clássicos do cinema francês no seu currículo, *A grande escapada* e *O trouxa*. Fiquei maravilhado com sua capacidade de alinhavar com fineza as situações cômicas, de impor um ritmo diabólico ao filme e mantê-lo até o final, de criar personagens geniais e saber quem chamar para representá-los.

Fiquei tão entusiasmado com a ideia de fazer um filme com ele que aceitei trabalhar durante o verão. Normalmente, de acordo com as minhas regras, o período estival era sagrado, dedicado aos meus três filhos, que passavam o resto do ano com a mãe, em Londres.
Oury merecia ser tratado como exceção, então negociei para que meus filhos pudessem me acompanhar no meu local de trabalho. Para Paul, foi a primeira vez. E também foi em um filme de Gérard, *O ás dos ases*, que foi contratado para ser assistente.
O Supercérebro, aliás, como era costume de Oury, também foi escrito em família: sua filha, Danièle Thompson, já havia começado a brilhante carreira de roteirista. Por causa do fabuloso mês de maio de 1968, em que fiquei preso de férias no Senegal, Oury foi obrigado a atrasar as cenas de trem – minhas preferidas, porque tinham acrobacias – para o próximo inverno, sem a presença de meus filhos.

Nesse filme, tive o prazer de reencontrar Bourvil, com quem adorei trabalhar na filmagem de *Estranho domingo*. Ele não tinha perdido a verve tocante nem a energia, apesar da doença que começava a lhe rondar. Nunca comentou nada, nem fiquei sabendo.
Em duas ocasiões, seu corpo o castigava tão cruelmente que ele se contorcia todo, com dores insuportáveis, e se permitiu reclamar um pouquinho. Disse apenas: "São meus rins".

Depois de *O Supercérebro*, Bourvil ainda teve forças de interpretar um delegado em um grande filme dirigido por Jean-Pierre Melville, com meu camarada Delon, *O círculo vermelho*. Foi o último que fez antes de morrer, e sua partida me deixou bastante abalado.

Enquanto isso, ele estava lá e até jogava futebol conosco. Porque, graças ao clima durante as filmagens de *O Supercérebro*, mais parecido com uma colônia de férias de tão amigável e família, retomei os meus bons hábitos de recreador esportivo. E organizar partidas de futebol é mais fácil do que organizar corridas de bicicleta, que exigem equipamentos que nem sempre conseguimos roubar. Principalmente quando as crianças estão por perto.

Eu tinha amadurecido. Tinha quase a impressão de ter me acalmado. Se fosse para continuar aproveitando meus talentos de ator, queria fazer papéis mais sérios, mais complexos, novos.
O medo do tédio e da mesmice estimulam a curiosidade e alimentam o desejo pela aventura. Por esse motivo, incentivado por Gérard Lebovici, aceitei a proposta de um jovem jornalista, Philippe Labro, que escreveu – com o escritor e roteirista Jacques Lanzmann – um roteiro impressionante, brilhante e preciso, em torno do personagem surpreendente de um "aventureiro de terno de três peças". Era vagamente inspirado em Kennedy e feito sob medida para intérpretes como Steve McQueen ou Robert Redford – que participaria, um pouco depois, de um filme parecido: *Três dias do condor*.

Bart Cordell, meu personagem em *O herdeiro*, não se parecia com nenhum dos papéis que eu tinha interpretado até então. Duvidei muito da minha credibilidade ao encarnar o magnata enigmático. Não tinha os hábitos dos homens de negócios, conhecia mais as atitudes dos gângsteres ou dos cowboys. Até hoje, já pus o pé em cima da mesa e andei armado nos filmes mais do que usei pastas de executivo. Nunca tive um heliporto particular!

Por outro lado, eu realmente compreendia a psicologia de Bart Cordell, seu sentimentos e suas reações, sua necessidade de vingar o pai, um judeu perseguido na Itália e morto ao ser deportado. A raiva fria e a eficácia com a qual ele acertava as contas com o culpado e protegia a família, quer dizer, o filho, não estavam muito distantes de mim.

Com Labro, dono de uma inteligência admirável, tudo correu às mil maravilhas. Ele era, na minha opinião, um grande diretor de atores, porque não falava nada. Confiava naqueles que tinha escolhido a dedo. E meus colegas de cena, como Charles Denner, o "homem que amava as mulheres" do filme de Truffaut – que eu conhecia de *O ladrão aventureiro*, de Louis Malle –, tinham em comum a delicadeza, a fineza e o senso de humor. Charles, que interpretava meu fiel secretário, com quem eu tinha uma relação de amizade simbolizada por uma misteriosa pedra preciosa em cima da qual dormíamos em esquema de revezamento, era um pouco mais sombrio do que o resto da turma. Percebi isso durante as filmagens de *As aventuras de um casal no ano II*, em que o reencontrei.

Quando passamos pela fronteira da Suíça, ele provocou os inspetores da alfândega, falando de um tema tabu: a responsabilidade do país na espoliação dos judeus durante a Segunda Guerra. Observei Denner discutir fervorosamente com os agentes de fronteira e pude ver todas as tristezas do mundo refletidas no seu olhar.

Era um homem cuja sensibilidade à flor da pele e os horrores da história o comiam por dentro. Apesar de tudo, estava sempre disposto a rir das minhas bobagens, e o seu rosto se transformava nesses momentos.

Durante as filmagens de *O herdeiro* em Roma, confesso que não peguei leve com Labro por ele ser jovem, inocente ou benevolente.

Com meu amigo maquiador Charly Koubesserian, cuja participação no filme exigi dos produtores, tive a ideia de organizar uma coletiva de imprensa diante do quarto do diretor, só que sem jornalistas. Apenas tiramos do lugar todas as cadeiras do hotel, além de algumas mesas. Quando, pela manhã, ele quis sair do quarto, não conseguiu. Precisou de uns bons dez minutos para se libertar.

Como Charly acreditava estar a salvo das peças que eu pregava, resolvi lhe reservar o mesmo tratamento especial que eu infligia a Philippe de Broca. Esvaziei completamente seu quarto e joguei todos os móveis pela janela. Até a cama. O gerente do hotel subiu e começou a gritar com ele, convencido de que o maquiador estava louco e tinha feito aquilo. Ele se defendeu com um argumento que supôs ser incontestável: "Mas, senhor, porque eu jogaria a minha própria cama pela janela? Se fosse a cama de outra pessoa, tudo bem, mas a minha?".

O mesmo senhor quase desmaiou alguns dias depois, quando descobriu que a majestosa árvore de Natal que brilhava no saguão do seu estabelecimento fora coberta de papel higiênico rosa. Eu e Charly tivemos a ideia de incrementar com um pouco de originalidade e leveza aquela decoração um tanto clássica e rígida demais, feita de bolas e estrelas.

O herdeiro foi um sucesso. O mestre de Labro, Jean-Pierre Melville, foi o primeiro a vê-lo em uma cabine organizada especialmente para ele, e saiu louco de felicidade por aquele discípulo que ajudara e por minha atuação, que achou muito boa. O público teve a mesma opinião de Melville. Correu para as salas de cinema para assistir ao filme.

Entretanto, eu morria mais uma vez nesse filme – o que não agradou aos produtores, que tinham medo de irritar os espectadores e vender menos ingressos. Eles criticaram Philippe Labro durante muito tempo por causa do fim trágico que deu para o personagem. E não é de todo impossível, na verdade, que isso tenha diminuído o sucesso, já muito considerável, de *O herdeiro*.

O fato de eu me entregar a novos hábitos complexos não me impedia de bancar o palhaço. No cinema e na vida. Foi sob a direção de Chabrol que produzi meu primeiro filme, *Armadilha para um lobo*, uma farsa cínica e improvável, inspirada em *Assassinatos por prazer,* livro de Hubert Monteilhet que Lebovici me apresentou. Lancei minha produtora, Cerito, com meu irmão, que obriguei a largar o petróleo do Saara para ser diretor da casa. Alain era perfeitamente competente para o cargo. O único senão era o fato de ele estar impossibilitado de subir em um avião após ter sobrevivido a dois acidentes aéreos. Para nos encontrar a tempo para as filmagens, tinha que sair três semanas antes, de carro ou de barco.

Para dar início a Cerito, precisava de uma boa comédia. E essa me parecia adequada, sobretudo porque tinha atrizes como Mia Farrow e Laura Antonelli, que reencontrei com imensa alegria depois de ser tocado por ela durante a filmagem de *Aventuras de um casal no ano II*. Foi justamente durante a filmagem de *Armadilha para um lobo* que nos aproximamos mais intimamente, o que fez jornalistas inescrupulosos revelarem nosso amor recém-nascido em suas colunas, quando Laura ainda era casada, e eu ainda estava oficialmente com Ursula.

Mais uma vez, fiquei enojado com aqueles métodos traiçoeiros, e me incentivaram a prestar queixa. Enquanto isso, tivemos dias felizes de filmagem, trabalhando durante o dia, bebendo e rindo à noite. Mia Farrow – que tivemos de enfear para fazer seu papel colocando óculos e uma dentadura falsa – não raro confundia os dois, ou vivia somente à noite.

Fiquei nervoso naquele novo papel de produtor. Era minha primeira vez, e eu não tinha certeza de tudo. Tinha medo de começar minha carreira nessa função com um estrondoso fracasso.

Os críticos reagiram, como previsto, negativamente, mas não influenciaram o público, que compareceu em massa ao cinema. Fui salvo.

Entre uma e outra ocupação ou um papel sério, seria bom que eu retomasse minha leveza. Então, depois de *O herdeiro*, me entreguei a um projeto proposto pelos meus dois comparsas de sempre, Mnouchkine e Broca. Eles tinham redescoberto um roteiro escrito por Francis Veber (que acabou exigindo que tirassem seu nome do cartaz) cujo herói parecia ter sido feito sob medida para mim.

Tratava-se de François Merlin, um escritor charmoso e fracassado, um tanto cagalhão, que se transformava em super-herói – uma espécie de cópia revoltada de James Bond – na ficção que ele era obrigado a criar sem parar para sobreviver em condições precárias. Reformulado por Philippe de Broca e Jean-Paul Rappeneau, o personagem se tornou *O magnífico*. E resolvi coproduzir o filme com a Ariane Filmes, produtora de Mnouchkine, e concordar com a sugestão de Philippe de contratar Jacqueline Bisset para contracenar comigo. Providenciamos todo o necessário para o glamour exigido pelo herói Bob Saint-Clar e fomos para o México, esbanjando luxo. Ainda que, por causa de um lamentável mal-entendido, eu tenha acabado com o tornozelo engessado e um estiramento do tendão. Eu devia pular em uma pilha de caixas em um carro dirigido por Jacqueline. O cálculo da velocidade necessária para que a queda desse certo e fosse amortecida pelo número adequado de caixas foi feito em quilômetros, só que utilizamos um carro americano.

Quando Broca disse para Jacqueline ficar "entre 50 e 60", ela pensou que o diretor estava falando em milhas e fez o carro andar a 110 quilômetros por hora, o que foi rápido demais, tornando o colchão de caixas inútil para amortecer minha queda. Fiquei bastante machucado.

Esse pequeno acidente de trabalho causado por um equívoco não diminuiu minha propensão patológica de fazer brincadeiras, com ajuda de Philippe de Broca. Dessa forma, encontramos uma velha mexicana bêbada na rua e a levamos até o quarto de Charly, meu amigo maquiador. Depois inventamos um pretexto para ele ir para o quarto e o trancamos lá dentro com a sua nova amiga. Infelizmente, para a proprietária do lugar onde estávamos hospedados, uma dama muito charmosa, meu aniversário de quarenta anos caiu justamente no meio da nossa estadia no seu estabelecimento.

Na noite do dia 9 de abril, ultrapassamos todos os limites no hotel. Dessa vez, não esvaziamos a piscina, mas enchemos. Com tudo o que nos veio à mão. Primeiro com copos, depois pratos, depois cadeiras, depois mesas, depois pessoas – até o coitado do Charly, que não sabia nadar... Foi um massacre geral do material, um Forte Apache feito com mobília. Na manhã seguinte, ainda completamente sob efeito das bebidas alcoólicas da véspera, usei meus dois neurônios que ainda funcionavam para pedir desculpas à dona e a conta do estrago, que eu fazia questão de pagar. Mas, quando lhe perguntei qual era o valor que precisava acertar, ela me respondeu com uma pergunta:

– O senhor se divertiu, sr. Belmondo?
– Ah, sim, como louco!

– Então o senhor não me deve nada!

Mais de quarenta anos depois, desejo agradecer a essa mulher pela nobreza do seu gesto.

Alguns anos mais tarde, um outro ser misericordioso de grande coração me concedeu, assim como essa senhora, uma anistia muito cara. Ainda mais cara. Porque se tratavam de dois lustres de Murano que estilhacei em mil pedaços! Eu estava no Élysée-Matignon, uma boate em Paris onde dei muitas festas nos anos 1980.

Tive vontade de bancar o palhaço para divertir meus amigos. Então, como em um filme de capa e espada, me pendurei no primeiro lustre e fiquei balançando até sentir que estava cedendo. Fui para o segundo, que também cedeu. Felizmente, os objetos não machucaram ninguém gravemente quando caíram, mas explodiram em milhares de pedacinhos.

Quando peguei meu talão de cheques e tentei pagar o estrago que havia causado, Armel Issartel, o dono da boate, me explicou que eu não lhe devia nada porque tinha me divertido. Era esse o seu objetivo, com todo o prazer: que eu passasse noites felizes no seu estabelecimento.

Não esqueço jamais da generosidade, porque é algo inesperado. Serge Gainsbourg, que conheci durante aqueles benditos anos de Saint-Germain-des-Prés, era um desses cavalheiros capazes de fazer loucuras pelos outros, que no entanto pareciam coisas completamente triviais para si. Como morava na rua de Verneuil, a dois passos da minha casa, sempre bebíamos juntos. Tínhamos o hábito de almoçar em um restaurante que já não existe mais, o Vert-Galant. Mas foi na Cartier que ele me deixou transtornado. Eu estava procurando um presente para minha mãe. Olhamos as joias conversando até eu escolher uma. Foi aí que Serge sumiu. Quando fui pagar, me disseram que já estava pago.

Como se tratava de uma quantia considerável e tínhamos bebido algumas doses antes de fazer compras na loja da praça Vendôme, fiquei com medo de meu amigo não ter se dado conta do que tinha feito. Liguei para ele na manhã seguinte para me certificar de que não tinha me aproveitado, sem querer, da bebedeira do meu amigo.

Serge ficou bravo por eu ter pensado isso. Naquela manhã, estava igualzinho ao dia anterior. Não mudava em função da hora ou do dia: era sempre o mesmo artista genial e o mesmo sujeito adorável.

No dia 24 de dezembro, encontrei com ele por acaso na rua de Verneuil. Serge não tinha planos para o Natal, então o convidei para ir à minha casa, passar com toda a família. Foi um dos melhores natais que já passei.

Ao voltar do México, no avião, não conseguimos parar de comemorar o meu aniversário, que acabou durando dois dias. Estávamos carregados de garrafas de tequila, recém-adquiridas, e oferecemos bebida para o resto dos passageiros. Mas, como estávamos apenas nós, uma grande equipe de filmagem, foram as aeromoças, o copiloto e o piloto que terminaram o voo alcoolizados como um polonês. Não sei como conseguimos aterrissar sãos e salvos em Paris. Mas conseguimos. Eles conseguiram.

E eu não achei ruim completar quarenta anos.

18

Lado a lado, no submundo

Eu e ele somos como a noite e o dia. Mas, desde nossos primeiros passos, tivemos carreiras em paralelo no cinema: fomos descobertos no mesmo ano: 1960. Ele com *O sol por testemunha*, e eu com *Acossado*. Nós dois passamos uma temporada na Itália; trabalhamos com os mesmos cineastas, como Jean-Pierre Melville; interpretávamos com frequência personagens de gângsteres e/ou homens solitários; nós dois conquistamos notoriedade suficiente para estar em posição de escolher, de sermos livres; nós dois somos produtores.

Eu e Alain Delon, apesar de nossas diferenças substanciais, temos muito em comum. Até então, não tivemos uma ocasião para contracenar de verdade no cinema. Em 1957, nós dois participamos de *Basta ser bonita*, de Marc Allégret, mas tínhamos papéis secundários, éramos jovens iniciantes. Depois nos reencontramos em 1965, em *Paris está em chamas?* Mas nunca tivemos um confronto de verdade.

Em 1969, Alain consertou essa situação. Nos seus sonhos, formaríamos uma dupla mítica e viva como a de Paul Newman e Robert Redford em *Butch Cassidy*, de Jacques Deray, com quem Alain estava conversando. Ele pesquisava sobre a vida de gângsteres e se dedicava a ler livros sobre o submundo francês, como *Bandidos de Marselha*, de Eugène Saccomano. Foi assim que descobriu a história de Paul Carbone e François Spirito, chefões dos anos 1930, figurões da *French Connection*, uma rede de tráfico de heroína responsável pela epidemia da droga nos Estados Unidos.

Entusiasmado, Alain entrou em contato comigo, convencido de que tinha encontrado os personagens perfeitos para nós. No começo, tive minha dúvidas, mas mudei de opinião depois de ele ler o roteiro para mim, escrito por Jean-Claude Carrière, a partir de um argumento de Jean Cau e Claude Sautet.

Os papéis tinham sido feito sob medida para nós, e a história daqueles dois marginais, que eram inimigos e se tornaram amigos, que chegaram ao comando do submundo de Marselha, me pareceu atraente e interessante.

Fomos filmar em Marselha, onde logo começaram os contratempos. Os figurantes ou técnicos que haviam sido recrutados desistiam de uma hora para outra, sem motivo aparente.

Evidentemente, a família Carbone tinha conservado vestígios do seu poder na cidade e não aprovava a ideia de Delon meter o bedelho na lenda do seu herói e fazer um filme em que seu nome figurava no título, já que, no começo, o projeto ia se chamar *Carbone e Spirito*. Para resolver a situação e facilitar a filmagem, depois de uma reunião com um dos rebentos do clã, Alain o rebatizou de *Borsalino* e mudou o nome dos nossos personagens.

Comigo, ele também era capaz de conversar e chegar a um acordo. Como definitivamente não tínhamos o mesmo método no set – ele gostava de se concentrar, e eu, de me desconcentrar –, optamos por nos separar temporariamente antes de entrar em cena. Eu fazia minhas brincadeiras um pouco mais pra lá com os meus amigos, que ficaram comigo em um hotel de Marselha, e Alain podia ficar no set e pensar na sua intepretação em silêncio. Era assim que as coisas funcionavam. Ele sabia que eu era um arruaceiro e que, fora do trabalho, poderia fazer o que eu quisesse. Como ter a ousadia de, com Mario David, empurrar um tira todo paramentado, de quepe e armado, na água gelada do porto de Marselha, a troco de cem francos.

Alain Delon também conhecia os limites, já que convivia, desde sua infância pobre e errante, com todo tipo de pessoa, das mais até as menos respeitáveis. Ele se interessava por bandidos, verdadeiros bandidos, facínoras da máfia. A ponto de fazer amizade com esses marginais.

Às vezes, durante as filmagens de *Borsalino*, apareciam tipos com ar sinistro e sapato estilo *Poderoso chefão*. Vinham dar uma olhada mais de perto naquele filme que lhes interessava. A família Guérini, especializada em prostituição, ainda estava na ativa em Marselha. Por causa do filme, Alain foi obrigado a lidar com eles.

Alguns anos depois de *Borsalino*, ele me convidou para tomar umas taças de champanhe no cassino de Nice, já que eu estava hospedado, como sempre, no Negresco. Entre os convidados, havia um mafioso que se apaixonou por mim. Queria me levar de carro ao estádio Louis-II, em Mônaco, de qualquer jeito, para assistir a uma luta de boxe em que todo mundo se encontraria.

Declinei várias vezes o convite, mas ele não parava de insistir. E, como odeio que me forcem a fazer qualquer coisa, continuei recusando. O sujeito então fez uma careta, deu meia-volta e foi embora sozinho. Porém ele nunca chegou a Mônaco, porque foi morto no caminho, enquanto dirigia na Promenade des Anglais.

Na estreia de *Borsalino*, em 20 de março de 1970, toda a Paris se reuniu para ver aquilo que a maioria imaginava ser um duelo estético de atores. Apesar de eu ter ficado feliz com o entusiasmo causado pelo filme, também fiquei chateado por Alain Delon não ter respeitado nosso acordo de igualdade no cartaz. Tínhamos combinado que seu nome apareceria só uma vez, como ator, ao lado do meu e da sua empresa, a Adel Production. Mas ele cometeu a indelicadeza de colocar seu nome duas vezes, como produtor e como ator: "Alain Delon apresenta: um filme com Alain Delon e Jean-Paul Belmondo".

Foi aí que surgiu a pequena rusga que os jornalistas exageraram até não poder mais. Não ficamos chateados um com o outro por muito tempo. E ficamos muito felizes, 27 anos depois, quando Patrice Leconte nos reuniu com a juventude e o frescor de Vanessa Paradis em *Duas chances em uma*. No filme, dediquei a eles minha última cena perigosa sem dublê em cima de um helicóptero, aos 62 anos.

E mais alguém além de mim ficou chateado quando *Borsalino* estreou: o piloto de Fórmula 1 Alain Prost.

Ao ver o filme, ele se deu conta de que seu barco fora alugado sem seu conhecimento pela pessoa que estava encarregada de cuidar dele. Foi assim que aquelas pegadas que ninguém conseguia explicar acabaram aparecendo na sua joia.

Depois de *Borsalino*, Jacques Deray demorou treze anos para me oferecer um outro papel. Dessa vez, foi de tira, que atacava os barões da droga. Um filme em que a sucessão de cenas perigosas, orquestradas por Rémy Julienne, me agradou muito.

Em *O marginal*, fiz uma acrobacia particularmente arriscada: pular de um helicóptero rápido em uma lancha em movimento, em grande velocidade. A dificuldade era o tempo extremamente curto da operação. Eu devia pular no momento exato, nos dois segundos em que isso era possível, quando os dois motores estavam alinhados.

Apesar do treinamento de duas semanas ao qual me submeti antes da filmagem, fiquei cansado depois de algumas tomadas. Mas Deray precisava de outros ângulos, o que me obrigava a repetir o exercício e a correr o risco de novo. Para essa sequência do helicóptero com barco, precisei recomeçar cinco vezes. Na última, estraguei tudo e caí na parte de trás do barco, bem perto do motor. Jacques, com bom senso, resolveu que era melhor parar por aí.

Também tive a oportunidade de me dedicar à minha paixão pela velocidade ao dirigir um Ford Mustang em uma cena de perseguição. As cenas foram filmadas primeiro em Marselha, depois em Paris, em cantos duvidosos do 18º *arrondissement* onde, na época do filme, imperava uma fauna pouco respeitável de *bookmakers*, cafetões, traficantes e prostitutas. Uma delas foi minha namorada no filme e também na vida. Carlos Sotto Mayor, uma magnífica exilada brasileira, atriz de teatro e cantora, com a qual tive um relacionamento apimentado e festivo.

Ela tinha em comum com meu antigo amor, Ursula Andress, um temperamento ciumento ao extremo, que atribuo aos costumes da América do Sul, onde as mulheres vigiam os homens, não sem razão, com a atenção que um controlador de voo presta nas munições de um avião militar americano. A possessividade de Carlos acabou inspirando Gérard Oury a pregar uma peça durante a filmagens de *O ás dos ases*.

Um dos domadores de ursos que estavam sempre por perto por causa do filme nunca ia a lugar algum sem a irmã, uma jovem de Munique bem rechonchuda, que tinha esperança de se tornar atriz. A moça ficou um pouco no pé de Gérard, perguntando se ele tinha algum trabalho para ela, e lhe entregou uma foto que retratava seu melhor ângulo.

O dedos do cineasta coçaram só de pensar em utilizar a fotografia para me pregar uma peça. Ele escreve no verso uma declaração extremamente romântica, em um francês que parece falado por uma alemã e manda levá-la, à noite, no quarto que divido com Carlos.

Na mesma hora, me dou conta da sua estratégia, identifico o autor e resolvo lhe dar uma lição do tipo "o feitiço virou contra o feiticeiro". Com a cumplicidade da minha amada, que acha graça, desenvolvemos o roteiro. Começamos por fingir uma briga violenta, gritando alto para que Gérard nos ouça. Na manhã seguinte, meu irmão, Alain, explica para ele que estou muito triste, porque Carlos, furiosa, tinha batido a porta e pegado um avião para Paris. Finjo fazer cara feia. Gérard entra em pânico: quer reverter a situação e tenta buscar minha namorada preterida, mas dizem que ela está já está a caminho do Brasil. Naquela noite, Gérard não consegue dormir. Quando acorda, lhe viro a cara e fico lançando olhares furiosos. Depois do almoço, o diretor vai conferir o copião e ouve Carlos cair na gargalhada atrás dele. Então entende que tinha caído no nosso golpe.

O marginal não mostrava só arruaceiros corruptos ou mulheres de vida fácil. Também revelou um adido cultural da embaixada da Turquia metido até o pescoço em tráfico de drogas. Isso desagradou profundamente o país em questão, que nos enviou cartas bem agressivas – para Deray, por ser o diretor, e para mim, por ter produzido o filme. Por fim, o incidente diplomático foi resolvido com facilidade, e pudemos nos dedicar à alegria de comemorar o triunfo de público do filme.

O recorde de *O ás dos ases*, meu maior sucesso de público na primeira semana até então, foi batido. Encantados com o resultado da nossa colaboração, eu e Deray tivemos vontade de recomeçar três anos depois, com *O solitário*, que fracassou com o mesmo brilho do sucesso de *O marginal*. O tira justiceiro não deu muito certo. Talvez eu devesse virar bandido.

Henri Verneuil foi o primeiro cineasta que me fez interpretar um policial, em 1974. Até trabalhar em *Medo sobre a cidade*, eu encarnava com facilidade marginais do lado errado da lei, elétrons livres sem distintivo, sem porte legal de armas, sem motivo para serem protegidos pelo Estado. Ou melhor: se por acaso eu interpretava um policial, era corrupto até o último fio de cabelo, como no caso de *Os ladrões*, que fiz com Henri três anos antes. Nesse filme, interpretei um sujeito completamente detestável que planejava um assalto. Ele obriga as forças da lei a persegui-lo, dirigindo um carro pelas ruas de Atenas como se estivesse em uma pista de corrida, pulando de cima de um ônibus para cima de um caminhão na estrada ou andando por cima dos carros...

Eu e Henri adoramos *Bullitt* e queríamos efeitos magistrais. Ele comentou que a famosa perseguição com Steve McQueen e seu Ford Mustang Fastback verde foi feita nas ruas desertas de São Francisco, sem pedestres, carros, motos etc. Mas ele se propôs ir além do que o diretor Peter Yates tinha feito, reproduzindo a mesma sequência louca, mas no tráfico intenso da capital grega, sem evacuar ninguém.

As audácias de Verneuil me agradavam e me incentivaram a cultivar as minhas próprias. Como alugar um avião particular com Omar Sharif – meu camarada amante do boxe com quem contracenei em *Os ladrões* – para ir até a Itália assistir ao vivo a uma transmissão feita pelo canal de TV RAI de uma luta importantíssima, mas esquecida na Grécia, que acontecia muito longe, nos Estados Unidos.

No dia 8 de março de 1971, às cinco horas da manhã, estávamos diante da televisão, exaustos mas animados, concentrados no combate do século: Mohamed Ali, o dançarino ágil, contra Joe Frazier, o técnico afiado – o contrapoder contra o poder, o pacifista contra o militarista. Os quinze rounds são ferozes, dominados no começo por Ali, em seguida por Frazier. Por fim, Frazier faz Ali engolir sua primeira derrota.

Quando Verneuil me ofereceu o personagem de tira bonzinho encarregado de acabar com o medo na cidade, aceitei com a intenção de que me perdoassem pelo papel que interpretei em *Os ladrões!* Além do mais, estava disposto a mudar, como sempre. Depois de ter vestido a fantasia de ladrão, queria experimentar a de policial. Só que nem pensei em deixá-lo rígido, engomadinho. Queria adotar um estilo mais descontraído, à norte-americana, a exemplo de Serpico ou do inspetor Dirty Harry.

Assim, do meu jeito, concordei em portar o distintivo de policial. Eu já estava bem maduro, aos 41 anos, para me sentir bem do lado da lei. Tanto que, em termos de estilo, não perdi nada com a mudança. O comissário Letellier não é um simples tira, mas uma espécie de gênio da perseguição e um acrobata emérito e imprudente.

Verneuil não poupa recursos: seu policial é capaz de descer uma escada suspensa de um helicóptero e aterrissar num apartamento em Paris ao mesmo tempo em que aparecem sujeitos mascarados – e autênticos – do Grupo de Intervenção da Polícia Nacional da França. Além, é claro, de andar no teto de um carro do metrô em movimento. Coisas que adorei fazer, com inevitáveis pequenas derrapagens, como cair em cima de uma claraboia ou quebrar o braço ao entrar em um túnel – depois de ter o péssimo reflexo de me proteger com o braço bem na hora em que passei por uma barra de ferro.

Confesso ter ficado com medo das cenas em que o metrô entrava nos túneis sem luz, me obrigando a tatear no escuro a dois centímetros dos cabos eletrificados, e também na estação elevada de metrô de Bir-Hakeim, em Paris, no momento em que eu deveria passar do teto de um carro do metrô a outro, que chegava no sentido oposto. As sequências aéreas são sempre as mais impressionantes.

A inteligência dos dispositivos de Verneuil, seu rigor e sua atenção evitavam os acidentes. O resultado saiu à altura das nossas loucuras bem pensadas: cenas bem amplas.

O que era admirável com ele é que fizemos o mesmo filme. Um bom filme como *Medo sobre a cidade*, que seduziu quatro milhões de espectadores!

Dois anos depois, Verneuil me entregou o papel de um motorista de táxi, especialista em pregar peças, em um filme soberbo: *O corpo do meu inimigo*, com os meus velhos comparsas Bernard Blier, Michel Beaune e Charlot. A história – um tanto sombria, que fala de um homem que sai da prisão, onde foi parar por causa de uma conspiração depois de ter tomado o poder, e volta para se vingar da sociedade – me encantou.

Antes da queda, meu personagem era cartola do time de futebol local, o que nos deu oportunidade de filmar em um estádio e nos entregar um pouco a uma das minhas paixões, que meu amigo Charles Gérard compartilhava comigo. Ele se divertiu com os Polymusclés, uma equipe de futebol amador que se apresentava com profissionalismo onde quer que fosse convidada, como em Mônaco, para onde ia todos os anos participar do baile da Cruz Vermelha.

Após *Medo sobre a cidade*, o consenso era que gostavam de mim tanto no papel de policial quanto no de ladrão. Georges Lautner uniu as duas coisas quatro anos depois, em *Tira ou ladrão*. Foi Michel Audiard, com quem eu já tinha colaborado em quinze filmes, que se encarregou de nos apresentar. Ficou espantado por nunca termos trabalhado juntos, já que tínhamos, respectivamente, uma inclinação famosa pela comédia e pelo gênero policial. Lautner tinha na manga um romance de Michel Grisolia, *O inspetor do mar*, que tinha o mesmo mecanismo do enredo de *Razzia*, filme de Henri Decoin com Gabin: um mocinho que se infiltra no meio dos vilões e se passa por um deles.

Dessa vez, ao contrário de *Os ladrões*, eu me fingia de bandido para ser um policial melhor. Meu personagem escolhia ultrapassar a fronteira do mundo dos tiras e dos ladrões, mas sem ter dúvidas quanto à sua natureza, sem ambiguidade. Além de o personagem me satisfazer muito e da agradável facilidade com a qual Lautner fazia seus filmes, tive a felicidade de filmar no sul da França, nos Studios de la Victorine, com muitos dos meus velhos camaradas: Marie Laforêt, Michel Galabru, Michel Beaune, Charles Gérard, Georges Geret e Jean-François Balmer.

Graças ao sucesso que conquistou logo na estreia, *Tira ou ladrão* nos incentivou – Audiard, Lautner e eu – a dar continuidade ao nosso trio e a fazer, logo em seguida, *O golpista*, com a mesma turma. Fomos um pouco apressados, acho eu, e cometemos alguns erros.

O principal deles foi termos nos contentado com um roteiro imperfeito e termos tido a ousadia de usar um cartaz de mau gosto: um homem, no caso eu, pendurado em um helicóptero usando uma cueca samba-canção de bolinhas vermelhas.

De fato, favorecemos sobretudo a risada e usamos o filme como pretexto para uma grande palhaçada, que durou três meses, em Veneza. Nós nos permitimos dar asas a todas as fantasias, o que nos deixou perdidos em um completo vale-tudo. Apesar disso, *O golpista* foi um sucesso: divertiu três milhões de espectadores. Também foi minha primeira vez como distribuidor, e fiquei satisfeito.

O público se divertia com meus diversos papéis. Tinha me adotado tanto como bandido quanto como policial e acreditava que eu tinha poderes sobrenaturais. Como eu fazia o impossível nas telas, com cenas perigosas aberrantes, e sempre me saía bem no fim do filme ou morria, acabaram me enxergando como herói, até como um semideus. E na realidade também, sem fazer distinção entre mim e meus personagens. Quando aproveitei o luxo de uma viagem de três horas para Nova York a bordo de um Concorde, com Laura Antonelli, tive a oportunidade de vivenciar essa confusão.

Estamos tranquilos e confortavelmente sentados quando o avião começa a sacudir. Os passageiros ficam surpresos, alguns até com medo. O piloto toma a palavra para explicar que um dos quatro motores do avião supersônico tinha dado problema. Diz para ficarmos calmos e garante que três motores são mais que suficientes para garantir o voo, que só seria um pouco mais longo, já que tínhamos acabado de entrar em velocidade subsônica.

Apesar desse comunicado tranquilizador, meu vizinho da direita não consegue relaxar nem um pouco. Bebe um copo de álcool atrás do outro, em um ritmo frenético. Trinta minutos depois do primeiro problema técnico, acontece um segundo. Dessa vez, perdemos velocidade violentamente, e um cheiro de queimado invade a cabine. O piloto se manifesta mais uma vez, com uma voz um pouco menos serena do que há poucos segundos, para nos informar que um segundo motor tinha dado problema, o que nos obrigaria talvez a pousar um pouco antes de Nova York. Dessa vez, meu vizinho está quase vomitando, lívido, com os olhos arregalados. De repente, ele se vira para mim, segura meu braço e grita: "Sr. Belmondo, faça alguma coisa!".

Mas eu não podia fazer nada, e acabamos chegando sãos e salvos a Nova York. Porém sete horas mais tarde!

Lautner me chamou de novo, para participar de *Feliz Páscoa*, e acho que estava com saudade de *Tira ou ladrão*, porque também filmamos em Nice, com Marie Laforêt interpretando minha esposa. Mas esse filme foi de um gênero bem diferente, um estilo mais *vaudeville*. Formamos, Marie e minha jovem professora, interpretada por Sophie Marceau, que eu fazia passar por minha filha, um triângulo amoroso que servia de ponto de partida para uma série de peripécias e cenas de ação – a bordo de uma lancha, com a qual passei por uma ilha cruzando por dentro de uma cabana de barcos; e também de carro, com o qual atravessei um vidro enorme.

O tom do filme, leve e alegre, as cenas espetaculares e a vivacidade da interpretação das minhas duas colegas encantaram o público. Opinião essa que os críticos não compartilharam, impacientes que estavam para anunciar a minha queda, contentes em concluir uma "espiral de fracassos", baseados no modesto número de ingressos vendidos para *Os abutres*, dirigido por Henri Verneuil.

19

Não escreva a palavra "fim"

Impossível. Inconcebível. Causa perdida. Arruinado. Não posso. É muito difícil. Atuar por três horas e quinze minutos, lembrar de tudo. Não estou à altura, esse papel é grande demais para mim, vou afundar debaixo dele e bancar o ridículo. Não sei mais fazer isso. Já faz vinte e seis anos que eu não o faço, desde que desertei brutalmente a peça de Sagan, *Um castelo na Suécia*, para fazer o filme de Peter Brook, *Duas almas em suplício*.

É a mesma coisa que fazer uma cena perigosa sem ter se preparado antes. Pior que uma imprudência, é suicídio. É melhor fugir, antes que meus colegas comecem a chegar e me impeçam. Ainda são seis horas: o teatro está tranquilo e silencioso, há somente alguns maquinistas trabalhando. Pego meu casaco, saio do camarim e do teatro Marigny para pular na minha Ferrari. Saio de Paris para dar uma volta, esfriar a cabeça com a velocidade, dissipar minha angústia em uma estrada reta e rápida. Tinha acabado de entrar em pânico. A angústia me venceu.

É 24 de fevereiro de 1987. Devo entrar em cena dentro de uma hora e meia. Nesta noite, faço meu retorno ao teatro depois de uma longa interrupção. O eleito para essa volta é Kean, o papel que meu querido Pierre Brasseur interpretou no teatro Sarah-Bernhardt em 1953, da peça de mesmo nome de Alexandre Dumas, datada de 1853 mas reinventada por Jean-Paul Sartre.

O personagem, inspirado na história de um homem que, durante a vida toda, interpretou peças escritas e dirigidas por Shakespeare – o que se torna um verdadeiro vício, a ponto de ele morrer em cena na pele de Otelo –, se presta a todas as extravagâncias de um ator de teatro, porque ele é sua quintessência. Passa por todos os estados, usa todas as máscaras e vai de um repertório a outro sem transição – pura alegria, um fantasma original do autor. Mas *Kean* requer estar em forma para aguentar a performance física e ter a memória bem afiada.

Então, por mais que eu tenha voltado a fazer exercícios físicos todos os dias e tenha me isolado com mamãe no Marrocos durante um mês para enfiar o texto na cabeça, tenho minhas dúvidas. Corro o risco de ser uma decepção. Não estou a salvo de ter um branco, cometer algum erro, ser vencido pelo cansaço.

Toda Paris vai estar aqui para me julgar, não tenho direito a errar. Não posso, não, não posso. Já consigo imaginar as críticas: "O retorno fracassado de Belmondo ao teatro", "Belmondo: o desastre dos palcos", "Belmondo, patético".

Estou suando frio, minha camisa ensopada molha o assento de couro do carro. O teatro é muito diferente do cinema. Um outro mundo, muito mais mordaz, exigente.

O cinema, por outro lado, é um exercício confortável, que demanda bem menos esforços. As restrições da duração da encenação e da memorização do texto não existem. A gente se levanta, se prepara, filma, com o texto não muito longe, descansa entre uma cena e outra e não corre o risco de receber vaias e assovios – a não ser que cometa o erro de ir a Cannes!

E, mesmo assim, acabo, finalmente, recebendo homenagens. Em 2011, me concedem uma Palma de Ouro de Honra durante o festival e, sobre o tapete vermelho, dessa vez, conquisto um instante de glória: o silêncio respeitoso dos fotógrafos, que levantam suas câmeras quando passo. Reconheçamos que ser ator não é nem um pouco desagradável.

Lembro o que Marcello Mastroianni disse: "Vêm me buscar de carro, é muito fácil. Agora, o que é que você quer? Não estou cansado!".

Durante muito tempo, hesitei em retomar minha relação com o teatro do ponto onde havia parado. Eu me conheço: sei que, no último instante, não assumiria o papel. Foi Robert Hossein que conseguiu me incentivar a voltar aos palcos, depois de insistir por seis anos, propondo sucessivamente os papéis de Scapino, que o chefe da Comédie-Française, Jean-Pierre Vincent, não quis; depois, Cyrano de Bergerac, que me parecia impossível, já que eu me sentia iniciante de novo, ignorante em relação às próprias bases da arte dramática. Como Robert Hossein contracenou comigo – ou melhor, contra mim, porque foi meu adversário – em *O profissional*, estava lá na estreia, quando meu pai fez esse comentário importante: "Tudo isso é muito bom. Mas quando você vai se dedicar à sua verdadeira profissão?".

Claro que ele falava da profissão de ator de teatro. Era a única que papai achava séria e honrada. Os filmes eram legais, mas não queriam dizer grande coisa para ele, que tinha sido amigo de Pierre Brasseur e contemporâneo dos grandes diretores do Cartel des Quatre. Logo, não costumava me assistir no cinema. Comentei isso com ele um dia, que respondeu chamando a minha atenção por não ir visitá-lo no seu ateliê com mais frequência. Meu pai esperava que eu voltasse ao meu primeiro amor, àquilo que tinha determinado minha vida e minha carreira: o teatro.

Não posso nem dizer para papai que vou fazer uma peça para agradá-lo. Justo para ele, que só esperava por isso. Logo mais, ele não estará aqui.

Meu pai se foi no dia 1º de janeiro de 1982. Chegou a ser hospitalizado, e os médicos lhe deram um diagnóstico errado, nos disseram que o seu estado não era preocupante. No dia seguinte, ele faleceu, sem que pudéssemos nos despedir. Sua morte me deixou cabisbaixo, bestificado. Como se papai devesse sempre estar por perto, continuar a ir ao Louvre aos domingos, desenhar nos cantos da mesa, em tudo quanto é coisa. Não fazia sentido ele ter ido embora.

Para aumentar minha tristeza, tive de suportar uma quase indiferença em relação à sua morte. Apesar de ele ter sido um grande escultor, condecorado com a Legião de Honra, sua morte suscitou alguns poucos comentários.

Jack Lang, ministro da Cultura da época, não lhe prestou nenhuma homenagem. Fiquei muito revoltado e dei declarações ferinas na mídia. E fui ouvido. Lang corrigiu o seu silêncio permitindo que dois bronzes de meu pai, *Vênus* e *Apolônio*, fossem colocados no jardim das Tulherias. Em seguida, uma placa foi colocada na Cinémathèque Française, na presença de Jacques Chirac, então primeiro-ministro. Finalmente, Philippe Douste-Blazy, que foi ministro da Cultura durante a presidência de Chirac, com a ajuda do curador Emmanuel Bréon, autor do catálogo *raisonné* da obra de papai, montou uma comissão encarregada de nos ajudar a criar um museu dedicado a ele.

Com minha irmã, Muriel, e meu irmão, Alain, depois de anos de luta, conseguimos abrir, no dia 18 de dezembro de 2010, em Boulogne-Billancourt, onde meu pai nasceu, um museu que pertence à cidade e onde suas obras estão reunidas.

Quando minha performance começar, papai não estará aqui, mas mamãe, sim. Alain e Muriel também. E meus filhos,

Patricia, Florence e Paul. Estarão todos sentados nas cadeiras da primeira fila, sorrindo, confiantes, contentes. Ficarão esperando o pano levantar, e eu me jogar dos camarotes pendurado na corda. Esperam ouvir a minha voz e ver meu figurino, honrando os atores de teatro, me fingindo de louco. Vão se levantar no final para me aplaudir o mais alto possível, com lágrimas nos olhos, orgulhosos. E eu os abraçarei bem apertado. Seremos felizes, o que não durará muito tempo, mas vai ser bom. Muito bom.

Refaço meus passos em direção a Paris. Meia-volta. Não posso deixá-los plantados, esperando. Nem minha família nem meus colegas. Entre eles, meus amigos de sempre: Pierre Vernier e Michel Beaune. Preciso encarar. Quando chego ao teatro, são sete horas. Minha fiel assistente, Paulette, está à minha espera, assim como meu velho camarada cabeleireiro, Charly. Eles me ajudam a me preparar. Respiro. Vou subir ao palco, não tenho mais escolha. Preciso me entregar. Confiar na sorte, que até este momento me deu belas cartas, e em mim mesmo. Sou Kean.

O fantasma de Pierre Brasseur – que talvez seja vizinho de Mounet-Sully – está aqui, me encorajando, me incentivando a ocupar esse figurino dentro do qual eu tanto o admirei. O de papai também sorri para mim, feliz por eu ter voltado à minha profissão séria.

Das cem apresentações previstas, fizemos mais de trezentas. Não podíamos parar, de tão grande que foi o triunfo de *Kean*.

No dia da última sessão, 3 de janeiro de 1988, o público nos arrancou lágrimas ao cantar *Ce n'est qu'un au revoir*, sucesso de Jeane Manson, "É apenas um até logo". De fato, dois anos depois, mais uma vez guiado por Robert Hossein, retomei o caminho do teatro com aquele papel que eu jamais ousara tocar: *Cyrano*, da obra-prima de Edmond Rostand.

Todos os atores amam Cyrano. É um grande poeta, um Dom Quixote cuja vida foi eclipsada pelo fracasso. Não deixou nada e sequer conseguiu morrer direito. Eu pensava naquele personagem há muito tempo. Philippe de Broca tinha sugerido interpretá-lo em um filme. Mas não consigo conceber um filme em verso nem um Cyrano sem versos, e abandonei a ideia.

No teatro, pelo menos no teatro privado, sem subsídios, a peça raramente é montada, em função da verba gigante que demanda: 42 personagens e uma variedade de cenários. Precisa pelo menos de vinte técnicos e cinco camareiros para garantir as apresentações – uma produção pesada e cara, que eu assumi com uma certa inquietude. Mais uma vez, convoquei meus amigos e confiei a Charly a delicada tarefa de me confeccionar um nariz digno de Cyrano, que fosse longo e visível lá do fundo do teatro. Ele me esculpiu um nariz que pesava onze gramas e demandava, nas primeiras vezes, uma hora para ser colocado.

Com a prática, ele conseguiu reduzir a operação para 25 minutos. Claude Carliez, meu mestre de armas durante as filmagens de *Cartouche*, também foi escalado para coreografar as cenas de espada comigo. Os ensaios foram uma ocasião para provocar meu amigo Michel Beaune, que eu impedia de dizer suas falas recitando o meu texto sem parar, até eu me interromper bruscamente e disparar: "Michel, querido, é a sua deixa!".

Em julho de 1990, depois de *Cyrano* – peça na qual ele teve a coragem de interpretar Le Bret, o melhor amigo e confidente do poeta, até o fim, apesar das dores terríveis que sentia –, ele fez a brincadeira de mau gosto de nos deixar, levado por um câncer. O restante do quinteto que formávamos com ele, Jean-Pierre Marielle, Jean Rochefort, Pierre Vernier e eu, ficou de luto – a mão perdeu um dedo. Sentimos sua ausência todos os dias.

Como em *Kean*, o teatro Marigny teve um público admirável em *Cyrano*. Nosso sucesso foi à altura do nosso investimento, até mais, e nos proporcionou um prazer que se renovava a cada noite. No teatro, a gente não pode parar nunca, precisa continuar, continuar de novo e uma vez mais.

No cinema, quando uma filmagem termina, quando as câmeras e os figurinos são guardados e o diretor já se ocupa da edição, resta apenas a saudade. Nos palcos, é o contrário: a gente pode reviver todos os dias a mesma alegria de uma maneira diferente. Porque, é claro, nenhuma apresentação é igual a outra. O teatro é um perpétuo renascer.

Fizemos uma turnê por toda a Europa com *Cyrano*, incluindo países não francófonos como Itália e a Áustria, e estendemos nosso circuito até o Japão, onde apresentamos a peça uma última vez.

Como se o personagem de Cyrano encontrasse uma certa ressonância naquela época, Jean-Paul Rappeneau também se dispôs a fazer um longa-metragem com Gérard Depardieu. Achei graça na coincidência, porque tinha visto os primeiros passos do ator diante da câmera de Alain Resnais, em *Stavisky*.

Fizemos até uma cena juntos, que foi difícil de filmar, porque nós dois ficamos perdidos nas falas, morrendo de rir. E assim passamos a tarde inteira até conseguirmos terminar.

Quando a noite caiu, deixei escapar um "está aí um dia que me custou caro", apesar de ter escondido muito bem até ali que estava no papel de produtor, para que ninguém se sentisse pressionado e Resnais pudesse fazer seu trabalho sem entraves.

Sempre me sinto tocado por jovens atores, como fui por Daniel Auteuil, para quem abri minha porta. Eu me vejo, com certeza, neles.

Em um sujeito como Jean Dujardin, que fez uma homenagem ao *O magnífico* na série de filmes *Agente 117*, vejo o talento e semelhanças com o que eu poderia ser quando tinha a mesma idade.

Em 2001, conheci o jovem talentoso Samy Naceri ao gravar uma versão televisiva de *Um homem de confiança*. Sua energia me abalou. O ator ficou muito à vontade, e gostei de conviver com ele no set. Na telinha, eu era quase tão inexperiente quanto ele! Tinha experimentado esse gênero uma única vez: em 1959, com Claude Barma, em *Os três mosqueteiros*, acompanhado, só para variar, do meu amigo Jean Rochefort.

Foi essa transmissão, essa ligação de uma geração a outra de atores, que apareceu em uma cena que interpretei com Richard Anconina, no filme que Claude Lelouch me chamou para fazer entre *Kean* e *Cyrano*: *Itinerário de um aventureiro*.

O cineasta era um velho conhecido, desde que fez um curta-metragem documentário sobre mim para a UniFrance, em 1965, e me filmou andando a duzentos quilômetros por hora no meu Aston Martin antes de contracenar com Annie Girardot em seu *História de amar*, que se tornou *O homem que eu amo*, em 1969, depois de minha experiência com Truffaut em *A sereia do Mississipi*.

Viajamos em função do filme aos Estados Unidos, onde os sindicatos do cinema nos atrapalharam, nos obrigando a recrutar tantos técnicos locais quanto franceses na equipe, me privando do meu motorista.

No set, ao contrário da rigidez americana, Lelouch avançava, como Godard, sem roteiro, tateando, indo no caminho da improvisação, no escuro – que mais parecia luz. Chegava com uma apresentação resumida e, depois, bastava confiar nele.

Em o *Itinerário de um aventureiro*, ele se contentou em dizer: "Tenho um personagem que vai cair como uma luva em você. A história de um sujeito que fica de saco cheio e larga tudo".

Gostei da história. O tal Sam Lion, de fato, tinha algo de mim naquele momento. E algo de Claude também. O cansaço do cara que conquistara tudo, tinha tudo e não sabia mais o que desejar.

A filmagem foi uma delícia. Primeiro, porque foi preciso me esforçar nas sequências atléticas, em alto mar, em cima da lancha que o meu personagem usava para fugir. Depois, porque fizemos a volta ao mundo (São Francisco, Zimbábue, Taiti...) com companheiros como Richard, que era a doçura e a gentileza em pessoa. E, por fim, porque com Lelouch não havia esforço para impor o que quer que fosse. Ele dizia "Ação!" e tudo acontecia. Com frequência, o melhor.

Itinerário de um aventureiro conseguiu um público abrangente e numeroso. Até hoje, é considerado "um bom filme de Lelouch".

Também foi um papel de um homem maduro que Lautner me ofereceu dois anos depois de Lelouch. Em *Um estranho em minha casa*, interpretei um advogado alcoólatra, devastado pela morte da mulher, criado por Georges Simenon – com quem eu não trabalhava desde *Um homem de confiança*. Bernard Stora, Jean Lartéguy e Georges Lautner adaptaram o livro. Reencontro meus amigos Mario David e Pierre Vernier nesse melodrama, que me permite explorar diferentes zonas de interpretação e me faz lembrar das filmagens de *Um macaco no inverno*.

Posso nos rever, Gabin e eu, podres de bêbado, nos divertindo como nunca. Ele não está mais conosco, mas *Macaco* estará para sempre, se algum dia eu precisar me lembrar dele. Conheci também duas jovens atrizes impressionantes, Sandrine Kiberlain e Cristiana Reali, que reencontrei alguns anos depois no teatro, em *A pulga atrás da orelha*, junto com Béatrice Agenin, com quem fiz quatro peças.

Desde que recomecei a frequentar os palcos, tive dificuldade de parar. Depois de festejar como nunca, como manda o figurino, o meu aniversário de sessenta anos, me diverti loucamente no teatro de Paris com *O ateliê de madame Rabat*, peça de Feydeau adaptada por Bernard Murat. E também e fiz projetos para o Théâtre des Variétés, que comprei em 1991.

Fazia tempo que eu tinha o projeto de ter um teatro onde pudesse fazer o que quisesse e deixar meus amigos montarem os espetáculos que desejassem. Como fiz no cinema com a Cerito, produzindo, em 1985, *Fora da lei*, filme de Robin Davis, com o talentoso Clovis Cornillac. Para fazer isso no teatro, precisava encontrar um lugar adequado e disponível.

Quando a ocasião apareceu, eu aproveitei, depois de ter vendido a Cerito ao Canal Plus, da televisão francesa, seguindo o conselho de Alain Sarde, coprodutor de *Feliz Páscoa* e *Um estranho em minha casa*. Fui auxiliado nessa operação financeira por meu fiel Luc Tenard, antigo funcionário do Crédit Lyonnais, que gerenciou com talento as contas da minha produtora, depois as do Théâtre des Variétés, sob o comando do seu diretor, Alain, meu irmão.

Fiquei muito feliz com o meu investimento. O melhor desde que tive condição de investir. Comecei por apostar minhas fichas no vinho, contra os conselhos do meu pai, que queria comprar um quadro de Renoir que estava à venda a um preço acessível – o que se revelou um investimento desastroso. Minha produtora foi bem mais interessante em termos de renda e liberdade.

No Théâtre des Variétés, tive a oportunidade de montar *O jantar dos malas*, um enorme sucesso escrito por Francis Veber, dirigido por Pierre Mondy e interpretado pelo inenarrável Jacques Villeret e meu amigo Claude Brasseur. A peça lotava o teatro todas as noites, o que aumentou meu entusiasmo com o Feydeau em cartaz no teatro de Paris.

Gosto tanto desse autor que, em 1996, me entreguei, em casa, no Variétés, a *A pulga atrás da orelha*, com Bernard Murat no comando. Mais uma vez, recebemos a aprovação dos espectadores. Apesar de eu ter previsto uma lotação de 90% para reverter os custos de produção, tive a grata surpresa de ver que cada apresentação, durante um ano, teve 100% de lotação. Isso me deu vontade de colaborar de novo com Murat – minha última vez sobre os palcos, em 1996, com *Frédérick ou o bulevar do crime*, obra de Éric-Emmanuel Schmitt.

Enquanto isso, atuo em *O ateliê de madame Rabat* e recebo uma porcentagem da bilheteria de *O jantar dos malas*. Estou encantado. Sinto que todo mundo me sorri, que o destino cuida de mim. Mas isso não dura muito. Minha serenidade de sexagenário satisfeito é interrompida violentamente. Com um telefonema, às seis horas da manhã.

Em um domingo, 31 de outubro de 1993. Minha querida, minha filha Patricia, não teve tempo de chegar aos quarenta anos. O apartamento dela na rua de Rennes pegou fogo. Minha filhinha morreu. Logo ela, que era a minha alegria, que trabalhava comigo no cinema, atrás das câmeras. Minha filha... nunca mais poderei abraçá-la.

O médico que veio me ver naquela manhã me aconselhou a ir para o teatro, como sempre, e me apresentar. Ele disse: "Se o senhor não se apresentar agora, não fará isso nunca mais".

E eu lhe dei ouvidos. Subi no palco naquela tarde e fiquei até o final.

A gente não devia perder um filho. É proibido, contra a natureza. A gente morre antes dos filhos: esse é o caminho que os acontecimentos devem seguir. Senão, enlouquecemos. Uma dor dessas a gente não carrega, é carregado por ela. É irremediável, absoluta. Uma tristeza dessas não passa, permanece. Felizmente, não estou sozinho.

Meus filhos Florence e Paul, minha ex-mulher, Élodie, meus amigos de sempre, liderados por Charles Gérard e minha nova companheira, Natty, tentam me carregar durante esse sofrimento, que compartilham comigo. Com pessoas próximas por perto, consigo seguir em frente. Continuar a viver, pensar em um futuro sem minha filha.

Minha namorada me dispensa uma atenção comovente. Conheci Nathalie Tardivel em circunstâncias bem mais divertidas do que as que me perturbam nesse momento.

Foi em Roland-Garros, onde fui com meus amigos e Maya, um yorkshire que herdei quando me separei de Carlos Sotto Mayor. Sentei no meu lugar, onde minha vizinha tinha colocado seu cachorro, uma cópia idêntica do meu, que não vi e quase sentei em cima. Acho que devíamos ter mais em comum do que os cachorros, porque casamos em 2002 e tivemos, no ano seguinte, uma filhinha, Stella, que é o meu raio de sol.

Para não ficar ocioso depois da morte de Patricia, e porque amo o trabalho de Lelouch, me reuni à enorme equipe que ele recrutou para fazer sua versão de *Os miseráveis*.

Fui um Jean Valjean, verossímil, porque abençoado. E em seguida voltei ao teatro, como um treinamento intenso que me ajuda a dormir, assim como o cinema.

Contudo, diminuí o ritmo das filmagens. Primeiro, porque estava começando a me cansar. Com razão, creio, depois de oitenta filmes. E segundo porque, depois de ter participado de *Talvez*, uma comédia fantasiosa revigorante, dirigida por um jovem cineasta talentoso, Cédric Klapisch; de um Broca ruim, *Amazônia*; e dado meu depoimento para *Os atores*, filme de Bertrand Blier; tive sérios problemas de saúde. Fui vítima de um acidente vascular cerebral que me deixou parcialmente paralisado, e precisei devotar minha energia a recuperar parte dos meus movimentos, a fala, os reflexos.

Até hoje, busco minha mobilidade, minha autonomia, com exercícios regulares. Francis Huster teve a ousadia, depois de 2001, de me convidar para o seu longa *Um homem e seu cão*. Aceitei porque achei que seria divertido estar de novo em um set, sendo tratado com todas as honras, nesse clima de benevolência do qual não me canso nunca.

Filmar novamente estimulou minha recuperação e me deu um motivo a mais para recobrar meu uso da palavra.

Meu filho Paul também me fez filmar – fazendo um documentário sobre mim! Meu filho me levou aos lugares das minhas peripécias, como os Studios de la Victorine, em Nice, na Côte d'Azur, e nos lugares que são minha honra, como o museu do meu pai. Todos os meus amigos, que o viram crescer, responderam às perguntas que ele fez sobre mim. Fiquei muito emocionado por Paul fazer esse filme comigo. Quem melhor para fazer algo assim? Ele retraçou o que foi minha vida, o que ainda é: um momento de alegria que se prolonga. Exatamente como eu quero.

Agora, não tenho mais nada a fazer do que deixar meus dias serem preenchidos pela alegria de estar com a minha tribo, que aumentou graças a seis crianças. Os filhos de Florence: Annabelle, que é modelo; Christopher, que está no ramo da gastronomia; e Nicolas, estudante. E os três filhos de Paul: Alessandro, que logo será um chef estrelado; Victor, que começou a carreira no cinema; e Giacomo, que ainda não sabe o que quer fazer. É muito cedo. Ele acaba de terminar o Ensino Médio, como eu, em Saint-Nazaire! Estou muito orgulhoso dele. De seus irmãos e seus primos. Meu sobrinho Olivier, filho do meu irmão Alain, abriu um curso de teatro. Sempre haverá artistas na minha família.

Por fim, depois de revisitar minha vida, confesso que tenho apenas três arrependimentos: não ter adaptado *Viagem ao fim da noite* nem interpretado Scapino, é claro, e Mesrine.

Meu agente Gérard Lebovici tinha um contato, graças a suas amizades estranhas, com Jacques Mesrine na época em que ele fugiu para Quebec depois uma vasta carreira criminal. Por intermédio do meu amigo, também tive oportunidade de comprar os direitos do seu livro, *Instinto assassino*, enquanto o inimigo público nº 1 voltava para a França. Ele foi pego depois de um assalto e mandado para a cadeia, de onde começou a me enviar cartas malucas, nas quais escrevia coisas como: "Ouvi dizer por aqui que tem alguém querendo quebrar a sua cara. É só você me dar um sinal que eu apago o sujeito".

Audiard e Godard estavam entusiasmados com o projeto de adaptar *Instinto assassino* para o cinema. Entre Mesrine e Pierre Loutrel – que ficaram famosos na prisão – havia apenas um passo. Mas Jean-Luc teve a infelicidade de me explicar como via o filme e o meu papel, que não passava de uma sombra de Mesrine! Como não me parecia possível interpretar outra coisa que não o original, o verdadeiro Mesrine, deixei para lá. O filme não foi feito, pelo menos não naquele momento. E não comigo.

Dessa história, me restou a voz de Mesrine em fuga, quando me ligou no Maxim's, no dia 1º de janeiro, para me desejar um feliz ano-novo. Ou essa frase redigida em uma carta antes de ele fugir, a respeito do roteiro de *Instinto assassino*: "Não escreva a palavra 'fim'".

Agradecimentos

Alain Belmondo, Muriel Belmondo, Olivier Belmondo, Patricia, Florence, Paul, Stella, Michel Beaune, Pierre Vernier, Jean-Pierre Marielle, Jean Rochefort, Guy Bedos, Charles Gérard, Maria Pacôme, Philippe de Broca, Henri Verneuil, Jean-Luc Godard, Gérard Oury, Robert Hossein, Jacques Deray, Alexandre Mnouchkine, Michel Audiard, Gérard Lebovici, Alain Sarde, Gilles Delamare, Remi Julienne, Pierre Rosso, Paulette e Charlie e Marco, o sino.

Quem é quem

Achard, Marcel (1899-1974) Ator e dramaturgo francês.
Adamov, Arthur (1908-1970) Dramaturgo vanguardista francês.
Agenin, Béatrice (1950) Produtora de teatro, diretora e atriz francesa.
Aisner, Henri (1911-1991) Roteirista e diretor de cinema francês.
Alfa, Michèle (1911-1987) Atriz francesa.
Allégret, Marc (1900-1973) Diretor e roteirista francês.
Allen, Woody (1935) Escritor, roteirista, ator e premiado diretor de cinema norte-americano. Protagonizou e dirigiu clássicos como *Sonhos de um sedutor*, *Noivo neurótico, noiva nervosa* e *Manhattan*.
Anconina, Richard (1953) Ator francês.
Andress, Ursula (1936) Estrela suíça de grande prestígio internacional. Foi a primeira Bond girl do cinema, estrelando *Dr. No*, o primeiro filme da franquia "007", e a paródia *007 contra Cassino Royale*, entre outros sucessos. Teve um relacionamento com Jean-Paul Belmondo por seis anos.
Anouilh, Jean (1910-1987) Dramaturgo francês autor de vários sucessos no pós-guerra.

Antonelli, Laura (1941-2015) Atriz italiana, nascida na Croácia, com importante filmografia. Teve um relacionamento com Belmondo.

Antonioni, Michelangelo (1912-2007) Cineasta italiano, foi um dos principais diretores da história do cinema. Criou e dirigiu clássicos como *A noite*, *O dilema de uma vida*, *Blow-up*, *Zabriskie Point* e *Profissão: repórter*.

Arnaud, Jean-Claude (1931-2011) Ator francês.

Auclair, Michel (1922-1988) Ator francês.

Audiard, Michel (1920-1985) Roteirista e diretor francês.

Aumont, Michel (1936) Um dos mais premiados atores franceses. É membro honorário da prestigiosa Comédie-Française, além de ter participado de mais de uma centena de filmes e montagens teatrais.

Auteuil, Daniel (1950) Um dos mais populares atores de cinema e teatro francês, reconhecido internacionalmente.

Auzel, Maurice (1932-1995) Ator francês, foi também campeão de boxe.

Balmer, Jean François (1946) Ator suíço, naturalizado francês.

Bardot, Brigitte (1934) Atriz e grande diva do cinema francês nos anos 1950 e 1960. Abandonou o cinema para se tornar uma ativista pela proteção dos animais.

Baty, Gaston (1885-1952) Diretor de teatro, escreveu várias peças e livros sobre a técnica do teatro.

Beaune, Michel (1933-1990) Ator francês que foi amigo de Belmondo e estrelou diversos filmes com ele.

Beauregard, Georges de (1920-1984) Importante produtor do cinema francês, produziu filmes como *Acossado*.

Becker, Jacques (1906-1960) Cineasta francês.

Becker, Jean (1933) Cineasta francês.

Bedos, Guy (1934) Humorista, ator e roteirista argelino.

Bernard Shaw, George (1856-1950) Dramaturgo, romancista, contista, ensaísta e jornalista irlandês. Autor de *Pigmaleão*, recebeu o Prêmio Nobel de Literatura em 1925.

Bernhardt, Sarah (1844-1923) Célebre e cultuada diva do teatro francês.

Berry, Jules (1883-1951) Ator e diretor francês.

Bertheau, Julien (1910-1995) Ator argelino com carreira na França.

Blain, Gérard (1930-2000) Ator e diretor de cinema francês.

Blanche, Francis (1921-1974) Humorista, escritor e ator francês.

Blier, Bernard (1916-1989) Ator francês.

Bolognini, Mauro (1922-2001) Cineasta e roteirista italiano.

Bourdelle, Antoine (1861-1929) Escultor francês.

Bourvil, André (1917-1970) Ator, cantor e humorista francês.

Brasseur, Claude (1936) Ator de teatro e cinema francês. Participou de mais de cem filmes e cerca de quarenta peças de teatro.

Brasseur, Pierre (1905-1972) Ator francês membro de uma célebre dinastia de comediantes, com grande atuação no teatro e no cinema.

Brialy, Jean-Claude (1933-2007) Grande ator francês, nascido na Argélia, com participação em mais de uma centena de filmes e peças teatrais. Atuou também como diretor e roteirista.

Broca, Philippe de (1933-2004) Cineasta francês.

Brook, Peter (1925) Diretor de cinema e teatro inglês.

Buchholz, Horst (1933-2003) Ator alemão, trabalhou nos Estados Unidos e na Europa. Atuou, entre dezenas de filmes, no clássico *Sete homens e um destino*, de John Sturges.

Buñuel, Luis (1900-1983) Grande diretor de cinema espanhol. Filmou alguns clássicos como *A bela da tarde* e *O discreto charme da burguesia*.

Brunot, André (1879-1973) Ator de teatro e cinema francês.

Cardinale, Claudia (1938) Atriz italiana nascida na Tunísia. Trabalhou com os grandes diretores italianos, como Fellini e Visconti.

Carrière, Jean-Claude (1931) Roteirista, escritor, diretor e ator francês. Grande colaborador de Luis Buñuel, com quem escreveu o roteiro de *A bela da tarde*.

Cassot, Marc (1923-2016) Grande participação como ator de teatro, cinema e televisão, mas sobretudo como dublador.

Castellani, Renato (1913-1985) Cineasta e roteirista italiano.

Cerdan, Marcel (1916-1949) Maior pugilista francês de todos os tempos, campeão mundial em 1948. Teve um relacionamento com Édith Piaf, que compôs para ele o célebre "L'hymne à l'amour". Morreu num acidente aéreo em Portugal.

Chabrol, Claude (1930-2010) Importante diretor de cinema francês, participou da Nouvelle Vague e foi crítico na célebre publicação *Cahiers du cinéma*.

Ciron, Jacques (1928) Ator francês especialista em dublagens.

Claudel, Paul (1868-1955) Poeta e dramaturgo. Ganhou a condecoração da Legião de Honra e foi membro da Academia Francesa.

Clouzot, Henri-Georges (1907-1977) Um dos grandes cineastas europeus em atividade nos anos 1940 e 1950. Autor do célebre filme *O mistério de Picasso*, em que mostra o artista pintando.

Cocteau, Jean (1889-1963) Intelectual francês integrado ao surrealismo, foi romancista, poeta, dramaturgo, ator e cineasta. Autor de *Les enfants terribles*.

Constantin, Michel (1924-2003) Ator francês.

Copeau, Jacques (1879-1949) Importante diretor, autor, dramaturgo e ator do teatro francês.

Cornillac, Clovis (1968) Ator de cinema, teatro e televisão francês.

Costa-Gavras, Constantin (1933) Grande diretor de cinema grego com atuação internacional, autor de clássicos como *Z*, *Desaparecido* e *Estado de sítio*.

Coutard, Raoul (1924-2016) Cineasta e diretor de fotografia francês.

Cowl, Darry (1925-2006) Ator e compositor francês com grande atividade no teatro, cinema e televisão.

Cremer, Bruno (1929-2010) Ator francês. Participou de uma centena de filmes e peças de teatro. Fez o papel do inspetor Maigret em mais de cinquenta episódios para a televisão francesa.

Dac, Pierre (1893-1975) Humorista, escritor, jornalista, ator, ativista da Resistência Francesa e locutor da BBC em Londres durante a Segunda Guerra.

Dandin, Jorge Personagem de Molière em *Jorge Dandin: o marido confundido*.

Darrieux, Danielle (1917-2017) Atriz francesa com participação em mais de uma centena de filmes.

David, Mario (1927-1996) Nome artístico de Jacques David, popular ator francês.

Davis, Robin (1943) Diretor e roteirista francês.

De Sica, Vittorio (1901-1974) Um dos grandes cineastas italianos, além de ator. Dirigiu *Ladrões de bicicleta*, entre outros clássicos.

Delamare, Gil (1924-1966) Ator e dublê francês.

Delon, Alain (1935) Grande ator francês, protagonista de clássicos como *Rocco e seus irmãos* e *O Leopardo*.

Demongeot, Mylène (1935) Atriz francesa com grande participação no cinema, teatro e televisão.

Demy, Jacques (1931-1990) Diretor e roteirista francês.

Deneuve, Catherine (1943) Musa do cinema europeu, trabalhou com diretores como Jacques Demy, François Truffaut e Luis Buñuel.

Denner, Charles (1926-1995) Ator franco-polonês com importante filmografia na França.

Deschamps, Hubert (1923-1998) Ator francês.

Dorléac, Françoise (1942-1967) Atriz francesa, irmã de Catherine Deneuve, que trabalhou com grandes diretores.

Dullin, Charles (1885-1949) Ator de teatro e de cinema francês.

Duras, Marguerite (1914-1996) Considerada uma das maiores escritoras do século XX, autora de *O amante* e *Hiroshima, meu amor*, entre outros grandes sucessos.

Duvivier, Julien (1896-1967) Diretor de cinema francês.

Dux, Pierre (1908-1990) Ator de teatro e cinema, ativista da Resistência Francesa durante a Segunda Guerra Mundial.

Enrico, Robert (1931-2001) Diretor de cinema francês de filmes como *Os aventureiros* e *O velho fuzil*, entre muitos outros.

Fabian, Françoise (1933) Atriz argelina com carreira na França.

Feldman, Charles K. (1905-1968) Agente de atores e produtor cinematográfico norte-americano. Produziu, entre outros clássicos, *O pecado mora ao lado*, com Marilyn Monroe.

Fellini, Federico (1920-1993) Diretor de cinema italiano. Um dos mais importantes e originais cineastas da história do cinema, dirigiu clássicos como *A doce vida*, *Roma*, entre outros.

Fernandel (1903-1971) Fernand Contandin foi um cantor e ator francês.

Feydeau, Georges (1862-1921) Dramaturgo francês.

Fresson, Bernard (1931-2002) Ator francês com vasta filmografia. Atuou em *Hiroshima, meu amor*, de Alain Resnais, entre outros clássicos.

Frey, Sami (1937) Ator francês.

Gabin, Jean (1904-1976) Uma verdadeira lenda do cinema, considerado um dos maiores atores da história do cinema francês.

Galabru, Michel (1922-2016) Um dos mais importantes e premiados atores franceses. Participou da Comédie-Française entre 1950 e 1957. Atuou em mais de duzentos filmes e montagens teatrais.

Garrivier, Victor (1931-2004) Ator francês com grande participação no cinema, teatro e televisão.

Gary, Romain (1914-1980) Escritor francês de origem lituana. Um dos grandes escritores franceses do século XX, único romancista a ter recebido o prestigiado Prêmio Goncourt por duas vezes.

Gauthier, Jacqueline (1921-1982) Atriz francesa.

Gérard, Charles (1926) Ator, diretor e roteirista francês.

Gérard, Christian (1903-1984) Diretor de teatro e ator.

Geret, Georges (1924-1996) Ator francês.

Girard, Raymond (1901-1989) Ator de cinema e teatro.

Girard, René (1923-2015) Professor francês, historiador, filósofo e crítico literário.

Girardot, Annie (1931-2011) Premiada atriz francesa de cinema e teatro.

Godard, Jean-Luc (1930) Um dos mais importantes cineastas franceses de todos os tempos, cuja obra-prima, *Acossado*, é um clássico da Nouvelle Vague, movimento vanguardista do qual foi um dos criadores ao lado dos maiores nomes do cinema francês dos anos 1960 e 1970, como Alain Resnais, François Truffaut, Claude Chabrol, entre outros.

Guiomar, Julien (1928-2010) Ator francês com grande participação no cinema, teatro e televisão.

Hakim, irmãos (Robert, 1907-1992; Raymond, 1909-1980) Produtores de cinema nascidos no Egito e com atuação na França.

Hossein, Robert (1927) Diretor, ator e roteirista francês.

Huster, Francis (1947) Ator, diretor e roteirista francês.

Ionesco, Eugène (1909-1994) Vanguardista, foi um dos mais importantes e inovadores teatrólogos do século XX.

Jobert, Marlène (1940) Atriz francesa.

Jouvet, Louis (1887-1951) Ator e diretor de teatro e cinema.

Julienne, Rémy (1930) Dublê francês.

Karina, Anna (1940) Atriz dinamarquesa, ex-mulher de Jean-Luc Godard, considerada a musa do movimento vanguardista Nouvelle Vague.

Kiberlain, Sandrine (1968) Atriz e cantora francesa.

Klapisch, Cédric (1961) Cineasta, ator, produtor e roteirista francês.

Labro, Philippe (1936) Intelectual multimídia, jornalista, romancista, ensaísta, cineasta e compositor que fez diversas parcerias com grandes ídolos franceses, como Johnny Hallyday e Serge Gainsbourg.

Lautner, Georges (1926-2013) Diretor e roteirista francês.

Le Poulain, Jean (1924-1988) Ator e diretor de teatro francês.

Le Roy, Georges (1885-1965) Ator francês, membro da Comédie-Française e professor do Conservatório de Paris.

Lebovici, Gérard (1932-1984) Produtor, agente e empresário francês.

Leconte, Patrice (1947) Ator, cineasta, escritor e roteirista francês.

Ledoux, Fernand (1897-1993) Ator francês de origem belga.

Lévy, Raoul (1922-1966) Produtor e cineasta. Entre seus trabalhos se destaca a produção de vários filmes de Brigitte Bardot.

Lollobrigida, Gina (1927) Uma das maiores atrizes italianas. Se destacou no auge do prestígio do cinema realista italiano nos anos 1950 e 1960, e em Holywood por filmes como *O diabo riu por último*, no qual dividiu a cena com Humphrey Bogart.

Loren, Sophia (1934) Grande diva do cinema italiano no século XX.

Magnier, Claude (1920-1983) Ator, dramaturgo, roteirista e diretor de teatro francês.

Malle, Louis (1932-1995) Diretor de cinema francês que também fez carreira nos Estados Unidos. Dirigiu *O mundo do silêncio* juntamente com Jacques Cousteau, *Os amantes*, *Pretty Baby*, entre outros grandes sucessos.

Marais, Jean (1913-1998) Um dos grandes atores franceses do século XX.

Marielle, Jean-Pierre (1932) Ator francês.

Marivaux, Pierre de (1688-1763) Escritor e dramaturgo francês.

Mauclair, Jacques (1919-2001) Comediante, dramaturgo e diretor de teatro francês.

Meyer, Jean (1914-2003) Teatrólogo, ator, membro da Comédie-Française e professor no Conservatório de Paris.

Melville, Jean-Pierre (1917-1973) Cineasta, ator e produtor francês.

Mesrine, Jacques (1936-1979) Mítico bandido francês com acusações de assalto, sequestro e tentativas de homicídio. Tornou-se uma lenda com dezenas de livros, filmes e documentários sobre ou inspirados na sua vida. Foi morto pela polícia quando tinha 42 anos.

Mnouchkine, Alexandre (1908-1993) Produtor russo radicado na França. Produziu mais de cinquenta filmes, entre eles *O homem do Rio*, com Jean-Paul Belmondo, dirigido por Philippe de Broca.

Molière (1622-1673) Jean-Baptiste Poquelin, conhecido como Molière, foi um dramaturgo francês, gênio da sátira, autor de *O avarento* e *Tartufo*, entre outros clássicos.

Mondy, Pierre (1925-2012) Ator de cinema, teatro e televisão.

Monteilhet, Hubert (1928) Escritor francês.

Moreau, Jeanne (1928-2017) Uma das maiores atrizes francesas em todos os tempos. Trabalhou com diretores como Michelangelo Antonioni, François Truffaut, Louis Malle, Orson Welles, entre outros.

Moreno, Darío (1921-1968) Ator e cantor de ópera turco, com atuação no cinema francês.

Mounet-Sully, Jean (1841-1916) Ator francês.

Musset, Alfred de (1810-1857) Poeta, novelista e dramaturgo francês.

Naceri, Samy (1961) Ator e produtor francês.

Neveux, Georges (1900-1982) Dramaturgo, roteirista e diretor de teatro ucraniano radicado em 1920 em Paris.

Niven, David (1910-1983) Ator inglês de grande prestígio internacional.

Ophuls, Marcel (1927) Diretor e roteirista alemão.

Oury, Gérard (1919-2006) Ator, escritor e cineasta francês.

Pacôme, Maria (1923) Comediante e dramaturga francesa.

Pagnol, Marcel (1895-1974) Cineasta e dramaturgo francês.

Périer, François (1919-2002) Ator francês com grande participação no cinema, teatro e televisão francesa.

Pétain, Philippe (1856-1951) Chefe de Estado da França de Vichy durante a Segunda Guerra, foi preposto e colaborador dos invasores nazistas.

Philipe, Gérard (1922-1959) Um dos mais famosos atores franceses de todos os tempos.

Piccoli, Michel (1925) Célebre ator francês com participação em clássicos do cinema como *O desprezo*, de Godard, *A bela da tarde*, de Buñuel e *A comilança*, de Marco Ferreri.

Pitoëff, Georges (1884-1939) Ator e diretor de teatro francês de origem armênio-russa.

Poirier, Henri (1932-2005) Ator e dublador francês.

Ponti, Carlo (1912-2007) Um dos grandes produtores do cinema italiano, com mais de 150 filmes na sua carreira. Era casado com a atriz italiana Sophia Loren.

Preminger, Otto (1905-1986) Produtor e diretor de cinema austríaco com grande atuação em Hollywood nos mais diversos gêneros: noir, musicais e filmes de cunho político, como *Exodus*, com Paul Newman.

Radványi, Géza von (1907-1986) Cineasta e escritor húngaro.

Rappeneau, Jean-Paul (1932) Diretor, roteirista e escritor francês.

Reali, Cristiana (1965) Atriz brasileira radicada em Paris.

Reggiani, Serge (1922-2004) Ator e cantor francês de origem italiana.

Regnard, Jean-François (1655-1709) Dramaturgo e romancista francês.

Renoir, Jean (1894-1979) Diretor, escritor, roteirista e ator. Um dos mais importantes cineastas franceses de todos os tempos, de clássicos como *A grande ilusão*.

Resnais, Alain (1922-2014) Importante diretor de cinema francês, filmou *Hiroshima, meu amor*, entre outros.

Riva, Emmanuelle (1927-2017) Atriz francesa, uma das divas da Nouvelle Vague, protagonista de *Hiroshima, meu amor*.

Rich, Claude (1929-2017) Premiadíssimo ator francês.

Risi, Dino (1916-2008) Diretor de cinema italiano, com mais de cinquenta filmes na carreira. Dirigiu a primeira versão de *Perfume de mulher* (1974), com Vittorio Gassman.

Rivière, Jean-Marie (1926-1996) Ator, diretor e criador de alguns dos lugares mais emblemáticos da noite parisiense, como o L'Alcazar, entre outros cabarés e clubes com shows musicais ao vivo.

Robert, Yves (1920-2002) Cineasta e produtor. Participou de mais de uma centena de filmes, como diretor, roteirista ou ator.

Rochefort, Jean (1930-2017) Premiado ator, diretor, roteirista e criador de cavalos francês.

Rossellini, Roberto (1906-1977) Diretor de cinema italiano. Dirigiu *Roma, cidade aberta* entre outros clássicos.

Roussillon, Jean-Paul (1931-2009) Ator francês, participou da Comédie-Française e atuou no cinema.

Rozan, Dominique (1929-2018) Ator com grande participação no teatro, cinema e televisão.

Sagan, Françoise (1935-2004) Escritora francesa, autora de *Bom dia, tristeza*.

Sautet, Claude (1924-2000) Diretor e roteirista francês.

Schneider, Romy (1938-1982) Atriz franco-alemã, com carreira na França. Na década de 1950, imortalizou a imperatriz Sissi em uma trilogia para o cinema. Nos anos 1970, foi considerada a grande dama do cinema francês, sendo disputada pelos diretores na época.

Seberg, Jean (1938-1979) Atriz americana, foi protagonista com Belmondo do clássico *Acossado*, de Godard. Atuou ainda em *Bom dia, tristeza*, dirigido e produzido por Otto Preminger, entre outros filmes.

Sellers, Peter (1925-1980) Comediante inglês. Atuou em clássicos como *A pantera cor-de-rosa*, *Lolita* e *Um convidado bem trapalhão*.

Semprún, Jorge (1923-2011) Escritor espanhol, autor de *Z* e *A guerra acabou*, entre muitos outros romances.

Servais, Jean (1910-1976) Ator belga radicado na França.

Simon, Michel (1895-1975) Ator e diretor suíço.

Simon, René (1898-1971) Ator, diretor de teatro e fundador de prestigiosa escola de teatro que leva seu nome.

Sotto Mayor, Carlos (1961) Brasileira, cantora, ex-namorada de Jean-Paul Belmondo nos anos 1980.

Spiegel, Sam (1901-1985) Um dos mais poderosos produtores da história de Hollywood.

Stroyberg, Annette (1936-2005) Atriz dinamarquesa, fez carreira na França. Foi casada com o diretor Roger Vadim.

Terzieff, Laurent (1935-2010) Ator e diretor francês.

Trintignant, Jean-Louis (1930) Piloto de corrida de automóveis, ator e diretor de cinema. Um dos grandes atores da história do cinema francês.

Truffaut, François (1932-1984) Importante cineasta francês, foi um dos criadores da Nouvelle Vague e colaborou no *Cahiers du cinéma*. Dirigiu alguns clássicos do cinema como *Jules e Jim*, *A noite americana*, *O homem que amava as mulheres*, entre outros.

Vadim, Roger (1928-2000) Cineasta francês, autor de clássicos como *E Deus criou a mulher*, com Brigitte Bardot, e *Barbarella*, com Jane Fonda.

Vanel, Charles (1892-1989) Diretor e ator francês.

Ventura, Lino (1919-1987) Ator italiano radicado na França. Na juventude, como boxeador, foi campeão europeu de pesos médios. Atuou em 75 filmes.

Verneuil, Henri (1920-2002) Cineasta francês de origem armênia nascido na Turquia.

Vernier, Pierre (1931) Ator francês.

Versini, André (1923-1966) Ator francês.

Vian, Boris (1920-1959) Homem de múltiplos talentos. Foi escritor, engenheiro mecânico, filósofo identificado com o movimento surrealista, poeta, músico e crítico de jazz.

Vidal, Henri (1919-1959) Ator francês.

Visconti, Luchino (1906-1976) Um dos mais importantes diretores de cinema e ópera italianos. Dirigiu *Rocco e seus irmãos*, entre outros clássicos.

Vitaly, Georges (1917-2007) Ator e diretor de teatro francês de origem ucraniana.

Vlaminck, Maurice de (1876-1958) Pintor francês que integrava o grupo dos fauvistas.

Welles, Orson (1915-1985) Grande cineasta americano. Foi diretor, produtor e ator em *Cidadão Kane*, considerado unanimemente pela crítica como um dos filmes mais importantes da história do cinema.

Wilson, Georges (1921-2010) Ator francês.

Yonnel, Jean (1891-1968) Ator romeno-francês.

Zardi, **Dominique** (1930-2009) Escritor, compositor e ator, atuou em cerca de seiscentos filmes como figurante e coadjuvante.

lepmeditores
www.lpm.com.br
o site que conta tudo

IMPRESSÃO:

PALLOTTI
GRÁFICA

Santa Maria - RS | Fone: (55) 3220.4500
www.graficapallotti.com.br